Das Preußische Verfassungsrecht

Auf der Grundlage der Verfassung des Freistaats Preußen systematisch dargestellt

von

Dr. Fritz Stier-Somlo,
ordentlicher Professor des öffentlichen Rechts und der Politik an der Universität Köln

Bonn 1922

A. Marcus und E. Webers Verlag (Dr. jur. Albert Ahn)

Otto Wigand'sche Buchdruckerei G. m. b. H., Leipzig

Meinem lieben Kollegen

Herrn Dr. Heinrich Lehmann
ord. Professor der Rechte und Rektor der Universität Köln,

dem glänzenden Rechtslehrer und modernen Forscher

freundschaftlichst zugeeignet.

Vorwort.

Hiermit übergebe ich die meines Wissens erste wissenschaftliche systematische Darstellung des preußischen Verfassungsrechts der Öffentlichkeit. Sie ist, wie mein 1919 (und in 2. Aufl. 1920) in demselben Verlage erschienener „Systematischer Überblick der Verfassung des Deutschen Reichs vom 11. August", ein Versuch. Beide Schriften ergänzen sich nicht nur durch das Ineinandergreifen von Reichs- und Landesstaatsrecht, sondern auch durch die geschichtliche, nur in dem früheren Werke einläßlich behandelte Entwicklung der verfassungsrechtlichen Dinge im Reich und Preußen seit der Revolution im November 1918, die Behandlung des Problems des Unitarismus und Föderalismus, die meist nur in einer meiner beiden Schriften zu findende Nachweisung und Verwertung desjenigen Schrifttums, das Reichs- wie Landesstaatsrecht angeht.

Die preußische Verfassungsurkunde habe ich in einem eingehenden Kommentar (Berlin, Vereinigung Wissenschaftlicher Verleger, 1921) behandelt. Es ergibt sich aus der vorliegenden Schrift, worin sich hinsichtlich Stoffauswahl, Methode und äußerer Form das hier Gebotene von dem Kommentar unterscheidet. Beamten- und Ämterrecht ist, ursprünglicher Absicht entgegen, nach reiflicher Überlegung, als dem Verwaltungsrecht angehörig, nicht behandelt worden. Immerhin ist in diesem jüngeren systematischen Überblick ein noch reicheres und bis auf den heutigen Tag vervollständigtes Material verarbeitet und, bei leicht begreiflicher Übereinstimmung meiner hier vorgetragenen Ansichten mit denen im Kommentar, manches, wie ich glaube, besser gestaltet worden; auch sind einzelne frühere Irrtümer berichtigt, auf abweichende Meinungen stets Rücksicht genommen, die Literatur erschöpfend berücksichtigt worden.

Universität Köln, den 15. August 1921.

Stier-Somlo.

Inhaltsverzeichnis.

Wichtigste Abkürzungen.

a. = alte, z. B. a. preuß. Verf. = alte preuß. Verfassung vom 31. Januar 1850.
a. a. O. = am angegebenen Ort.
Anm. = Anmerkung.
Art. = Artikel, ohne nähere Bezeichnung solche der preuß. Verf.
DJZ. = Deutsche Juristenzeitung (Berlin).
G. = Gesetz.
GSS. = Gesetzessammlung, Seite.
GVG. = Gerichtsverfassungsgesetz.
PrVerwBl. = Preußisches Verwaltungsblatt (Berlin).
RVerf. = Reichsverfassung.
RG. = Reichsgericht, Entscheidung.
RGBl. = Reichsgesetzblatt.
Verf. = Verfassung.
VerfUrk. = Verfassungsurkunde.
VO. = Verordnung.

Erster Teil.

Die Aufgabe. Verfassungsrecht und Verfassungsurkunde. Das preußische Verfassungsrecht vom Tode Friedrichs des Großen bis zur Revolution im November 1918. Der Weg zur Verfassung des Freistaates Preußen.

Erster Abschnitt.

Die Aufgabe.

I. Am 9. November 1918 brach die deutsche Revolution aus, beseitigte die Monarchie in Preußen und in den anderen deutschen Einzelstaaten, verkündete die Republik und eine große Anzahl radikaler Forderungen, brachte zunächst die Arbeiter- und Soldatenräte in den Besitz der Staatsgewalt; am 30. November 1920 erst verabschiedete die verfassunggebende preußische Landesversammlung die neue Verfassung. Was alles trug sich zu in dem Zeitraum, der durch diese beiden Tagesdaten begrenzt ist? Woher kam es, daß es mehr als zweier Jahre bedurfte, um das Grundgesetz des Freistaates Preußen zu schaffen? Der Ausdruck welchen Geistes ist diese Verfassung, welchen Inhalt weist sie auf und wie fügt sie sich ein in das deutsche und preußische Verfassungsrecht? All diese Fragen lassen sich nur beantworten, wenn man weiter zurückgeht und nach den geschichtlichen Voraussetzungen der Staatsumwälzung wenigstens insoweit fragt, als sie verfassungspolitisch bedingt zu sein scheinen. Dies erfordert wieder eine neue, wenn auch noch so knappe Betrachtung der Grundlagen des bisherigen, des monarchischen Verfassungsrechts in Preußen und der Entwicklung, die es genommen oder auch, trotz staatspolitischer Notwendigkeit, nicht genommen hat. So verbreitert sich die Grundlage der Erörterung von selbst; sie kann zur Vermittlung des Verständnisses auf Geschichtliches nicht verzichten. Da sie aber auch für die V e r g a n g e n h e i t sich nicht auf den Inhalt der bisherigen Verfassungsurkunde zurückziehen kann, sondern auch das sonstige Verfassungs**recht** beachten muß, ergibt sich von selbst, daß es für eine hier versuchte systematische Übersicht nicht ausreichen würde, das **geltende** Recht nur in einer Auseinanderlegung der neuen Verfassungsurkunde darzustellen. So wie dort, ist auch hier der Rahmen weiter zu spannen, bis an die Grenzen des preußischen Verfassungsrechts überhaupt. So werden die Hauptzüge der Verfassungsurkunde zu zeichnen, aber vielfach zu ergänzen sein, und zwar hauptsächlich nach zwei Richtungen.

1. Nicht alles ist neu umgeschaffen worden. **Was vom bisherigen Verfassungsrecht noch besteht** — sei es unverändert, sei es mit zeitgemäßen Änderungen —, befindet sich **außerhalb** der Verfassungsurkunde. So z. B. ein sehr großer Teil des **Beamten- und Ämterrechts**, unbeschadet seiner Beeinflussung durch die Reichsverfassung und die preußische Verfassung. Eine geschlossene Darstellung solcher Rechtsgebiete überschreitet die Linien der letzteren, bleibt aber Verfassungs**recht**.

2. **Die preußische Verfassungsurkunde hat selbst eine außerordentlich große Zahl von Einzelgesetzen vorgesehen, die**, jetzt, in absehbarer Zeit oder später erlassen, **zum Verfassungsrecht gehören.** So z. B. das Landeswahlgesetz vom 3. Dezember 1920 und die Landeswahlordnung vom 10. Dezember 1920/18. Januar 1921 (zu den Art. 3—5); das Gesetz über die Wahlen zum Staatsrat vom 16. Dezember 1920 (zu Art. 43); das Gesetz, betr. den Austritt aus den Religionsgesellschaften öffentlichen Rechts vom 30. November 1920 (zu Art. 76), das Provinziallandtags- und Kreistagswahlgesetz vom 3. Dezember 1920 mit Wahlordnung vom 31. Dezember 1920/18. Januar 1921 (Art. 74); die vorbehaltenen Gesetze über das Wahlprüfungsgericht (Art. 12, Abs. 5), über Freifahrt und Entschädigung der Landtagsmitglieder (Art. 28, Abs. 3), Ruhegehalt und Hinterbliebenenversorgung der Minister (Art. 48), Verfassung, Rechte und Pflichten der Gemeindeverbände (Art. 71), Zusage der Provinzialautonomie (Art. 72) usw.

3. **Die Wissenschaft** hat, in teilweisem Anschluß an geltendes Recht und durch Auslegung, **verfassungsrechtliche Grundsätze entwickelt**, die **mehr** sind, als Wiedergabe von Bestimmungen der

Verfassungsurkunde. Erinnert sei an die Lehre der Teilung der Gewalten und die Nachprüfung ihrer Geltung am positiven Verfassungsrecht; an die Rechtsquellentheorie (Gesetz, Verordnung, Autonomie, Staatsvertrag, Gewohnheitsrecht); an die Abgrenzung vom Verwaltungsrecht.

4. Das Reichsverfassungsrecht spielt in zahlreichen Beziehungen in das preußische Verfassungsrecht hinein. Das Gesamtverhältnis von Reich und Preußen ist zwar nicht geordnet in der preußischen Verfassungsurkunde, wohl aber gehört es auch zum preußischen Verfassungsrechte. Dasselbe gilt für die Regelungen, die, für das Land bindend, in der Reichsverfassung getroffen worden sind: es muß eine republikanische Verfassung und ein dem Reichstagswahlrecht entsprechendes Wahlrecht und die parlamentarische Regierungsweise haben; das Recht des Landtagsabgeordneten bestimmt grundsätzlich das Reich; es gibt die Grundrechte und Grundpflichten auch für die Preußen, nicht ohne einige von ihnen noch besonders durch die preuß. Verf.-Urk. zu unterstreichen, wie das Recht der Staatsbeamten (Art. 77); aber auch das der Selbstverwaltung (Art. 60) gehört hierher; auf dem Gebiete des Kirchen- und Schulrechts, der Reichsfinanzen, des Reichsrats und anderwärts zeigt sich für das preuß. Verfassungsrecht maßgebendes Reichsrecht. (Vgl. Art. 6—15, 17, 18, 19, 33 Abs. 3, 36—39, 48, 60—67, 69, 72, 74, 76 Abs. 2, 77 Satz 2, 78 Abs. 2—4, 79 Satz 2, 83, 84, 85 Abs. 4 u. 5, 109—165, 167, 168, 173, 174, 179 Reichsverf.)

II. So gestaltet sich die Aufgabe dieser Schrift aus der inneren Notwendigkeit der Entwicklung.

1. Sie will — überzeugt von der Unentbehrlichkeit geschichtlicher Einstellung — die wichtigsten Züge der preußischen Verfassungsgeschichte seit dem Anfang des 19. Jahrhunderts aufzeigen, wie förderlich für das Verständnis der Gegenwart es auch wäre, den Blick noch weiter zurückzulenken. Es wird die Darstellung bis an die Schwelle der Revolution von 1918 geführt, um die wirksamen Kräfte, nach Möglichkeit die Gründe der verfassungsrechtlichen Umwälzung und die Stufen der Entwicklung bis zur Verabschiedung der preußischen Verfassung zu zeigen.

2. Die rechtliche Natur Preußens und sein Verhältnis zum Reich fordert in manchen Bezie-

hungen besondere Untersuchung. Eine Betrachtung über die Staatsfunktionen im Lichte der Lehre von der Gewaltenteilung fügt sich hier zwanglos an.

3. Es folgen: die Lehre von den Rechtsquellen, die Fragen nach dem materiellen und formellen Gesetz, nach der Verordnung; insbesondere Ausführungs- und Notverordnung kommen hier zur Sprache, aber auch Satzung und Staatsvertrag, Gewohnheitsrecht und Observanz.

4. Vom Staatsgebiet ist kurz zu reden, wie sich sein Recht durch Reichs- und preuß. Verfassung gestaltet hat. Lebensfragen des deutschen Gemeinwesens, durch den Versailler Friedensvertrag verschärft, tauchen auf.

5. Das Recht der Staatsangehörigen, nur zum geringsten Teil in der preuß. Verf.-Urk. berührt, ist im Zusammenhang zu zeigen; die Lage der bisher bevorrechtigten Klassen ist neuestens durch die Gesetzgebung wesentlich berührt.

6. Die Grundorganisation Preußens ist in seinen obersten Staatsorganen: Landtag, Staatsministerium, Staatsrat zu zeigen.

III. Zahlreiche Neuerungen verändern, vom Wichtigsten, der Staatsform und Staatsverfassung, an bis zu kleinsten Verbesserungen geltender Gesetze, das Bild, wie es sich vor dem November 1918 bot. Wenn auch gerade ein Werk, wie das vorliegende, geeignet ist, das seit jener Zeit trotz größter Schwierigkeiten Geschaffene ohne jede Absichtlichkeit, eindrucksvoll erscheinen zu lassen, so ist doch das Unfertige, Unsichere, Ergänzungsbedürftige auch des preußischen Verfassungsrechtszustandes nicht zu verkennen. Immerhin muß man ihn in seiner verhältnismäßigen Geschlossenheit nehmen, wie er zur Zeit ist und ihn mit geistigen Mitteln zur Einheit runden. Spätere Wandlungen lassen sich weder mit Sicherheit voraussehen, noch dürfen sie den Versuch zur Gestaltung hindern; ob durch das für Deutschland besonders dunkle Tor der Zukunft Kräfte ziehen werden, die das jetzt Aufgerichtete ergänzen und vertiefen oder aufheben und zerstören, steht nicht bei uns. Auch das Verfassungsrecht ist, wie alles Menschliche, Stückwerk; es ist dies jedoch auch nicht in höherem Grade als alles Menschliche. Die vorliegende Bearbeitung versucht das anschaulich zu machen. Ihre Grenzen liegen, äußerlich gesehen, in räumlicher Beschränkung, in der Absicht lediglich eines

Überblicks, innerlich an der Neuheit eines erheblichen Teils des zu systematisierenden Stoffes. Mit meinem die Reichsverfassung behandelnden Werke[1]) besteht ein enger Zusammenhang.

Zweiter Abschnitt.

Verfassungsrecht und Verfassungsurkunde.

Unter Staatsverfassung in rechtlichem Sinne versteht man zweierlei: Diejenige in materiellem und in formellem Sinne. Jene ist das Verfassungsrecht, diese ist die Verfassungsurkunde.

I. Die Staatsverfassung im materiellen Sinne ist wieder einer allgemeinen und einer besonderen Kennzeichnung bedürftig.

A. Allgemein versteht man darunter den Aufriß des Staatsgebäudes, seine Grundordnung, die Summe aller Einrichtungen, durch die die staatliche Verbandseinheit zur Selbstorganisation und Selbstherrschaft befähigt, mittels deren Land und Volk zu einer Einheit zusammengefaßt und zum Gemeinschaftsleben in den Stand gesetzt wird.

B. Im besonderen besteht die Staatsverfassung aus einer Reihe von Rechtssätzen, welche a) die obersten Organe des Staates bezeichnen, z. B. in Preußen bisher König und Volksvertretung, jetzt Landtag, Staatsministerium, Staatsrat; im Reich bisher Kaiser, Bundesrat, Reichstag, jetzt Reichspräsident, Reichstag, Reichsregierung, Reichsrat; b) die Voraussetzungen ihrer Entstehung, ihres Wechsels und ihres teilweisen oder gänzlichen Aufhörens regeln, so das Recht auf die Krone, Regierungsantritt, Stellvertretung des Königs, Regentschaft, Verlust der Krone; Berufung, Vertagung und Auflösung der Volksvertretung; jetzt Wahl des Reichstags und des Landtags, Zusammentritt, Vertagung,

---

[1]) Die Verfassung des Deutschen Reiches vom 11. August 1919. Ein systematischer Überblick. 2. Aufl. 1920. Bonn, A. Marcus & E. Webers Verlag (Dr. jur. Albert Ahn). Besonders ist auch der geschichtliche, die Zeit vom Herbst 1918 bis zur Verabschiedung der Reichsverfassung behandelnde Teil des Werkes zur Entlastung der vorliegenden Schrift bestimmt, da die Revolutionsvorgänge und ihre rechtlichen Spiegelungen für das Reich und Preußen fast die gleichen sind. Die dort angeführte Literatur ist für eine große Zahl von Fragen im Reichs- und im Landesverfassungsrecht dieselbe und bereits in jenem Werke in reichem Maße verzeichnet.

Schließung und Auflösung; c) welche den Wirkungskreis dieser obersten Organe, d) ihr gegenseitiges Verhältnis ordnen und e) die Stellung der Einzelnen zur Staatsgewalt bestimmen. In Preußen geschah dies in dem Titel II der Verfassungsurkunde vom 31. Januar 1850 „Von den Rechten der Preußen", in der Reichsverfassung in dem Zweiten Hauptteil „Grundrechte und Grundpflichten der Deutschen".

II. Verfassung im formellen Sinne ist die geschriebene Verfassung. Im 16. Jahrhundert taucht der Begriff der Grundverfassung, des Grundgesetzes, der lex fundamentalis zuerst auf. Heinrich IV. von Frankreich und Jakob I. von England berufen sich auf sie. Die lex fundamentalis besitzt nach der Ansicht jener Zeit höhere Kraft. Der König selbst ist an sie gebunden und kann sie nicht ändern. Die Idee verbindet sich später mit der vom staatgründenden Gesellschaftsvertrage.

Der naturrechtlichen Theorie ist Grundgesetz teils identisch mit staatgründendem Vertrage (Hobbes, Locke), teils gilt es als ein die fürstliche Gewalt beschränkendes Gesetz (Christian Wolff). Die amerikanischen Kolonien werden seit 1776 England gegenüber selbständig. Von dieser Zeit ab entstehen die geschriebenen Verfassungsurkunden. Sie sind die ältesten Konstitutionen. Die sog. Menschen- und Bürgerrechte gelangen von hier aus nach Frankreich und dann in alle deutschen einzelstaatlichen Verfassungen des 19. Jahrhunderts. Auch die preußische Verfassungsurkunde vom 31. Januar 1850 ist — auf dem Weg über die belgische — von den französischen Verfassungen beeinflußt. Die Kodifikation der auf die konstitutionellen Einrichtungen bezüglichen Rechtsnormen, also das geschriebene Grundgesetz ist die Verfassungsurkunde. In diesem Sinne beschworen alle preußischen Staatsbeamten „die gewissenhafte Beobachtung der Verfassung" (Art. 108 der alten Verfassungsurkunde). Die alte Reichsverfassung nahm keine Grundrechte auf; umso reichlicher die neue, zum Teil weit hinausgehend über die bisherige Tradition. Die preußische Verfassung vom 30. November 1920 kennt sie im Text nur ganz ausnahmsweise.

III. Etwas anderes ist die Verfassung im politischen Sprachgebrauch. Die Geschichte der geschriebenen Verfassungen erklärt es, daß im politischen Sinne und im Sprachgebrauch des täglichen Lebens unter Verfassung begriffen wird a) die Summe der konstitutionellen Staatseinrichtungen und b) die konstitutionelle geschriebene Verfassungsurkunde. Man versteht also gewöhnlich unter Verfassung sowohl die Summe der staatlichen Einrichtungen, an denen das Volk beteiligt ist, als auch die Verfassungsurkunde, welche die Teilnahme des Volkes an der Staatsgewalt festlegt. In diesem Sinne verlangte man z. B. in den Jahren 1848/49 eine „Verfassung". Es gibt auch ein vorkonstitutionelles Verfassungsrecht und man kann von Verfassungsrecht auch dort reden, wo keine Konstitution in dem Sinne einer Beteiligung des Volkes und wo keine Verfassungsurkunde besteht. So ist z. B. die Befreiung des Herzogtums Preußen von der polnischen Lehnsherrlichkeit, welche im Jahre 1660 im Frieden zu Oliva bestätigt wurde, ein für die Verfassungsgeschichte wichtiges, ja grundlegendes Ereignis, wiewohl damals eine preußische Verfassungsurkunde ebensowenig bestand, wie eine konstitutionelle Regierung. Ein weiteres Beispiel bietet die Tatsache, daß bis zum Erlaß der Verfassungsurkunde vom 31. Januar 1850 Bestrebungen schon vor den Befreiungskriegen sich geltend gemacht hatten zur Bildung der preußischen Verfassung und daß das allmählich Erreichte verfassungsrechtlichen Charakter hatte. So hat das Edikt vom 27. Oktober 1810 über die Finanzen des Staates eine Repräsentation sowohl in den einzelnen Provinzen wie für den ganzen Staat verheißen. Ferner hat die Verordnung vom 17. Januar 1820 die Aufnahme von Anleihen durch den Staat nur mit Zustimmung und unter Mitgarantie der künftigen, reichsständischen Versammlung als zulässig bezeichnet. Diese beiden vor der Einführung der Verfassungsurkunde liegenden Edikte gehören zum preußischen Verfassungsrechte. Es gibt ferner Staaten mit einem sehr hochstehenden Verfassungsrechte wie England und bis zum Weltkriegsende Ungarn, die keine das Verfassungsrecht zusammenfassende einheitliche Urkunde geschaffen haben. Aber auch sonst ist in den Verfassungsurkunden, wo sie bestehen, keineswegs das ganze Staatsverfassungsrecht im materiellen Sinne (oben zu I) enthalten. So ist in der Reichsverfassung nicht geregelt die Reichsangehörigkeit (nur ein Ansatz dazu ist in Art. 110 vorhanden), das Reichsbehördensystem, das Reichsbeamtenrecht, das Wehrwesen, das Reichsvermögen, die Gerichtsbarkeit usw., sondern nur das Grundsätzliche, wie denn auch die preußische Verfassungsurkunde nur Weniges enthält von den Rechtsquellen (Notverordnung, Ausführungsverordnung, Art. 51, 55), nichts von Gewohnheitsrecht, wenig vom Staatsvertrag (Art. 29), Unzureichendes vom Staatsgebiet (Art. 1 Abs. 2), nichts von der Staatsangehörigkeit, von den bisher bevorrechtigten Klassen, vom Rechte der kommunalen Autonomie nur die äußersten Grundlinien, von Staatsamt und Staatsdienst desgleichen. Der Grund liegt vielfach darin, daß das Reich die entsprechende rechtliche Regelung von sich aus auch für die Länder vorgenommen hat, z. B. auf dem weiten Felde der Grundrechte und Grundpflichten, oder daß Landessondergesetze vorgesehen oder bereits erlassen worden sind, z. B. über die Aufhebung der Standesvorrechte des Adels vom 23. Juni 1920.

IV. Verfassungsrecht und Verfassungsurkunde fallen daher inhaltlich nicht zusammen. Jenes umfaßt also die materiellen Verfassungsbestimmungen, mögen sie in der Verfassungsurkunde enthalten oder außerhalb dieser gesetzt sein; hinzu tritt noch dasjenige Sonderrecht, das teils zur Verwirklichung der in der Verfassungsurkunde gegebenen Zusagen nach deren Erlaß geschaffen wird (vgl. oben S. 2 zu 2), teils, ohne in der Verfassungsurkunde vorgesehen zu sein, zu deren Ausführung und Ausfüllung unerläßlich ist, z. B. das Recht der Staatsangehörigkeit, der Anstellung, Besoldung, Ruhegeld- und Hinterbliebenenversorgung der Beamten usw.

Dritter Abschnitt.

Das preußische Verfassungsrecht vom Tode Friedrichs des Großen bis zur Revolution im November 1918.

I. Bei Jena und Auerstädt brach 1806 das alte Preußen zusammen, Ende 1918 der preußisch-deutsche Staat. Erschütternde Ähnlichkeiten zeigen sich dem tiefer dringenden Blicke. Damals wie diesmal ging eine Zeit von Glanz und Größe voraus; in beiden Zeitepochen lagen Keime und Ursachen späteren Niedergangs; die Schicksalswende lenkte beide Male auf die inneren Schäden des Gemeinwesens zurück. Wenn auf die Katastrophe des Jahres 1806 nicht allzu spät Freiheitskrieg und Aufstieg folgten, so ist freilich in dieser Hinsicht eine gleichlaufende Entwicklung von Voraussetzungen abhängig, die im Schoße der Zukunft unerkennbar verborgen sind.

Diese geschichtliche Parallele ist jedenfalls ein Grund mehr, auf vergangene Zeiten den Blick zu lenken.

Als die weithin strahlende, herrliche und im Grunde tragische Persönlichkeit Friedrichs des Großen dahinging, waren bei aller Größe Zeichen des Verfalls zu vermerken [1]). Der König hatte das Lebenswerk seines Vaters, den stolzen Bau einer mustergültigen inneren Verwaltung lebenskräftig zu erhalten und fortzuführen nicht vermocht. In den Städten wie auf dem Lande schalteten ausschließlich königliche Beamte, dort in der Teilung der Zuständigkeit für Polizei und Steuern, hier in der Einheit der landrätlichen Machtvollkommenheit. Die nächst höheren Amtsstellen waren die Kriegs- und Domänenkammern, die späteren Bezirksregierungen, die zum Teil ihre kollegiale Verfassung verloren. Als Zentralbehörde bestand das Generaldirektorium [2]), das unter Friedrich II. neue „Departements" erhielt für „Manufaktur- und Konsulat-, Magazin-, Proviant-, Marsch- und Einquartierungssachen", die Zeit

---

[1]) Zur Literatur: F. Förster, Friedrich Wilhelm I., König von Preußen, Bd. I—III (1834/35); Isaacsohn, Geschichte des preußischen Beamtentums 1873/1884, besonders Bd. III; Max Lehmann, Preußen und die katholische Kirche, 7 Bde., Leizig 1878, 1879; J. D. E. Preuß, Biographie Friedrichs des Großen, Bd. I—III, 1876—1881 (Geschichte der preußischen Politik, IX. Teil); Jasmund, Friedrich der Große, in Bluntschlis Staatswörterbuch, Bd. III, S. 780—830; L. Häusser, Deutsche Geschichte vom Tode Friedrichs des Großen bis zur Gründung des Deutschen Bundes, 4 Bde., 4. Aufl., Berlin 1869; Schmoller, Umrisse und Untersuchungen zur Verfassungs-, Verwaltungs- und Wirtschaftsgeschichte besonders des preußischen Staats im 17. und 18. Jahrh., 1898; H. v. Sybel, Geschichte der Revolutionszeit von 1789—1795, 5 Bde., 4. Aufl., Düsseldorf 1878, und wohlfeile Ausgabe Stuttgart 1900, 10 Bde.; H. Koser, Preußische Staatsschriften aus der Regierungszeit König Friedrichs II., 2 Bde., 1877—1885; Derselbe, König Friedrich der Große, 1. Bd. 2. Aufl. 1901, 2. Bd. 1903; Derselbe, Friedrich der Große als Kronprinz, 2. Aufl., 1901; Mirabeau, De la monarchie prussienne sous Frédéric le Grand I, London 1787; Macaulay, Frederick the Great, 1857; Carlyle, History of Frederick II, 13 Bde., 1858—1865; Trendelenburg, Friedrich der Große und sein Großkanzler Samuel von Cocceji, Berlin 1863; Lavisse, Le Grand Frédéric, 1893; Stölzel, Karl Gottlieb Suarez, ein Zeitbild aus der zweiten Hälfte des 18. Jahrhunderts, 1885; Bitterauf, Friedrich der Große, 2. Aufl., 1914; Gustav Berthold Volz, Die Krisis in der Jugend Friedrichs des Großen, Historische Zeitschrift, Bd. 117 (1917), S. 377—417; v. Stengel, Staatsrecht des Königreichs Preußen, 1894, S. 9 ff.; v. Rönne-Zorn, Staatsrecht der Preuß. Monarchie, 5. Aufl., Bd. 1 (1899), S. 22 ff.; Bornhak, Preuß. Staatsrecht, 2. Aufl., Bd. 1 (1911), S. 29 ff.; Stier-Somlo, Preuß. Staatsrecht I (1906), S. 79—84; Giese, Preußische Rechtsgeschichte, 1920, S. 66—103 und reiche Literaturangaben.

[2]) Stolze, Die Gründung des Generaldirektoriums in der Festschrift zu Schmollers 70. Geburtstag, 1908.

langer Kriege und beginnender Industrie in der Verwaltung spiegelnd. Die Keime der Desorganisation waren gerade in der inneren Verwaltung Friedrichs des Großen gelegt: neben den Departements des Generaldirektoriums bestanden noch besondere Behörden für Militärwesen, Auswärtiges, Justiz, Landeskultur, Handel und Gewerbe, Banken und Postwesen, alle nur in losem Zusammenhange miteinander. Diese Einrichtungen beruhten auf dem sog. Realsystem, d. h. die Verwaltung eines Zweiges fand ihre höchste Spitze in einem Minister und war einheitlich durch den ganzen Staat. Dazu kamen noch Institutionen nach dem Provinzialsystem: für Preußen, Pommern und die Neumark, die Kurmark nebst Magdeburg und Halberstadt, für Minden und Ravensberg, Geldern, Kleve und Mörs, für Schlesien, Ansbach und Bayreuth gab es Provinzialminister. Mehr und mehr wird unter Friedrich dem Großen das Kabinett die oberste Behörde, und jene Doppeltheit des Systems wird in der neuen Instruktion für das Generaldirektorium bestätigt: neben den Abteilungen nach Gegenständen bleiben solche nach Provinzen bestehen.

Verfassungsrechtlich gesehen herrscht der Staatsabsolutismus. Aber mit welch kennzeichnenden Besonderheiten! Alle körperschaftlichen Elemente gehen im Staat unter; genossenschaftliche Bildungen und Selbstverwaltung werden ersetzt durch Staatsanstalten, vor allem auch die Gemeinden, deren Beamte mittelbare Staatsdiener sind, einem bureaukratischen Bevormundungswesen organisch eingegliedert. Dieses wirkt aber in erster Reihe gegen die Einzelperson aus, die, im Sinne rationalistischer Aufklärung, bloßer Gegenstand selbstherrlicher Staatswohlfahrt ist. Wie das während der Regierungszeit des großen Königs entstandene Allgemeine Landrecht zwiespältige Züge trägt, so auch die nach innen gewandte Staatskunst jener Zeit. Jenes spiegelt wider: Naturrecht und Rousseau, dürre, von starken Gemütskräften nicht bewegte, abstrakte Ethik und eine Philosophie, für die Christian Wolff als Typus gilt, aber auch gleichzeitig die ständische Rechtsordnung des Mittelalters in der Bevorzugung des Adels, in der Beibehaltung von Gutsherrlichkeit und Erbuntertänigkeit, in der Scheidung des höheren und niederen Bürger- und des Bauernstandes, nicht ohne gleichzeitig, seltsam genug, die Gleichheit aller vor dem Gesetze zu verkünden. Die praktische Politik will alles für das Volk, nichts durch das Volk schaffen, zu einer Zeit, da die Ideenwelt sich bildet, die zur großen Französischen Revolution leitet und sie wesentlich bestimmt. Gerade da die innere Befreiung, wenn nicht der Massen, so der Bürger anhebt, schnürt man in allen Erscheinungen des öffentlichen wie privaten Lebens ihr tägliches Dasein bis zur Unerträglichkeit ein. Zu erklären ist dies auf vielfache Weise. Die politische Unreife der Nation, für die der einzelne durch das Schicksal zum höchsten Diener des Staats Bestimmte handeln soll, steht als Grund voran. Der geschichtlich notwendig gewesene Polizeistaat geht, zwangsläufiger Entwicklung entsprechend, seiner höchsten Zuspitzung entgegen, bereichert durch das neue Element, das die geistige Bewegung der zweiten Hälfte des 18. Jahrhunderts in der Form staatspolitisch-ethischer Aufklärung sich einzuschmelzen trachtete. Aber da die überlieferten Stände in jeder Hinsicht veraltet schienen, eine neue, staatliche Mitwirkung heischende Volksschicht aber noch nicht erkennbar war, dünkte dem deutschen Fürsten seine Führer- und Herrscherrolle als gottverliehenes Amt über Unmündige. Daher wird verwaltet und reglementiert bis in alle Einzelheiten [3]). Die von allen Schranken, außer monarchischen, unabhängigen, auf bloße Gnade ihres Herrn gestellten Beamten überspannen den Bogen. In diesem friderizianischen Staate sollte jeder nach seiner Fasson selig werden, aber nur in religiösen Dingen; in allem anderen war ein höherer und höchster Wille den Untertanen vorgesetzt, der nicht Freiheit, sondern Vormundschaft, erstarrtes öffentliches Leben, nicht zuletzt im Städtewesen, in Zunft und Gilden bedeutete. Aber noch war das innere Widerstreben dumpf, noch unbefreit, zu keiner Volkssache geworden, noch wirkte das Gefühl der Dankbarkeit dafür nach, was Friedrich aus Preußen gemacht hatte.

„Aus einer gerechten und natürlichen Erkenntlichkeit“ entsprang nach einem Worte des Ministers Graf Hertzberg ein einheitlicher preußischer „National-Patriotismus“. Zweifelhaft freilich bleibt, ob er sich, wie Hubrich [4]) sagt, „einmütig und opferbereit zu dem Hohenzollernkönigtum bekannte und in dessen absoluter

---

[3]) Vgl. statt vieler Wolzendorff, Der Polizeigedanke des modernen Staats, 1918, S. 9—86.

[4]) Zur Entstehung der preußischen Staatseinheit, Forschungen zur brandenburgischen und preußischen Geschichte, Bd. XX (1907), S. 347 ff., 388, und Deutsches Fürstentum und Verfassungswesen, 1905, S. 50.

Herrschaft die rechtsnotwendige Ordnung des Gesamtstaats erblickte", daß . . . „dies Machtverhältnis jedenfalls während der Regierungszeit Friedrichs des Großen in die gemeine Rechtsüberzeugung aller beteiligten Bevölkerungsschichten aufgenommen wurde". Aber der Geist der Zeit wandte sich schon deutlich erkennbar gegen die Grundvorstellungen der aufgeklärten Despotie.

Wenn man gesagt hat, daß sein Nachfolger Friedrich Wilhelm II. (1786—1797) das Erbe des großen Königs schnell vertan, einen finanziell erschöpften Staat, einen leeren Staatsschatz, ein jährliches Defizit von mehreren Millionen und eine Staatsschuld von etwa 36 Millionen Talern hinterließ, so war das gewiß richtig; aber er war auch in die Folgen der Fehler verstrickt, die die vorhergegangene Zeit innerlich zerrieb. Weder er[5]) noch Friedrich Wilhelm III. (1797—1839) können persönlich in allen Beziehungen für das Geschick haftbar gemacht werden, das Preußen ereilte. Durch den Frieden von Lüneville ging das linke Rheinufer verloren, nachdem Preußen 1792 in die französischen Wirren hineingeraten war und sich mit Österreich zur Bekämpfung der französischen Revolution verbunden hatte. Napoleons Glück führte zum Tilsiter Frieden, durch den Preußen die Hälfte seines Gebiets an Frankreich abtreten mußte[6]). An den Sieger und seine Bundesgenossen zahlte Preußen 1807—1812 dreihundertvierundsiebzig und eine halbe Million Taler.

Wie klar konnte man schon damals und erst recht im späteren Rückblick erkennen, wo die Ursachen der nationalen Katastrophe lagen und wo der Hebel zur Besserung anzusetzen sei! Nicht die äußere Gewalt der französischen Waffen allein, sondern die innere Schwäche und Hohlheit des Staates trug schuld an dem Untergang der altpreußi-

---

[5]) Vgl. Giese, Preuß. Rechtsgeschichte, S. 73 ff.; Stier-Somlo, Preuß. Staatsrecht I, S. 84 ff.; Hüffer, Die Kabinettsregierung in Preußen, und J. W. Lombard 1890.

[6]) Vgl. Ferd. Tempel, Die Verhandlungen in Tilsit vom 24. Juni bis 9. Juli 1807 (Straßburger Beiträge zur neuen Geschichte, Bd. XVI), 1916; Meyer, Preußen nach dem Tilsiter Frieden, Deutsche Rundschau 1908, S. 203—214; Holzhausen, Die politische Literatur 1807 und 1808 in Preußen, Sonntagsbeilage der Vossischen Zeitung, 1908, Nr. 14/15; Wittichen, Zur inneren Geschichte Preußens während der franz. Revolution, und Zur Geschichte der öffentlichen Meinung in Preußen vor 1806, in Forschungen zur brandenb. und preuß. Geschichte, Bd. XIX, S. 319—351, Bd. XXIII, S. 35—70; Bitterauf, Studien zur preuß. Politik im Jahre 1805, daselbst Bd. XXVII, S. 431—515; Giese, Preußische Rechtsgeschichte, 1920, S. 105 f. und dortige Literatur.

schen Monarchie. Der Fehler lag an der „alten mechanischen Staatsauffassung“ [7]). Der **Absolutismus** hatte abgewirtschaftet! Seine eigenen Übersteigerungen haben ihn innerlich schon vernichtet, bevor er es auch äußerlich wurde. Eine allzu schroffe **Zentralisation** drängte alle Macht in den selbstherrlichen Mittelpunkt des Staates, wertvolle Kräfte, lebendige Freiheit unnatürlich anspannend und zerstörend. Die **Mitwirkung des Volkes** am Staate, selbst in den mehr peripheren Gebieten der Selbstverwaltungskörper, sank bis zur vollkommenen Bedeutungslosigkeit. Wahrlich kein Wunder, daß es dem Gemeinwesen und seinen Lebensfragen gleichgültig und wesensfremd gegenüberstand. Das **ständische Wesen** sowohl in der Form der staatlich anerkannten besonderen Einrichtungen als auch in der Fortdauer von Standesvorrechten, verbunden mit einem überlieferten gesellschaftlichen Übergewicht des Adels und des östlichen Grundbesitzertums, hemmte die Entstehung eines freien, gleichberechtigten Bürgertums [8]). Das Polizeiregiment griff um so störender ein, als es, wie die Verwaltungsbehörden überhaupt, gerade durch das absolutistische Königtum zu blindem Gehorsam erzogen war, Befehl und Wink von oben erwartete und der nötigen Selbständigkeit ermangelte. **Gesetzgebung** und **Verwaltung** waren in der Hand des Königs, nur der Rechtssprechung war freie Bahn geschaffen worden durch die Trennung von Justiz und Verwaltung, die Unabhängigmachung des Richters von dem Willen und Wunsch des Königs und seiner dem Urteilenden vorgesetzten Beamten. Auf dem platten Lande war die Verbindung von Justiz und Verwaltung eine mächtige Stütze der Herrschaft, die der adelige Rittergutsbesitzer ausübte. Er besaß die Patrimonial-Gerichtsbarkeit, übte die Ortspolizei, das Patronat über Kirche und Schule, hatte einen

[7]) Schwemer, Restauration und Revolution, 1902, S. 16.

[8]) „Der hohenzollernsche Gesamtstaat ruhte seinem Wesen nach, seit dem Allgemeinen Landrecht sogar gesetzlich, auf einem kleinen Bruchteil der Bevölkerung, auf der sowohl vom Bürger- wie vom Bauernstande streng geschiedenen Adelskaste, deren Angehörige allein teils die leitenden Stellen im Heeres- und Zivildienst bekleideten, teils, ohne eigentlich Staatsbeamte zu sein, eine gewisse, vom absoluten Königtum in sehr beschränkter Weise nachgelassene Verwaltung öffentlicher Angelegenheiten besaßen. Das Ganze der Administration des hohenzollernschen Gesamtstaates war aber gerade unmittelbar vor der Katastrophe so unzusammenhängend geworden, daß die einzelnen Teile ein ziemlich ungestörtes Sonderleben für sich führen konnten.“ Hubrich, Zur Entstehung der preußischen Staatseinheit, a. a. O., S. 398.

Rechtsanspruch auf Natural- und Geldabgaben. In allen land- und kreisständischen Angelegenheiten vertrat der Adel die übrigen Stände des Landes, vor allem die erbuntertänigen und leibeigenen, an die Scholle gebundenen Bauern, die mit Reallasten und Dienstbarkeiten, Zwangsarbeiten und Frohnden belastet waren. Den Rechten der Gutsherren standen wenig Pflichten gegenüber. Der Rittergutsbesitzer war von allen direkten Abgaben, bis 1799 auch von den Zöllen befreit[9]); nur von seinem Grundbesitz zahlte er eine Grundsteuer („Lehnpferdegeld"), die geringer war, als die der mit Steuern am meisten belasteten Bauern. Nach ihnen kamen in dieser Hinsicht die Bürger mit dem Zwang zur Akzise.

In den Städten verschwand mit der Erdrosselung der Autonomie das selbständige Gemeindeleben, der bürgerliche Gemeinsinn; bureaukratische, alles überprüfende und gängelnde Allmacht löste die Bande zwischen der Obrigkeit und der Bevölkerung, die die Magistrate von den Staatsverwaltungsbehörden unbedingt abhängig wußte. Auch sonst „engherziges Zunftsystem, Privilegien, Schikanen und Verkehrsbelästigungen".

Das Heer schließlich mußte äußerem Ansturm unterliegen, denn es war das Abbild veralteten Ständewesens: die wohlhabenderen Klassen der Bevölkerung hatten keine Kantonspflicht. Die Offiziere stellte der Adel. Die Mannschaft kam aus den untersten Schichten der Bevölkerung und wurde entsprechend menschenunwürdig behandelt.

Was war demnach zu tun, als der Staat in Verfall geriet? Auf wenige Worte gebracht, mußte es heißen: ein neues freieres, fruchtbares Verhältnis zwischen Staat und Bürger schaffen; Selbstverwaltung, Gemeinsinn, alle Volkskräfte beleben; ständisch-feudale Zustände von Grund aus beseitigen; die formell allgemeine Rechtsgleichheit aller Staatsangehörigen durchführen; Reform der Staatsverwaltung, des Heeres, des Steuerwesens; volkstümliche Regierungsweise, Abbau des Absolutismus durch freiheitlich-konstitutionelle Ideen (wie sie von Frankreich her kamen) und entsprechende Einrichtungen; Demokratie. Kann der Gleichlauf der Entwicklung

[9]) Vgl. auch Friedrich Meusel, Die Aufhebung der Akzisefreiheit des Adels in Preußen (1799), in Forschungen zur brandenburg. und preuß. Geschichte, Bd. XXI (1908), S. 559 ff.

mit 1918 verblüffender sein, als er sich schon hier deutlich zeigt? Aber er wird noch klarer hervortreten[10]).

II. Der Wiederaufbau Preußens, an die Namen unverwelklichen Ruhmes des Reichsfreiherrn von Stein und des Fürsten Hardenberg in erster Reihe geknüpft[11]), suchte jene dringenden Aufgaben zu erfüllen, unter Niederlegung der Schranken, die zwischen den Geburtsständen des Adels, des Bürgertums, der Bauernschaft aufgerichtet waren.

1. Den Anfang der großen Reform bildete das Edikt betr. den erleichterten Besitz und den freien Gebrauch des Grundeigentums sowie die persönlichen Verhältnisse der Landbewohner vom 9. Oktober 1807 (GS. 1806/10,

---

[10]) Schon vor dem Zusammenbruche des alten Preußens sind Reformbestrebungen im Gange gewesen, über die E. Müsebeck in den Forschungen zur brandenburg. und preuß. Geschichte, Bd. XXX (1917), S. 115—146 berichtet: Steins Denkschrift vom 27. April 1806 „Darstellung der fehlerhaften Organisation des Kabinetts und der Notwendigkeit der Bildung einer Ministerialkonferenz" war seit der Behördenorganisation Friedrich Wilhelms I. der erste grundsätzliche Versuch, dem preußischen Staate eine neue Form der Regierungsverfassung zu geben. „Nach einer rücksichtslosen, leidenschaftlichen Kritik der Institution des Kabinetts und der es bildenden Personen . . . verlangte sie eine unmittelbare Verbindung zwischen dem Könige und den obersten Staatsbeamten, die Einrichtung von fünf Ministerien, deren Chefs den Geheimen inneren Staatsrat bilden." Jene Denkschrift eröffnete die Reihe von Versuchen, den König zur Änderung des Regierungssystems zu bewegen.

[11]) Zu Unrecht werden die Mithelfer dieser Großen wenig genannt, so von Schrötter, Altenstein, Vincke und Schön. Vgl. Gustav Hasse, Theodor von Schoen und die Steinsche Wirtschaftsreform, 1915, und das oben S. 9, Anm. 1 angezogene Werk von Max Lehmann; ferner E. Meier, Die Reform der Verwaltungsorganisation unter Stein und Hardenberg, 2. Aufl., 1912; Pertz, Leben des Ministers von Stein, 6 Bde., Berlin 1849 ff.; v. Treitschke, Deutsche Geschichte im 19. Jahrh., 1. u. 2. Bd., 5. Aufl., 1894 u. 1897; Ranke, Denkwürdigkeiten des Staatskanzlers Fürsten von Hardenberg, 1877; M. Lehmann, Knesebeck und Schoen, 1875; Derselbe, Stein, Scharnhorst und Schoen, 1877; Derselbe, Freiherr v. Stein, I. 1902, II. 1903, III. 1905. Vielfach gegen ihn E. v. Meier, Französische Einflüsse auf die Staats- und Rechtsentwicklung Preußens im 19. Jahrh., 3 Bde., 1907 ff.; Derselbe, Der Minister v. Stein, die französische Revolution und der preußische Adel, 1908. Stellung nahmen zu den Streitfragen: M. Lehmann, Die preußische Reform von 1908 und die französische Revolution, Preuß. Jahrb., Mai-Heft 1908, S. 211 ff.; Hans Delbrück, Max Lehmanns Stein, Dezember-Heft daselbst; Erwiderung von E. v. Meier in Forschungen zur brandenb. u. preuß. Geschichte, Bd. XXI, S. 293; Otto Hinze, daselbst XX 617 ff., XXI 313 ff.; Eduard Wilhelm Mayer, Politische Erfahrungen und Gedanken Theodors von Schoen nach 1815 (Stellung zur Romantik, sein Liberalismus, seine Idee vom Staate, seine Stellung zum Adel, zur Verfassungsfrage, zu nationalen Forderungen), Historische Zeitschrift, Bd. CXVII (1917), S. 432—464; Giese, Preuß. Rechtsgeschichte, 1920, S. 107 ff. und Literatur daselbst.

S. 170). Es bestimmt, daß jeder Einwohner des Staats, ohne alle Einschränkung in Beziehung auf den Staat, zum eigentümlichen und Pfandbesitz unbeweglicher Grundstücke aller Art berechtigt ist; der Edelmann also zum Besitz nicht bloß adliger, sondern auch unadliger, bürgerlicher und bäuerlicher Güter aller Art, und der Bürger und Bauer zum Besitz nicht bloß bürgerlicher, bäuerlicher und anderer unadliger, sondern auch adliger Grundstücke, ohne daß der eine oder der andere zu irgendeinem Gütererwerb einer besonderen Erlaubnis bedarf. Jeder Edelmann ist ohne allen Nachteil seines Standes befugt, bürgerliche Gewerbe zu treiben; und jeder Bürger und Bauer ist berechtigt, aus dem Bauern- in den Bürger- und aus dem Bürger- in den Bauernstand zu treten. Die Gutsuntertänigkeit wird aufgehoben. „Nach dem Martinitage 1810 gibt es nur freie Leute.“ Mit diesem Edikt begann die Beseitigung der altständischen Gliederung, die Befreiung des Bauernstandes und des Grundeigentums. Ein gleichberechtigtes Staatsbürgertum war auf dem Marsche. Freilich blieben vorerst die dinglichen Belastungen des bäuerlichen Besitzes zugunsten des Grundherrn bestehen. Das Edikt vom 14. September 1811 (GS. S. 281) zur Regulierung der gutsherrlichen und bäuerlichen Verhältnisse gewährte den Inhabern der eigentümlich besessenen bäuerlichen Höfe volles und freies Eigentum an diesen und hob alle aus jenem Verhältnis entspringenden persönlichen und sachlichen Leistungen und Dienste gegen gewisse Entschädigungen für beide Teile auf[12]).

2. Steins Städteordnung vom 19. November 1808 hing einerseits mit der Anerkennung eines, von ständischer Unterscheidung freien, gleichberechtigten allgemeinen Bürgertums, anderseits mit der Notwendigkeit zu-

---

12) Das Landeskulturedikt vom gleichen Tage (GS. 1811, S. 300) gab im wesentlichen gute Ratschläge. Vgl. die von Friedrich Meusel veröffentlichte Denkschrift des Grafen von Finckenstein „Über die Freiheiten der Ritterschaft“, 1811, mit Bemerkungen und Erläuterungen von Marwitz' Hand. Sie zeigt „die Anschauungen des frondierenden Adels in dem letzten Kampfe gegen die Staatseinheit und Rechtsgleichheit der Monarchie wie in einem Brennpunkt zusammengefaßt“. Histor. Zeitschrift, Bd. CI (1908), S. 337—349. — Später regelte eine Verordnung vom 7. Juni 1821 (GS. S. 71) die Ablösung der Dienste, Geld- und Naturalleistungen von solchen Grundstücken, die eigentümlich, zu Erbzins und Erbpacht besessen worden waren; ein Gesetz vom gleichen Tage (GS. S. 53) ordnet die Gemeinheitsteilungen. Die Agrarreform erreichte einen gewissen Abschluß im Ablösungsgesetz vom 2. März 1850 (GS. S. 77) und durch das Rentenbankgesetz vom selben Tage (GS. S. 112).

sammen, jene zur Erstarrung des Gemeinsinns führende Staatsallmacht, die die Selbstverwaltung der Kommunen seit Friedrich Wilhelm I. allmählich ertötete, abzumildern, den Zusammenhang von Staat und Untertan wieder lebendig zu gestalten und diesen zur Mitwirkung auf dem Boden zunächst der Verwaltung geneigt und fähig zu machen. Die Städteordnung behielt sich zwar „das oberste Aufsichtsrecht des Staates“ vor, gab aber dem Bürgertum die Besorgung der lokal-kommunalen Angelegenheiten in die Hand, schuf als Organe der städtischen Verwaltung den Magistrat und die Stadtverordnetenversammlung. Jenem sollte die laufende Verwaltung und der Vollzug der Beschlüsse zustehen, dieser die Kontrolle und die Beschlußfassung in wichtigsten Angelegenheiten. Der Magistrat wird von der Stadtverordnetenversammlung, diese von den aktiven Gemeindebürgern gewählt. Damit war der Einfluß der Zünfte und anderen Körperschaften, der ständisch gegliederten Gruppen beseitigt. War hierdurch die Grundlage des modernen Städterechts in Preußen gelegt, so war es dem Freiherrn von Stein nicht möglich, den Widerstand der sozial mächtigen mit der Krone nahe verbundenen Schicht des Gutsbesitzertums und des Adels, vornehmlich im Osten, zugunsten einer Reform der Kreis- und Lokalverwaltung zu brechen. Der Kreistag bestand aus den Rittergutsbesitzern des Kreises und aus Vertretern der geistlichen Stiftungen, Universitäten und Städte, die im Kreise Rittergüter besaßen. Der Landrat als zweites Organ des Kreises wurde in der Regel von dem Kreistag aus den adligen Rittergutsbesitzern gewählt und übte sein Amt auf Grund königlicher Bestätigung aus. Die Lokalverwaltung war verbunden mit der Verwaltung der landesherrlichen Domänen und Rittergüter; dort übten Domänenpächter (Amtmänner) die Gerichtsbarkeit und Polizei, hier die patrimoniale Polizei und Gerichtsbarkeit die Gutsbesitzer und ihre Vertreter. Da durch die Edikte von 1807 und 1811 die wirtschaftliche Grundlage der politischen Verfassung des platten Landes zerstört war, versuchte die Regierung eine Reform der Kreisverfassung. Aber es war nur das Gendarmerie-Edikt vom 30. Juli 1812 durchzusetzen; „es enthielt eine vollständige, ganz nach französischen Ideen gestaltete Kreisordnung, beabsichtigte die gänzliche Beseitigung der alten kreisständischen Verfassung mit dem Institut der Landräte. An Stelle der letzteren sollten vom König ernannte Kreisdirektoren, die Unterpräfekten der napoleonischen Verwaltungsorganisation treten. In diesem Teile gelangte jedoch das Edikt nicht zur Ausführung“ [13]). Erst die Gesetzgebung des Reformjahres 1872 und die Landgemeindeordnung vom 3. Juli 1891 (GS. S. 233) tilgte für die sieben östlichen Provinzen den feudal-ständischen Charakter der Kreis- und Landgemeindeverfassung, wobei sich der mächtige Einfluß der „Ostelbier“, der „Junker“, zeigte. Ihre Bedeutung blieb aber auch auf allen anderen Gebieten der inneren Politik unverhältnismäßig groß [14]).

III. Der preußische Einheitsstaat, der immer noch absolutistische, wie er auch von Hardenberg in seiner Denkschrift „Über die Reorganisation des preußischen Staates“ (September 1807) aufgefaßt wurde, konnte dem Verfassungsproblem nicht mehr ausweichen. Obwohl der Gedanke, dem König eine allgemeine Nationalrepräsentation zur Seite zu setzen, gerade bei den Besten nahelag, „war und blieb ihnen heilig Recht und Gewalt des Königs“. Steins sog. politisches Testament vom 24. November 1808 spricht es aus: „Nur damit dieses Recht und diese unumschränkte Gewalt das Gute wirken kann, was in ihr liegt, schien es notwendig, der höchsten Gewalt ein Mittel zu geben, wodurch sie die Wünsche des Volkes kennen lernen und ihren Bestimmungen Leben geben kann“. Aber bald nach dem Frieden von Tilsit, bei dem Edikt und Hausgesetz vom 17. Dezember 1808, hat zwar der König ausgesprochen, daß er es an sich, ohne Zuziehung der Prinzen und Stände, „kraft landesherrlicher und souveräner Gewalt“ habe erlassen können, aber es wurden doch die Provinzialstände zugezogen. Ein Versuch, auch bei den Bezirksregierungen landständische Repräsentanten einzuführen, schlug trotz der besten Absicht fehl (1808/1815). Nicht nur eine ständische, sondern eine Nationalrepräsentation versprach Friedrich Wilhelm III. in dem Edikte über die Finanzen des Staates und die neuen Einrichtungen wegen der Abgaben vom 27. Oktober 1810. Nicht die Zustimmung, sondern nur

[13]) v. Roenne-Zorn, Preuß. Staatsrecht, Bd. II, S. 625.

[14]) Die Umschaffung der Staatsverwaltung, die Domänen- und Finanz-, wie auch die Heeresreform, hochbedeutsam an sich, braucht von diesem, im wesentlichen verfassungsgeschichtlichen Überblick nicht mit erfaßt zu werden. Vgl. Stier-Somlo, Preußisches Staatsrecht, Bd. I, S. 89; v. Roenne-Zorn, Preuß. Staatsrecht, Bd. II, S. 349 ff., 358 ff.; Bornhak Preuß. Staatsrecht, Bd. I, S. 36 ff.

der Rat einer solchen Volksvertretung war aber vorgesehen. Selbst dies ging dem privilegierten Adel zu weit. Ihm schien die französische Schreckensherrschaft auf deutschen Boden übertragen zu werden. Vergeblich suchte ihn der Staatskanzler von Hardenberg im Februar 1811 in einer besonders hierzu einberufenen Versammlung zu beschwichtigen. Die Adligen gingen an den König selbst und bekämpften alles, was die neue Zeit forderte: die Gewerbefreiheit, die Gleichheit der Stände, die Mobilisierung des Grundeigentums. Sie haben mit unverhohlen naiver Gleichsetzung des eigenen Interesses mit dem des Staates verlangt, daß ihre sämtlichen Personal- und Realprivilegien und das ausschließliche Recht auf Ämter erhalten bleibe. Allein zunächst hielt Friedrich Wilhelm III. an den konstitutionellen Plänen, wie er sie sich dachte, fest. Beim Wiener Kongreß 1815 war es gerade Preußen, das der Idee der Volksvertretungen wertvolle Unterstützung lieh. Sie half dem Artikel 13 der Deutschen Bundesakte vom 8. Juni 1815 zum Leben: „In allen deutschen Einzelstaaten wird eine landständische Verfassung stattfinden.“ Schon vor der Vollziehung dieser Akte ist in Preußen eine Verordnung betr. die zu bildende Repräsentation des Volkes vom 22. Mai 1815 ergangen: Es soll eine Repräsentation des Volks gebildet werden. Zu diesem Zwecke sind die Provinzialstände da, wo sie mit mehr oder minder Wirksamkeit noch vorhanden sind, herzustellen und den Bedürfnissen der Zeit gemäß einzurichten; wo gegenwärtig keine Provinzialstände vorhanden sind, sind sie anzuordnen. Aus den Provinzialständen wird die Versammlung der Landesrepräsentanten gewählt, die in Berlin ihren Sitz haben soll; ihre Wirksamkeit erstreckt sich auf die Beratung über alle Gegenstände der Gesetzgebung, die die persönlichen, die Eigentumsrechte der Staatsbürger mit Einschluß der Besteuerung betreffen. Eine beschließende und entscheidende Mitwirkung der Volksvertretung war damit nicht zugesagt[15]). Aber auch diese Verheißung wurde nicht erfüllt, das Königswort nicht eingelöst. Die

[15]) Viel weiter ging der Freiherr v. Stein in seiner Denkschrift vom April 1806: „Der preußische Staat hat keine Staatsverfassung; die oberste Gewalt ist nicht zwischen dem Oberhaupt des Staats und den Stellvertretern der Nation geteilt.“ Steins Gedanke war: erst wenn die oberste Gewalt zwischen dem König und dem Volk geteilt sei, werde aus Preußen, diesem sehr neuen Aggregat zusammengebrachter Provinzen, ein echter Staat werden. Lehmann, Frhr. v. Stein, Bd. I, S. 409.

Geschichte hat bereits ihr Urteil gefällt[16]), aber die Nachwirkungen dieses Verhaltens waren wegen der Verzögerung und Beschränkung des Konstitutionalismus auf alle späteren Zeiten verhängnisvoll. Es war damals nichts Unmögliches versprochen worden, Provinzial- und Reichsstände waren vor 1820 wohl möglich; trotzdem war es schon 1818 ausgemachte Sache, daß Preußen unter Friedrich Wilhelm III. keine Volksvertretung im vollen Sinne des Wortes bekommen werde[17]). Die Angst vor angeblichen revolutionären Bestrebungen nahm überhand und hinderte, zusammen mit der unverständlichen Furcht der Regierungen vor der die deutsche Einheit verfechtenden studentischen Jugend, insbesondere der Burschenschaft, die Entwicklung der Verfassungsfrage. In der Verordnung wegen künftiger Behandlung des gesamten Staatsschuldenwesens vom 17. Januar 1820 § 2 ist bestimmt: „Sollte der Staat künftig zu seiner Erhaltung oder zur Förderung des allgemeinen Besten in die Notwendigkeit kommen, zur Aufnahme eines neuen Darlehns zu schreiten, so kann solches nur mit Zuziehung und unter Mitgarantie der künftigen reichsständischen Versammlung geschehn." Den Artikel 13 der Bundesakte suchte man einschränkend auszulegen. Die Wiener Schlußakte vom 8. Juni 1820 bestimmte in ihren Artikeln 55, 57, 58, die in Preußen als Landesgesetz verkündet wurden: Den souveränen Fürsten der Bundesstaaten bleibt überlassen, diese inneren Angelegenheiten der landständischen Verfassung mit Berücksichtigung sowohl der früher gesetzlich bestandenen Rechte, als der gegenwärtig obwaltenden Verhältnisse zu ordnen; die gesamte Staatsgewalt bleibt vereinigt im Oberhaupte des Staates, der Souverän kann durch eine landständische Verfassung nur in der Ausübung bestimmter Rechte an die Mitwirkung der Stände gebunden werden; die im Bunde vereinigten Für-

---

[16]) Vgl. Heinrich v. Treitschke, Der erste Verfassungskampf in Preußen (1815—1823), Preuß. Jahrb. Bd. XXIX, insbesondere S. 421, 427, 426, 450—453, wo auch Hardenbergs „Ideen zu einer landständischen Verfassung in Preußen" zur Erörterung gelangen; Haake, König Friedrich Wilhelm III., Hardenberg und die preußische Verfassungsfrage, Forschungen zur brandenburg. und preuß. Geschichte, Bd. XXVI, XXVIII, XXIX, XXX, XXXII (1913—1919), und Desselben reiche Literatur anziehende Schrift: Der preußische Verfassungskampf vor hundert Jahren, 1921, S. 51 bis 108; Hubrich, Zur Entstehung der preuß. Staatseinheit, a. a. O., S. 400 ff.; Giese, Preuß. Rechtsgeschichte, 1920, S. 166 ff. und dortige Literatur.

[17]) Haake, a. a. O., S. 76 ff., 89.

sten dürfen durch keine landständische Verfassung in der Erfüllung ihrer bundesmäßigen Verpflichtungen gehindert oder beschränkt werden. Die verheißene Nationalvertretung kam nicht zustande.

IV. Auch das Gesetz vom 5. Juni 1823, durch das die Errichtung von Provinzialständen „im Geiste der älteren deutschen Verfassung" angeordnet wird, brachte die versprochene Nationalrepräsentation nicht. Acht besondere Provinziallandtage waren vorgesehen, deren Wirkungskreis in der Abfassung von Provinzialgesetzentwürfen, ferner von solchen Gesetzen bestand, die Personen und Eigentumsrechte sowie Steuern betrafen. Auch das Petitionsrecht und die Befugnis, über kommunale Angelegenheiten zu beschließen, ist gewährt worden. Die Monarchie behielt sich „ohne sichere Zeitschranke die Einberufung und Organisation der allgemeinen Landstände der landesväterlichen Fürsorge" vor. Die Verordnung vom 22. Mai 1815 hatte dagegen eine Repräsentation des ganzen Volks in Aussicht gestellt. Nach dem Tode Friedrich Wilhelms III. gaben nicht nur Einzelne, sondern auch landständische Korporationen und Stände ihrer Hoffnung auf Einführung einer allgemeinen Nationalvertretung deutlichen Ausdruck. Aber auch Friedrich Wilhelm IV.[18]) sah im Ausbau der provinzialständischen Verfassung von 1823 das Ziel, gewährte nur ständige A u s s c h ü s s e der Stände, die gehört werden sollten, wenn die Provinziallandtage nicht versammelt waren. Am 18. Oktober 1842 zum ersten Male nach Berlin einberufen, berieten sie einige Wochen über wirtschaftliche Vorlagen und begutachteten im Jahre 1848 den Entwurf eines Strafgesetzbuchs. Fast wie Hohn klingt es, daß diese Ausschüsse nur über einen Steuererlaß, eine Eisenbahnverbindung und über das Gesetz wegen Benutzung der Privatflüsse beratschlagt haben. Erst durch Patent vom 3. Februar 1847 wurde der Vereinigte Landtag zusammenberufen. In ihm wurde verordnet: So oft die Bedürfnisse des Staats entweder neue Anleihen oder die Einführung neuer oder die Erhöhung der bestehenden Steuern erfordern mögen, werden die Provinzialstände zum Vereinigten Landtage versammelt, um für erstere die durch die Verordnung über das Staatsschuldenwesen vom 17. Januar 1820 vorgesehene ständische Mitwirkung in Anspruch zu nehmen und zu letzterer die Zustimmung

[18]) V. L u d w i g , Über Friedrich Wilhelms IV. Stellung zur preuß. Verfassungsfrage, 1908.

zu erteilen. Der landständische Ausschuß wird fortan periodisch einberufen. Dem Vereinigten Landtag wird übertragen: in bezug auf den ständischen Beirat bei der Gesetzgebung diejenige Mitwirkung, die den Provinzialständen durch das Gesetz vom 5. Juni 1823, so lange keine allgemeinen ständischen Versammlungen stattfinden, beigelegt war; die durch das Gesetz vom 17. Januar 1820 vorgesehene ständische Mitwirkung bei der Verzinsung und Tilgung der Staatsschulden; das Petitionsrecht über innere, nicht bloß provinzielle Angelegenheiten. Die gewährten Rechte fand aber der Vereinigte Landtag, auf das nicht erfüllte Königsversprechen vom 22. Mai 1815 und 17. Januar 1820 verweisend, viel zu gering, brachte seine Auffassung in einer Adresse an den König vom 20. April 1847 zum Ausdruck, mit dem Endergebnis seiner Schließung am 26. Juni 1847 [19]). Mehr als Periodizität der Ausschüsse zu gewähren, brachte der absolute preußische Staat nicht über sich. „Die Romantik des ungeschriebenen Rechts bäumte sich in letzter Stunde noch einmal auf gegen das geschriebene Gesetz, das Blatt Papier, von dem der König fürchtete, daß es zwischen ihn und das Volk treten würde." So war es die Februarrevolution in Paris, die den Weg zur Umwälzung wies [20]). Die Leidenschaften regten sich auch in Deutschland und führten zu einer Bewegung, deren Ziel der Übergang zu konstitutionellen Einrichtungen war. Der politischen Unruhe bemächtigten sich außer edel gesonnenen Persönlichkeiten auch zügellos leidenschaftliche und demagogische Hetzer. So war auch hier die Folge einsichtlosen Zögerns: Revolution statt Reform. Als das „Zu spät"! auch hier sich fühlbar machte, erging die königliche Proklamation vom 18. März 1848 über die künftige Staatsverfassung. Es wird zunächst das Verlangen gestellt, daß Deutschland aus einem Staatenbunde in einen Bundesstaat verwandelt werde: „Wir erkennen an, daß dies eine Reorganisation der Bundesverfassung voraussetzt, welche nur im Verein der Fürsten mit dem Volke ausgeführt werden kann. Wir erkennen an, daß eine solche Bundesrepräsentation eine konstitutionelle Verfassung aller deutschen Länder notwendig erheische."

---

19) Koser, Zur Charakteristik des Vereinigten Landtags von 1847, in den Beiträgen zur brandenburg. und preuß. Geschichte (Festschrift zu Gustav Schmollers 70. Geburtstag), 1908.

20) Ottocar Weber, 1848, 3. Aufl., Leipzig 1918, S. 71—92; Hartmann, Die Volkserhebung der Jahre 1848 und 1849, Berlin 1900, S. 44 bis 70.

Die Revolution brach jedoch am selben Tage aus. Nachdem die Truppen aus Berlin kraft königlichen Befehls zurückgezogen waren, erschien der Aufruf König Friedrich Wilhelms IV. vom 21. März an das preußische Volk und die deutsche Nation[21]). Hier wurde „die Einführung wahrer konstitutioneller Verfassungen, die Verantwortlichkeit der Minister in allen Einzelstaaten, gleiche politische und bürgerliche Rechte für alle religiösen Glaubensbekenntnisse und eine wahrhaft volkstümliche freisinnige Verwaltung“ als die einzigen Mittel erklärt, welche imstande sind, „die Sicherheit und innere Freiheit Deutschlands zu bewirken und zu befestigen“. Der Vereinigte Landtag wurde noch einmal auf den 2. April 1848 zusammenberufen, tagte bis zum 10. April und nahm das Wahlgesetz für die zur Vereinbarung der preußischen Staatsverfassung zu berufende Versammlung an, das am 8. April 1848 (GS. S. 89) verkündet wurde. In ihm wurde die staatsrechtliche Befugnis der zu berufenden Versammlung dahin festgestellt: Die künftige Staatsverfassung durch Vereinbarung mit der Krone festzustellen und die seitherigen reichsständischen Befugnisse namentlich in bezug auf die Bewilligung von Steuern und Staatsanleihen für die Dauer ihrer Versammlung interimistisch auszuüben. Gleichzeitig erging mit der Zustimmung des Vereinigten Landtages die Verordnung über einige Grundlagen der künftigen Verfassung vom 6. April 1848 (GS. S. 87). Darin wurde das freie Versammlungs- und Vereinsrecht und die vom religiösen Bekenntnisse unabhängige Ausübung der staatsbürgerlichen Rechte gewährt und zugleich ausgesprochen, daß den künftigen Vertretern des Volkes jedenfalls die Zustimmung zu allen Gesetzen, sowie zur Festsetzung des Staatshaushaltsetats und das Steuerbewilligungsrecht zustehen soll. Am 22. Mai 1848 wurde die auf Grund allgemeinen, gleichen und geheimen Stimmrechts, aber mittelbar durch Wahlmänner gewählte Nationalversammlung eröffnet, die zur Vereinbarung der Verfassung berufen war. Ihr wurde ein Verfassungsentwurf zur Beratung vorgelegt[22]). Die Versammlung zerfiel in 4 Parteien. Die Linke (Waldeck) er-

---

[21]) Vgl. Pflugk-Hartung in Forschungen zur brandenburg. und preuß. Geschichte, Bd. XXVI, S. 265—274.

[22]) Vgl. zum folgenden: v. Roenne-Zorn, Bd. I, S. 62 ff.; Arndt, Preuß. Verfassungsurkunde, 7. Aufl., 1911, S. 21 ff.; Anschütz, Preuß. Verfassungsurkunde I (1912), S. 11—28.

klärte das Prinzip der Volkssouveränität mit allen seinen Konsequenzen als maßgebend; das Programm des linken Zentrums (Rodbertus) forderte die konstitutionelle Monarchie mit demokratischer Grundlage und nur mit einem aufschiebenden Veto für die Krone; das rechte Zentrum (von Unruh) erkannte zwar das Wahlgesetz vom 8. April, wonach die Verfassung nur durch Vereinbarung mit der Krone zustande gebracht werden sollte, als maßgebend an, stellte aber zugleich den Satz auf, daß die Krone nicht das Recht habe, die Nationalversammlung aufzulösen, dem Könige nur ein aufschiebendes Veto zustehe; endlich hat die Rechte (Milde, Grabow, Peter Reichensperger) die Notwendigkeit der erblichen konstitutionellen Monarchie und das Wahlgesetz vom 8. April als den Rechtsboden der Nationalversammlung erklärt und schließlich die gemeinschaftliche Ausübung der Souveränitätsrechte durch König und Volk verlangt. Die zwei erstgenannten Parteien verfügten schließlich über die Mehrheit. Schon beim Beginn der Beratung des Verfassungsentwurfs wurde die Formel „von Gottes Gnaden" gestrichen; auch wurde der Antrag durchgesetzt, den König aufzufordern, bei der deutschen Zentralgewalt schleunige und energische Schritte zu unternehmen, um dem revolutionären Wien Hilfe zu bringen gegen die kaiserliche Regierung, die es belagern ließ. Die zur Umarbeitung des Regierungsentwurfes oder zur Ausarbeitung eines neuen Entwurfes am 15. Juni eingesetzte Kommission (Vorsitzender Waldeck) überreichte am 26. Juli einen Entwurf der Verfassungsurkunde nebst Motiven [23]). Die Beratung des Plenums auf Grund dieses Kommissionsentwurfes war derart, daß der König sich veranlaßt sah, am 8. November die versammelte Nationalversammlung nach Brandenburg zu verlegen und bis zum 22. November zu vertagen.

Die fernere Beratung erklärte der Ministerpräsident v. Manteuffel für ungesetzlich. Er forderte zur Abbrechung derselben auf. Mit ihm verließ ein Teil der Abgeordneten die Versammlung. Allein es blieben noch in beschlußfähiger Anzahl Abgeordnete zurück. Die Versammlung legte Verwahrung ein, verlangte den Schutz der Bürgerwehr gegen Vergewaltigung und erließ einen „Aufruf an das Volk". „Am 10. November rückten die in der Nacht vom

---

[23]) Protokolle der Kommission, hrsg. von Rauer, Berlin 1849; Verhandlungen der Nationalversammlung, Bd. I, S. 630 f., 729 ff.

19. März abgezogenen Truppen nach siegreichem Kampf aus Berlin dort ohne Schwertstreich unter Wrangel ein, worauf die Bürgerwehr widerstandslos aufgelöst und entwaffnet, der Belagerungszustand über Berlin verhängt und das Forttagen der Nationalversammlung mit Gewalt verhindert wurde, nachdem diese am 15. November beschlossen hatte: Das Ministerium Brandenburg ist nicht berechtigt, über die Staatsgelder zu verfügen, die Steuern zu erheben, so lange die Nationalversammlung nicht ungestört in Berlin ihre Beratungen fortsetzen kann.“ Die Versammlung in Brandenburg war nicht beschlußfähig. Darauf erfolgte durch königliche Verordnung vom 5. Dezember 1848 die Auflösung der Nationalversammlung. Am gleichen Tage verlieh der König eine Verfassungsurkunde. Diese heißt oktroyierte, weil sie nicht mit der Nationalversammlung vereinbart war. Ihre Rechtsgültigkeit ist vielfach bestritten worden. Immerhin ist durch diese Verfassungsurkunde Preußen in die Reihe der konstitutionellen Staaten eingetreten. Am Schlusse dieser Verfassungsurkunde war ausgesprochen, daß sie sofort nach dem ersten Zusammentritte der Kammer einer Revision auf dem Wege der Gesetzgebung unterworfen werden solle. Am 6. Dezember 1848 wurden, ebenfalls oktroyiert, zwei Wahlgesetze erlassen. Die beiden Kammern wurden am 26. Februar 1849 in Berlin eröffnet. Beide erkannten die oktroyierte Verfassung vom 5. Dezember 1848 als das nunmehr zu Recht bestehende Staatsgrundgesetz an und beschlossen die Revision dieser Verfassung sogleich in Angriff zu nehmen. Allein infolge mehrerer Beschlüsse der 2. Kammer sah sich die Regierung am 27. April veranlaßt, die 2. Kammer aufzulösen und die 1. Kammer zu vertagen. Auf Grund des Art. 105 der Verfassungsurkunde vom 5. Dezember 1848, welcher der Regierung gestattet, in dringenden Fällen, wenn die Kammern nicht versammelt sind, Verordnungen mit Gesetzeskraft zu erlassen, gab das Ministerium Brandenburg am 30. Mai 1849 ein Wahlgesetz für die Zweite Kammer, das bis zur Revolution 1918 in Geltung stand, und zwar nicht das allgemeine, aber das gleiche Wahlrecht beseitigte und das Dreiklassenwahlrecht einführte. Die auf Grund dieses Wahlgesetzes gewählte Volksvertretung wurde am 7. August einberufen. Beide Kammern erteilten die Genehmigung zum Wahlgesetz. Die Verfassung wurde dann schließlich nach mehrfachen Beratungen (bis zum 18. Dezember 1849) erweitert. Jede der beiden Kammern über-

reichte dann dem König die gefaßten Beschlüsse, der dann durch eine Botschaft vom 7. Januar 1850 noch eine Reihe von Vorschlägen zur Verbesserung zur Erwägung stellte. Die Mehrzahl wurde in den beiden Kammern schließlich angenommen. Hierauf erging die kgl. Botschaft vom 31. Januar 1850, welche erklärte: die in der Verfassungsurkunde vom 5. Dezember 1848 vorbehaltene Revision sei beendigt, die Verfassung mit sämtlichen Abänderungen vollzogen und die Publikation angeordnet. So wurde die revidierte Verfassungsurkunde vom 31. Januar 1850 in der Gesetzessammlung als Staatsgrundgesetz aufgenommen. Die Beeidigung auf die Verfassungsurkunde fand nach der Vorschrift der Art. 54 und 119 in einer vereinigten Sitzung beider Kammern am 6. Februar 1850 im Rittersaal des Königl. Schlosses seitens des Königs, der Staatsminister und sämtlicher Kammermitglieder statt.

Allzu lang war der Kampf um das Verfassungsgrundgesetz, allzu spät trat Preußen — der Verheißung von 1815 erst 1850 die Erfüllung gewährend — in die Reihe der konstitutionellen Staaten. Damals, zu Beginn des 19. Jahrhunderts, hätte sich die Nationalversammlung aufbauen können auf den Selbstverwaltungskörpern, die aber nur für die Städte wirksam durchzusetzen waren. Damals wäre das Ständetum zugunsten eines äußerlich und innerlich befreiten allgemeinen Bürgertums politisch zu beseitigen gewesen, indes sich vollzog, was jüngst ein Geschichtsforscher folgendermaßen ausdrückte [24]): „Demokratische Grundsätze in einer monarchischen Regierung" war Hardenbergs Parole gewesen. Er hatte Dynastie und Volk einander näherbringen und vereint in den Kampf führen wollen gegen die Privilegierten. Aber der Träger der Krone und sein Nachfolger hatten dies Bündnis entsetzt von sich gewiesen und die Hand ergriffen, die ihnen die Junker, die Nachkommen der einst dem Großen Kurfürsten noch so gefährlichen, selbstherrlichen und selbtsüchtigen Ritter, hinstreckten. Der absolute Monarch und die jetzt angeblich zuverlässigsten Stützen des Thrones gegen die vermeintlichen Revolutionäre, Herrscher und Adel gegen die Masse des Volkes: so war die Konstellation beim Tode Hardenbergs und so sollte sie nun vorerst auch bleiben." Diesem Junker- und Ständetum hätte die Verfassung rechtzeitig abgerungen, mit den Notwendigkeiten der Zeit in Ein-

[24]) Haake, Der preußische Verfassungskampf vor hundert Jahren, 1921, S. 109.

klang gebracht, der geschichtlichen Entwicklung entsprechend ausgebaut werden müssen. Erst dadurch wäre sie praktisch, elastisch und weiterem Fortschritt zugänglich gewesen. So wie die Verfassungsurkunde vom 31. Januar 1850 war, leitete sie zwar die Ära des Konstitutionalismus ein und beschränkte ein wenig die absolute Monarchie; aber sie war auf fremdem Boden gewachsen. Französische und belgische abstrakte allgemeine Lehrsätze und blasse Rechtsbegriffe überwiegen, weitere Ausgestaltung herausfordernd und in deutlichem Gegensatze zu der politischen Struktur der Staaten, deren Verfassung nachgeahmt wird. Den gesellschaftlichen und behördlichen Mächtegruppen vorkonstitutioneller Gesinnung ging die preußische Verfassung viel zu weit und die gleich auf ihre Verkündung folgenden Jahre „mit ihrem absolutistischen Regime, mit ihrer polizeilichen Chikanierung, mit ihrem mehr als konservativen Beharren und veralteten ständischen Auffassungen haben bewiesen, wie wenig sie sich bewährt hat." Umgekehrt haben die freiheitlich gesinnten Gruppen nur einen kleinen Teil ihrer Wünsche erfüllt gesehen und erst das Jahr 1918 brachte jene demokratische Grundeinstellung und Geltung des Grundsatzes der Volkssouveränität, die schon 1848 verlangt worden war.

V. Daß diese preußische Verfassungsurkunde vom 31. Januar 1850 lange Jahrzehnte im wesentlichen unverändert bleiben konnte, ohne zu einer Staatsumwälzung zu führen, hatte zahlreiche Gründe. Trotz all ihrer Fehler schuf sie die Anfänge eines solchen Verfassungsrechts, das den Regierten einen Anspruch auf Teilnahme an der Bildung des Staatswillens, einen leidlich umhegten Kreis staatsfreier Sphäre gewährte. Dies zu einer Zeit, in der das Volk als Ganzes politisch naiv, zurückgeblieben, ohne jede Erfahrung in öffentlichrechtlichen Dingen war. Sodann war Preußen Mitglied des auf einen traurigen Stand politischen Marasmus gelangten Deutschen Bundes, der umso rückständiger wurde, je klarer sich die teilweise Erfolglosigkeit der Revolutionen des Jahres 1848 zeigte und der Versuch, in der Paulskirche zu Frankfurt a. M. eine lebensfähige Verfassung des Deutschen Reichs und dieses selbst zustande zu bringen, gescheitert war. Andererseits nahm alsbald nach Ablehnung der Kaiserkrone durch Friedrich Wilhelm IV. Preußen das deutsche Verfassungswerk in die Hand („Dreikönigsbündnis" vom 26. Mai 1849, Erfurter Parlament vom 20. März 1850), damit einen Beweis deutscher und gleichzeitig konstitutioneller Gesinnung gebend. Aber schon am 15. November 1850 erklärte Preußen seinen Rücktritt von der Unionsverfassung, wich vor Österreich in der Punktation von Olmütz am 29. November 1850 zurück. Die Restauration des Bundestags (dieser wurde am 14. Mai 1851 auch von Preußen beschickt) war schließlich der einzige Ausweg und damit ein Zurücksinken in einen schwachen, ansehenlosen Staatenbund, in dem der Wettstreit zwischen Preußen und Österreich sich nicht ohne äußeren Kampf schlichten ließ. Preußen erkannte, daß die Abrechnung oder Auseinandersetzung mit Österreich jeder politischen Neugestaltung vorangehen müsse. 1859 war der Nationalverein gegründet worden, der die „preußische Spitze“ in sein Programm aufnahm. Das österreichische Bundesprojekt lehnte Preußen am 22. September 1863 ab. Nach Auflösung des Deutschen Bundes durch Bundesbeschluß vom 14. Juni 1863 knüpfte das von der preußischen Regierung betriebene Verfassungswerk, in seinen Grundzügen den deutschen Regierungen am 10. Juli 1863 mitgeteilt, an die Unionsverfassung an. Der Krieg mit Dänemark (Wiener Frieden vom 30. Oktober 1864), mit Österreich (Prager Frieden vom 23. August 1866), die Entstehung des Norddeutschen Bundes und des Deutschen Reichs waren Ereignisse und Vorgänge von so gewaltiger Bedeutung und Tragweite, daß das preußische Volk, im Mittelpunkt weltgeschichtlicher Entwicklungen, sich nicht mit der den sachlichen Bedingungen entsprechenden Stärke auch mit seinen inneren Verfassungsrechtsbedürfnissen befaßte. Dazu kam die wirtschaftliche Förderung durch den am 1. Januar 1834 gegründeten Zollverein und die seither erkennbare Tendenz, „die staatsrechtliche Verfassungsform an die Stelle der losen Vertragsform“ zu setzen. Nicht zuletzt boten revolutionären Entwicklungen bis in die Höhe der 1870er Jahre Hemmnisse die überragende Staatskunst des großen und einzigen Otto v. Bismarck und die abgeklärte Weisheit, vornehme Sachlichkeit und Gerechtigkeit Wilhelms I.

VI. Aber schon durch das Aufkommen der Arbeiterschaft als eines sich politisch selbstbewußten Faktors, durch die Macht der demokratischen und sozialistischen Ideen, die wachsende, wenn auch gewiß nicht volle Reife des Volkes in Angelegenheiten seines Verfassungswesens, mußte die Unzulänglichkeit des letzteren immer klarer werden. Die weltumspannenden Wirtschafts- und Verkehrsverhältnisse, die infolge eines fabelhaften Transportwesens ins

Unbegrenzte gestiegenen Beziehungen der Menschen in allen Weltteilen, ließen auch die entsprechende Beeinflussung durch Ideen internationaler und politisch-radikaler Art erkennen. Mit unvergleichlicher Geduld ließ sich das preußische Volk die in Verwaltung und Heer privilegierte, gesellschaftlich und parlamentarisch — infolge des unerhörten Dreiklassenwahlrechts und einer nicht minder ungerechten Wahlkreiseinteilung — überwiegende Macht einer verhältnismäßig kleinen Schicht von agrarischen, aber auch industriellen „Junkern“ gefallen. Die Verfassung gab dem König und, was vielleicht noch schlimmer war, dem auf halbabsolutistischer Grundlage gestellten Behördenorganismus eine erdrückend große, Einzelwesen und Volk in allem Politischen beengende Gewalt, die mit bester Absicht, aber innerlich und äußerlich unfrei, gehandhabt wurde. Das Verfassungskleid, einer politisch halbwüchsigen Nation 1848/50 gewoben und ihr schon damals zu eng, wurde nicht erweitert, obwohl in der ganzen Kulturwelt die Geltung der mündigen Bürger im Staate gewachsen war. Das arbeitende Volk war im wesentlichen Objekt einer Regierung und eines Beamtentums, die, vielfach unbewußt, die Gesamtstruktur des früheren „Ostelbien“ stützten und seine Auswirkungen überall hin mit sich trugen. Pflichtgefühl und unbedingte Ehrenhaftigkeit verbanden sich mit einer Unfähigkeit zu politischen Wertungen für eine im Wesen veränderte Zeit und eine naive Gleichsetzung von parteipolitisch-konservativ mit staatserhaltend und zur Staatsleitung (in allen ihren Stufen) eigentlich allein berechtigt. Dabei hatte die wirtschaftliche und soziale Entwicklung ganz andere und zahlreichere Kräfte, als sie um 1850 wirksam waren, hervorgebracht, für die eine Möglichkeit, innerhalb des Beamtentums zur sachgemäßen Durchsetzung zu gelangen, ebenso verschlossen war, wie die Vertretung im Landtag. Handel, Industrie, Handwerk, freie Berufe, Arbeiterschaft wurden im wesentlichen vom Einfluß auf das Abgeordnetenhaus ferngehalten, und im Herrenhause vermochte die ganz bescheidene Ergänzung durch verdiente Männer den Charakter eines Parlaments nicht zu ändern, der grundsätzlich feudal-aristokratisch, agrarisch-konservativ war. Nicht einmal während des Weltkriegs war es möglich, das plutokratische Dreiklassenwahlrecht zu ändern, die Selbstverwaltungskörper mit frischem Leben zu erfüllen und von jenem auch für sie geltenden Dreiklassenwahlrecht zugunsten anderer als „besitzender“

Klassen zu befreien; ihnen größere Unabhängigkeit gegenüber dem, ihre Autonomie durch Überspanung der Aufsicht gefährdenden Staatsbeamtentum zu gewähren; eine Reform der Verwaltung überhaupt durchzusetzen, die, bei der engen Beziehung zur verfassungsmäßigen Verwaltung, mit dem Ausbau des konstitutionellen Staats eng zusammenhängt. Der Weltkrieg legte auch den Millionen Preußen gleiche Opfer an Blut und Gut auf; aber gleiche politische Rechte erhielten sie nicht.

Nur wer die Geschichte kennt, vermag zu erklären, warum es auch der Krone trotz erkennbaren guten Willens nicht gelang, eine Neuordnung herbeizuführen. Sie hatte sich seit Anfang des 19. Jahrhunderts auf die Seite der Gegner Hardenbergs geschlagen; sie war voller Angst und Vorurteile gegen politische Freiheit, Demokratie, und durch viele Jahrzehnte allzu sehr mit jenen gesellschaftlichen Schichten verbunden, denen jedes Verständnis für ein neu aufgekommenes Bürgertum, erst recht für die Arbeitermassen, ihre Lebensnotwendigkeiten und -Ziele fehlte. Weder die Osterbotschaft 1917 noch die vom 11. Juni 1917 konnten mehr das Verhängnis bannen. Es war wieder zu spät! Die Einsicht des Königs, daß „nach den gewaltigen Leistungen des ganzen Volkes in diesem furchtbaren Kriege für das Klassenwahlrecht in Preußen kein Raum mehr sei", war nicht die des Landtags, und die ihm im November 1917 vorgelegten Gesetzentwürfe, bestimmt die Kammern des Parlaments gründlich umzugestalten, sind nicht zur Annahme gelangt[25]. Die politische Blindheit sah die Staatsumwälzung noch immer nicht herannahen. Sie war aber schon vor der Tür.

Vierter Abschnitt.

Der Weg zur Verfassung des Freistaats Preußen[1].

I. Der Ausbruch der Revolution am 9. November 1918 zog Reich und Preußen gleichmäßig in seinen Wirbel.

[25]) Der Wahlrechtsausschuß des Herrenhauses nahm bei 18 Stimmenthaltungen am 11. Oktober 1918 eine Reihe von Abänderungsanträgen zu den Verfassungsvorlagen und schließlich das allgemeine, gleiche und geheime Wahlrecht nur mit „Sicherungen" an. Mit den Abänderungsanträgen Wermuth-Johansen wurden in der Vollversammlung vom 24. Oktober 1918 die vorgelegten Verfassungsgesetzentwürfe — unter Enthaltung der gesamten Rechten von der Stimmabgabe — angenommen. Zur Verabschiedung kam es nicht mehr.

[1]) Purlitz, Deutscher Geschichtskalender, Die deutsche Revolution, 1919; Scheiding, Das erste Jahr der deutschen Revolution, 1920,

Die Monarchie wird gestürzt, von den Arbeiter- und Soldatenräten die staatliche Gewalt ergriffen. Die Vollversammlung der Berliner Arbeiter- und Soldatenräte wählt am 10. November 1918 einen Vollzugsrat von 28, später 26 Mitgliedern, der sich als „Inhaber aller staatlichen Gewalt im Reich und in Preußen" erklärte (Aufruf vom 12. November 1918 im Reichsanzeiger Nr. 268). Die revolutionäre preußische Regierung übernimmt am 12. November 1918 „im Auftrage des Vollzugsrats des Arbeiter- und Soldatenrats" die Staatsleitung, fordert sämtliche preußischen Behörden und Beamten auf, ihre Tätigkeit fortzusetzen, um auch ihrerseits im Interesse des Vaterlandes zur Erhaltung der Ordnung und Sicherheit beizutragen, wogegen ihre gesetzlichen Ansprüche unverkürzt gewahrt bleiben sollten (GS. S. 187). Am 13. November 1918 erläßt sie den (in der GS. S. 187—189) veröffentlichten

Aufruf an das preußische Volk.

„Preußen ist wie das Deutsche Reich und die anderen Bundesstaaten durch den Volkswillen zum freien Staat geworden.

Aufgabe der neuen preußischen Landesregierung ist, das alte, von Grund auf reaktionäre Preußen so rasch wie möglich in einen völlig demokratischen Bestandteil der einheitlichen Volksrepublik zu verwandeln.

Über die zukünftigen Staatseinrichtungen Preußens, seine Beziehungen zum Reich, zu den anderen deutschen Staaten und zum Ausland wird eine verfassunggebende Versammlung entscheiden; ihre Wahl erfolgt auf Grundlage des gleichen Wahlrechts für alle Männer und Frauen und nach dem Verhältniswahlsystem.

Bis zum Zusammentritt dieser verfassunggebenden Versammlung hat eine vorläufige Regierung, die getragen ist vom Vertrauen der Arbeiter- und Soldatenräte, die Geschäfte übernommen. Sie sieht ihre erste Aufgabe darin, im engen Zusammen-

S. 5—79; Oeschey, Vom Umsturz zur Verfassung, 1920, S. 53—59; „Die Revolution in Deutschland", Aufsätze im Handbuch der Politik, 3. Aufl., Bd. 3 (1921), S. 255—297, von Hänisch, Kuttner, Cohen, Bovensiepen, Moldenhauer, Pachnicke, Sitzler; Preuß, Zur preußischen Verfassungsfrage, Zeitschrift „Deutsche Politik" vom 23. Juli 1920, Bd. 5, S. 99 ff.; Cunow, Der preußische Verfassungsentwurf, Wochenschrift „Die neue Zeit" vom 2. April 1920; Meinecke, Nach der Revolution, 1920.

hang mit der neuen Reichsleitung für die Ordnung und Sicherheit im Lande und für die Volksernährung zu sorgen. Sie ist dabei angewiesen auf das Verständnis und den guten Willen der Bevölkerung im allgemeinen und insbesondere auf die gewissenhafte Mitarbeit aller Beamten des Staates und der Selbstverwaltungskörperschaften. Alle Beamten, die sich der neuen Regierung zur Verfügung stellen, sind ausdrücklich in ihren Rechten bestätigt und auf ihre Pflichten hingewiesen worden.

Von den zahlreichen Aufgaben, vor die sich das neue, freie Preußen jetzt und in Zukunft gestellt sieht, seien nur diese hervorgehoben:

Durchführung der uneingeschränkten Koalitionsfreiheit für alle Staatsarbeiter und Beamten. Gründliche Reform der Besoldungs- und Lohnverhältnisse der Arbeiter und Beamten, einschließlich der Pensionäre und Altpensionäre, und bis zur endgültigen Regelung die Gewährung ausreichender Teuerungszulagen.

Ausbau aller Bildungsinstitute, insbesondere der Volksschule. Schaffung der Einheitsschule. Befreiung der Schule von jeglicher kirchlichen Bevormundung. Trennung von Staat und Kirche.

Demokratisierung aller Verwaltungskörperschaften. Beseitigung der Gutsbezirke. Völlig gleiches Wahlrecht beider Geschlechter für alle Gemeindevertretungen in Stadt und Land. Entsprechende demokratische Umgestaltung der Kreis- und Provinzialverwaltungskörper.

Raschester Ausbau und Entwicklung aller Verkehrsmittel, insbesondere der Eisenbahnen und Kanäle.

Hebung und Modernisierung von Industrie und Landwirtschaft. Vergesellschaftung der dazu geeigneten industriellen und landwirtschaftlichen Großbetriebe.

Umgestaltung der Rechtspflege und des Strafvollzugs im Geiste der Demokratie und des Sozialismus.

Reform des gesamten Steuerwesens nach den Grundsätzen strengster sozialer Gerechtigkeit."

Der Staatsregierung steht zunächst keine Volksvertretung zur Seite. Das Abgeordnetenhaus wird aufgelöst und das Herrenhaus beseitigt [2]). Die hiergegen gerichtete Verwahrung der Präsidenten beider Kammern vom 28. November bleibt ohne Wirkung. Einige Tage zuvor, am 23. November, sind Unzuträglichkeiten, die nach Inanspruchnahme der Staatsgewalt auch in Preußen

[2]) VO. vom 15. November 1918 (GS. S. 191).

durch den erwähnten Vollzugsrat gegenüber dem „Rat der Volksbeauftragten“ (Reichsregierung) unvermeidbar waren, durch eine Vereinbarung geschlichtet worden. Dieser gesteht die politische Gewalt den Arbeiter- und Soldatenräten zu, gibt dem zentralen Vollzugsrat die Berufung und Abberufung auch des preußischen entscheidenden Kabinetts bis zur endgültigen Regelung der Verhältnisse, ohne klarzustellen, ob sich die Entscheidung nur auf die verwaltende oder auch auf die gesetzgebende Gewalt bezieht.

Es bestanden jedoch andere, übrigens in der Folgezeit kaum beachtete, Beschränkungen des Kabinetts nur in dem Rechte zur Kontrolle und zur Anhörung des Vollzugsrats bei Berufung von Fachministern. Aber weder der Rätegedanke, noch die Diktatur des Proletariats haben sich beim Aufbau des neuen preußischen Freistaates durchzusetzen vermocht, sondern der demokratisch-parlamentarisch-republikanische Gedanke. Dadurch, daß der allgemeine Kongreß der Arbeiter- und Soldatenräte Deutschlands, der vom 16. bis 20. Dezember 1918 in Berlin tagte, die Zuständigkeit des Vollzugsrats auf Groß-Berliner Angelegenheiten beschränkte, war der Vollzugsrat als politischer Faktor im preußischen Staatsleben ausgeschaltet. Auch der von jenem Kongreß bestellte Zentralrat, der am 21. Dezember 1918 zusammentrat, hat nur eine ganz untergeordnete Rolle gespielt und die führende Stellung des Kabinetts nicht behindert[3]).

Die Folgerungen aus der Entfernung der Monarchie werden zunächst gezogen durch die Beschlagnahme des preußischen Kronfideikommißvermögens und des Vermögens des preußischen Königshauses[4]). Die entstandenen Schwierigkeiten im Behördenorganismus und im Verhältnis des Volkes zu ihm, werden zu

---

[3]) Ebenso Giese-Volkmann, Die preuß. Verfassung, 1921, S. 9.

[4]) Bek. vom 13. und 30. November 1918 (GS. S. 189 und 193), spätere Ausführungsbestimmung hierzu vom 18. Juni 1919 (GS. S. 95), die Beseitigung des persönlichen Gerichtsstandes der Mitglieder des Königshauses bei dem mit dem Kammergericht verbundenen „Geheimen Justizrat“ (VO. vom 30. November 1918, GS. S. 185). Erst später folgten die VO. über Familiengüter vom 10. März 1919 (GS. S. 39), jetzt in der Fassung vom 30. Dezember 1920 (GS. 1921, S. 77), die Zwangsauflösungs-VO. vom 19. November 1920 (GS. S. 463), das Gesetz über die Aufhebung der Standesvorrechte des Adels und die Auflösung des Hausvermögens vom 23. Juni 1920 (GS. S. 367), hierzu Überleitungs-VO. vom 3. März 1921 (GS. S. 339). Vgl. auch Entw. eines Gesetzes über die Vermögensauseinandersetzung zwischen dem preuß. Staate und dem preuß. Königshause nebst Begründung 1920 (Drucks. Nr. 1722).

beheben unternommen. Es wird [5]) bestimmt: Die Zuständigkeiten, die nach den bisherigen Bestimmungen von der Krone und vom Parlament ausgeübt wurden, sind auf die preußische Regierung übergegangen, die nach der Bek. vom 12. November 1918 die Staatsleitung übernommen hat. Die Zuständigkeit aller übrigen Zentralbehörden, sowie der Provinzial- und Lokalbehörden bleibt unberührt. Sie führen fortan eine den veränderten Verhältnissen angepaßte Bezeichnung, d. h. sie sind nicht mehr „königlich". In den (nicht veröffentlichten) „Grundsätzen für die Zuständigkeit der preußischen Regierung, der Ressortminister und des Gesamtministeriums" vom 14. Dezember 1918 wurde ausgeführt: „Da der aus sechs Mitgliedern bestehenden preußischen Regierung — Politisches Kabinett — die Exekutive zusteht, ist sie die Trägerin der vollziehenden Gewalt. Der preußischen Regierung steht die letzte Entscheidung in allen preußischen Angelegenheiten zu. Sie übt auch die gesetzgebende Gewalt für Preußen aus; sie ernennt die Beamten, deren Ernennung nach bisherigem Recht durch den König erfolgte. Die Mitglieder der preußischen Regierung und die Ressortminister bilden zusammen das Gesamtministerium. Es hat nur eine beratende Tätigkeit . . . Gesetze und Verordnungen bedürfen zu ihrer Gültigkeit der Veröffentlichung in der Gesetzsammlung . . ."

Die bestehenden Gesetze und Verordnungen, soweit sie nicht ausdrücklich durch die Regierung aufgehoben sind, bleiben in Kraft und sind von jedermann zu beachten, wie auch jedermann im ungestörten Genusse der ihm dadurch gewährten Rechte verbleibt [6]). Danach besteht für alle Staatsangehörigen die Verpflich-

---

[5]) Durch zwei VO. vom 14. und zwei vom 16. November 1918 (GS. S. 189—192).

[6]) Giese-Volkmann (S. 11 f.) knüpfen hieran die Feststellung, daß auch in dieser Bekanntmachung sich der Wille der preuß. Regierung ausspreche, jede fremde Mitwirkung bei der Staatsleitung beiseite zu schieben und durch Verselbständigung der Staatsgewalt alsbald geordnete Verhältnisse herzustellen. Es wird ausgeführt, daß zwar der politische Wille mancher leitender Männer der Revolution sicher dahin gegangen sei, nicht bloß umzugestalten, nicht anzuknüpfen an eine von ihnen ganz mißbilligte Vergangenheit; aber dieser Wille sei nicht geschichtliche und nicht staatsrechtliche Wirklichkeit geworden. Preußen sei vor und nach dem Umsturz derselbe Staat gewesen, freilich mit einer stark veränderten Staatsform. Es liege nicht Rechtszusammenhang kraft Rechtsnachfolge, sondern Rechtsgleichheit der Staatspersönlichkeit zwischen dem bisherigen und dem nachrevolutionären Preußen vor. Diese Auffassung von der Identität und der Ablehnung des Gedankens der Kontinuität ist m. E. jedoch unrichtig.

tung zur Entrichtung der bisherigen Steuern und Abgaben unverändert fort. Die Unabhängigkeit der Gerichte darf nicht angetastet werden. Der Arbeiter- und Soldatenrat darf nicht anordnen, daß die Urteile der Gerichte ihm zur Genehmigung vorzulegen sind, während eine noch notwendige Auseinandersetzung wenigstens hinsichtlich der Entschädigung der Mitglieder der Arbeiter-, Soldaten- und Beamtenräte grundsätzlich vorgenommen wird.

Nach Überwindung der Hemmnisse, die der Schaffung einer Volksvertretung entgegenstehen, wird am 21. Dezember 1918 eine VO. über die Wahlen zur verfassunggebenden preußischen Landesversammlung [7]) erlassen; die Wahl wurde am 26. Januar 1919 vorgenommen. Die verfassunggebende Landesversammlung tritt am 5. März 1919 in Berlin zusammen [8]). Noch bevor sie ihre Tätigkeit beginnt, bemüht sich die preußische Regierung um Einlösung eines Teils der in dem Aufruf vom 13. November 1918 gemachten Zusage — manche, wie die Durchführung der unbeschränkten Koalitionsfreiheit, völlig gleiches Wahlrecht beider Geschlechter für alle Gemeindevertretungen in Stadt und Land sollte bald die RVerf. (Art. 159, 17 Abs. 2) bringen —; so auf dem Gebiete des Rechts der Gemeinden und Gemeindeverbände, insbesondere um für diese das allgemeine, unmittelbare, geheime Wahlrecht nach den Grundsätzen der Verhältniswahl durchzuführen [9]) und des Beamtenrechts, indem sie die lang ersehnte Berufung in Disziplinarsachen einführt und aus der neuen Lage die übrigens auch dem bisherigen Rechte nicht fremde Folgerung hinsichtlich der einstweiligen Versetzung der unmittelbaren, nicht zuletzt der sog. politischen Beamten in den Ruhestand zieht [10]).

---

[7]) GS. S. 201, mit Ergänzungen durch die VOen. vom 28. Dezember 1918, 9., 20. und 21. Januar 1919 (GS. 1918 S. 205, 1919 S. 1, 9, 11.

[8]) VO. vom 18. Februar 1919 (GS. S. 31).

[9]) VO. über die anderweite Regelung des Gemeindewahlrechts vom 24. und 31. Januar 1919 (GS. S. 13 u. 15); VO. betr. die Zusammensetzung der Kreistage und einige weitere Änderungen der Kreisordnungen, vom 18. Februar 1919 (GS. S. 23); hier findet sich auch (§ 12) die wichtige Vorschrift, daß der Landrat vom Staatsministerium ernannt wird; Befähigungsvoraussetzungen werden nicht mehr aufgestellt. Vgl. auch die VO. über Bildung einer vorläufigen Provinzialversammlung für die Provinz Ostpreußen vom 17. Januar 1919 (GS. S. 8).

[10]) VO. betr. die Zuständigkeit des Disziplinarhofs zur Entscheidung über die Berufung in Disziplinarsachen vom 18. Februar 1919 (GS. S. 29); VO. vom 26. Februar 1919 (GS. S. 33, 56); die neue Regierung vergißt auch die Versorgung der Hofbeamten und ihrer Hinterbliebenen nicht; VO. vom 10. März 1919 (GS. S. 45).

Auch an die Gewährung von Straffreiheit und Strafmilderung in Disziplinarsachen wird gedacht[11]). Spuren von sozial-politischer Rechtssetzung finden sich: bei der Neuwahl der Bergwerkssicherheitsmänner und Arbeiterausschußmitglieder werden für wahlberechtigt und wählbar erklärt alle mindestens zwanzig Jahre alten männlichen und weiblichen Arbeiter des Betriebs, die sich im Besitze der bürgerlichen Ehrenrechte befinden[12]). Auch der inneren Kolonisation wird bemerkenswerte Fürsorge gewidmet[13]).

VI. Die dringendste Aufgabe der verfassunggebenden Landesversammlung war die Schaffung einer Notverfassung. Zur Erläuterung des am 13. März 1919 durch die preußische Regierung vorgelegten „Entwurfs eines Gesetzes zur vorläufigen Ordnung der Staatsgewalt in Preußen“ (Drucks. Nr. 14) erklärte der Ministerpräsident Hirsch am 15. März 1919: „Die jetzige Regierung sei kraft des Rechts der Revolution gebildet, und die erste Gelegenheit, an die Stelle der Revolutionsregierung eine Regierung zu setzen, die sich auf den geordneten Willen des preußischen Volkes stütze, ergreife sie, um ihre Mandate zur Verfügung zu stellen; mit dem Augenblick, wo die provisorische Verfassung verabschiedet sei, betrachte die Regierung ihre Mission als beendet. Die verfassunggebende Landesversammlung könne ihre Hauptaufgabe, die staatsrechtliche Grundlage für die Republik Preußen zu schaffen, nach Lage der Verhältnisse nur in vorläufiger Weise erfüllen, denn mit der Bereitung der Rechtsgrundlage, auf der die neu zu schaffende Staatsgewalt zu errichten sei, könne im Interesse der schnellen Herbeiführung der gesetzmäßigen Zustände unmöglich gewartet werden, bis die endgültige Verfassung zustande gekommen sei, zumal diese Vorarbeit erst in Angriff genommen werden könne, wenn man wisse, wie die Verfassung der Deutschen Republik aussehen werde.“ Es ergeht das Gesetz zur vorläufigen Ordnung der Staatsgewalt in Preußen vom 20. März 1919 (GS. S. 53).

1. Die gesetzgeberische und vollziehende Staatsgewalt hat nicht das Volk, nicht der Arbeiter-

---

[11]) VO. vom 16. Februar 1919 (GS. S. 27).

[12]) VO. vom 4. Januar 1919 (GS. S. 7).

[13]) VO., betr. das gesetzliche Vorkaufsrecht an land- und forstwirtschaftlichen Besitzungen, vom 23. Dezember 1918 (GS. S. 3) und VO. wegen Abänderung des Gesetzes, betr. die Förderung deutscher Ansiedlungen in den Provinzen Westpreußen und Posen vom 16. April 1886/20. März 1908, vom 12. März 1919 (GS. S. 51).

und Soldatenrat, sondern die Landesversammlung inne; sie besitzt alle Rechte, die bisher nach der Verf.-Urk. vom 31. Januar 1850 den Kammern zustanden und das Recht, die künftige Verfassung der Republik Preußen als Gliedstaat des Deutschen Reiches festzustellen und Gesetze, die keinen Aufschub dulden, zu erlassen. Die Landesversammlung verhandelt öffentlich; wahrheitsgetreue Berichte sind verantwortungsfrei; sie hat auch die Legitimationsprüfung ihrer Mitglieder, das Recht zur Geschäftsordnung, zur Wahl des Präsidenten, Vizepräsidenten und Schriftführer zur Beschlußfassung nach absoluter Stimmenmehrheit — die Beschlußfähigkeit ist vorhanden bei Anwesenheit der Mehrzahl der gesetzlichen Anzahl der Mitglieder —; die Befugnis zur Einsetzung von Untersuchungsausschüssen, denen sämtliche Staatsbehörden Auskunft zu geben verpflichtet sind.

2. Die Mitglieder der Landesversammlung bedürfen, wenn sie Beamte sind, keines Urlaubs zum Eintritt in eine Volksvertretung; sie sind Vertreter des gesamten Volkes und an Aufträge und Instruktionen nicht gebunden; sie haben Verantwortungsfreiheit, Immunität und das Recht auf Entschädigung [14]).

3. Der Präsident der Landesversammlung beruft die Staatsregierung.

4. Diese ist eine Kollegialbehörde und besteht aus sämtlichen Staatsministern. Den Vorsitz führt der Ministerpräsident. Er gibt bei Stimmengleichheit den Ausschlag. Die Befugnisse der Staatsregierung sind weit gefaßt. Ihr steht die Ausübung der vollziehenden Gewalt zu. Sämtliche Staatsbehörden sind ihr unterstellt. Sie hat alle Befugnisse, die nach den Gesetzen und Verordnungen dem König zustanden; das landesherrliche Kirchenregiment gehört hierzu nicht; es wird vorläufig von drei von der Staatsregierung zu bestimmenden Staatsministern evangelischen Glaubens ausgeübt. Die Staatsregierung hat auch ein Notverordnungsrecht [15]).

5. Von den Verpflichtungen des Staatsministeriums ist nur die Pflicht zur Verkündung der Verfassung und der Gesetze hervorgehoben, alle anderen sind Sache der Staatsminister. Jeder bedarf zu seiner Amtsführung des Vertrauens der verfassunggebenden

[14]) §§ 1, 2 in Verbindung mit Art. 21, 22 Abs. 1, 27—32 der a. R. Verf.

[15]) §§ 3, 4, 5, 7 Abs. 1, 10.

Landesversammlung und ist ihr für seine Amtsführung verantwortlich. Jeder Minister muß zurücktreten, wenn ihm die Landesversammlung das Vertrauen durch einen ausdrücklichen Beschluß entzieht. Die parlamentarische Regierungsweise war damit festgelegt. Die Staatsminister (und ihre Beauftragten) haben das Recht, den Verhandlungen der verfassunggebenden Landesversammlung beizuwohnen und jederzeit das Wort zu ergreifen, auch wenn sie nicht Abgeordnete waren; daß sie dies auch werden konnten, ergab der neue Rechtszustand. Dagegen sind sie verpflichtet, auf Verlangen der verfassunggebenden Landesversammlung zu erscheinen und Auskunft zu erteilen oder den Grund anzugeben, warum eine Auskunft nicht erteilt werden kann [16]).

6. Die bisherigen Gesetze und Verordnungen bleiben in Kraft, insoweit ihnen dieses Gesetz vom 20. März 1919 nicht entgegensteht. Dasselbe gilt von den bisher von der Staatsregierung erlassenen und verkündeten Verordnungen. Ein Verzeichnis dieser Verordnungen ist der Landesversammlung binnen einem Monat nach Verkündung dieses Gesetzes (22. März 1919) vorzulegen. Eine Verordnung ist außer Kraft zu setzen, wenn und insoweit die Landesversammlung dies beschließt [17]).

Die Kritik der Notverfassung hat sich hauptsächlich gegen den „unbeschränkten Parlamentsabsolutismus" gewandt, der in der Folge dazu geführt hat, hohe Mehrausgaben ohne verfügbare Einnahmen und ohne Deckungsmöglichkeit zu beschließen. Die Neuerungen der Verfassung vom 30. November 1920 sind auf diese Erfahrungen zurückzuführen. Ferner hat man gegen die Notverfassung den Mangel einer zeitlichen Begrenzung geltend gemacht [18]).

III. Es beginnt die Geschichte der neuen Preußischen Verfassung.

1. Als der Entwurf der Notverfassung eingebracht wurde, erklärte der Ministerpräsident am 15. März 1919, daß in vier oder fünf Wochen die endgültige Verfassung beraten werden solle. Diese Voraussage hat sich nicht erfüllt. Zunächst war von vornherein die preußische Regierung gewillt, den Abschluß der Reichsverfassung abzuwarten. Sodann stand der große Kampf um die

---

16) § 7 Abs. 2, § 8.
17) § 9.
18) Giese-Volkmann, S. 15.

Stellung Preußens zum Reiche (Zertrümmerung, Auflösung in einzelne Länder usw.) im Mittelpunkte der Erörterung. Am 17. Dezember 1919 nahm die verfassunggebende Landesversammlung bei der 3. Beratung der Haushaltspläne für das Rechnungsjahr 1919 einen Antrag der Mehrheitsparteien an, der durchaus unitarischer Natur war und Preußen im deutschen Einheitsstaat aufgehen lassen wollte. Die anderen Länder dachten jedoch nicht ebenso, vielmehr haben mehr oder minder berechtigte partikularistische Strömungen obgewaltet. So ist erst am 25. Februar 1920 (Drucks. Nr. 2000) der Entwurf einer Verfassung für Preußen vom Staatsministerium vorgelegt worden. Er zerfiel in 9 Abschnitte. Der I. („Der Staat") bestand aus dem einzigen Satze: „Preußen ist eine Republik und Glied des des Deutschen Reiches" (§ 1). Der II. („Die Staatsgewalt") erklärt das Volk zum Träger der Staatsgewalt, das seinen Willen durch den Landtag kundgibt. Das Staatsministerium führt namens des Volks die Regierung (§§ 2—4). Im III. Abschnitt wird „Der Landtag" rechtlich geregelt, in dem durch die RVerf. gebotenen Rahmen, in wesentlicher Anlehnung an bisheriges Verfassungsrecht, doch mit einigen Neuerungen (§§ 5—24). Im IV. Abschnitt „Das Staatsministerium", dessen Ernennung dem Präsidenten des Landtags zugedacht war, unter Anlehnung an die Notverfassung (§§ 25—39). Abschnitt V bringt einige in den vorhergehenden Teilen noch nicht gegebene Rechtssätze über „Die Gesetzgebung" (§§ 40—43), Abschnitt VI („Finanzwesen") teils etatrechtliche Grundsätze, teils Vorschläge über eine vollständig neue Einrichtung, den Finanzrat (§§ 44 bis 57). Abschnitt VII formuliert das Recht der Selbstverwaltung und verspricht ihren Ausbau (§§ 58, 59). Der VIII. Abschnitt wiederholt grundlegende, schon in der RVerf. enthaltene Rechte für „Die Staatsbeamten" (§ 60, auch § 67 Satz 2); indes Abschnitt IX mit „Übergangs- und Schlußbestimmungen" von zum Teil großer Tragweite abschließt.

2. Die erste Beratung in der Vollversammlung (abgekürzt: VollBer.) wurde durch den Kapp-Putsch verzögert, begann am 26. April 1920 (138. Sitzung) und endete am 28. April (140. Sitzung) mit der Überweisung an den Verfassungsausschuß[19]). Allgemeinpolitische Er-

[19]) StenBer. Sp. 11 002—11040, 11 109—11 146.

örterungen, durchzittert von den Ereignissen der Staatsumwälzung, die äußerst bedrängte Lage des preußisch-deutschen Volks infolge des Versailler Friedensvertrages, die Unsicherheit aller wirtschaftlichen, sozialen und staatlichen Verhältnisse im Innern, die Gefahren von außen, all dies übte seinen Einfluß aus. Betont werden der Geist der Volkssouveränität, das Bekenntnis einerseits zum deutschen Einheitsstaat, anderseits zum Recht Preußens auf ein Sonderdasein. Die Demokratie als Grundforderung klingt am vernehmlichsten, daneben: Abwehr der Diktatur des Proletariats. Das Verhältnis vom Reich und Preußen wird nach den politischen Grundanschauungen und Glaubenslehren der Parteien verschieden aufgefaßt; Sorge um die beste Lösung beherrscht die Gemüter. Sozialismus und bürgerliche Gedankenwelt, Staatsinteresse und ein davon von manchen als verschieden gewertetes Volksinteresse stoßen aufeinander. Die Rechtsstellung des Staatsministeriums im Namen der parlamentarischen Regierungsweise zu gestalten, begegnet geringem Widerstand; die Zuneigung rechtsstehender Parteien zum Königtum flammt auf und wird durch die Mehrheit gedämpft. Die Stellung des Landtags und seines Präsidenten, die Rolle des Finanzrats beschäftigt die Köpfe. Preußen oder Deutschland, Staat oder Provinzen, starre Zentralisation oder dynamische Dezentralisation und Erweiterung des Selbstverwaltungsrechts, insbesondere der Provinzen, das sind die Parolen und Schlagworte.

3. Der Verfassungsausschuß trat am 16. Juni 1920 in die Beratung des Verfassungsentwurfs ein. Die erste Sitzung behandelte die Geschäftseinteilung (zwei Lesungen mit Vorbehalt einer dritten). Die zweite Lesung behandelte den Gesetzentwurf über die Bestellung von Mitgliedern des Reichsrats durch die Provinzialverwaltungen (Drucks. Nr. 2183) in Verbindung mit Abschnitt VII des Verf.Entwurfs (Bericht auf Drucks. Nr. 2538) — er wurde nicht Gesetz —, um dann in der dritten Sitzung die Beratung des Verf.Entwurfs selbst in Angriff zu nehmen. Die erste Lesung endete mit der 14. Sitzung am 10. Juli. Die zweite begann am 24. September und dauerte bis zum 27., die dritte vom 29. September bis 8. Oktober 1920 [20]. Die Gestalt, in der der Entwurf aus den Ausschußbera-

[20]) Bericht des 12. (Verfassungs-) Ausschusses, Drucks. Nr. 3120 A (Sp. 1—20), abgekürzt: AusschBer. — Wörtliche Niederschrift der Verhandlungen (Drucks. Nr. 3120 B) (Sp. 1—318), abgekürzt: AusschProt. — Zusammenstellungen der Beschlüsse des 12. (Verfassungs-) Ausschusses zu dem

tungen herauskam, war für die endgültige Fassung meist entscheidend. Es sind wesentliche Änderungen gegenüber dem Entwurf zu verzeichnen. Der Gedanke der Volkssouveränität wird schärfer betont und in Einzelvorschriften ausgeprägt, Stimmberechtigung, Volksentscheid neu und grundsätzlich geregelt. Der Lehre von der Teilung der Staatsgewalten (Gesetzgebung, Rechtsprechung, Verwaltung) wird ihr Tribut gezollt. Die Stellung des Landtags als des mittelbaren Äußerungsorgans des Volkswillens wird ausgebaut, Staatsgerichtshof, Ministerverantwortlichkeit, Verfassungsänderung genauer bestimmt. Ein Staatspräsident wird abgelehnt, die Minister-Ernennung dem Landtage, nicht dessen Präsidenten, übertragen, die Landtagsauflösung in eigenartiger Weise geregelt. Der Finanzrat wird zum Staatsrat ausgebaut, der zur Vertretung der Provinzen bei Gesetzgebung und Verwaltung des Staats gebildet wird, nicht den Charakter einer ersten Kammer erhält, sondern eine ähnliche Aufgabe zu erfüllen hat, wie der Reichsrat gegenüber dem Reichstag in der RVerf. Das Staatsministerium erhält eine Stellung, die derjenigen in der Notverfassung ähnlich, doch im einzelnen mannigfach unterschieden ist. Das Etatsrecht erfährt Abschwächungen, teils Ermächtigungen, die dem Staatsministerium für den Fall der nicht rechtzeitigen Bestellung des Haushaltsplans gegeben werden, teils durch die Sonderrolle, die dem Finanzwesen der ertragswirtschaftlichen Staatsunternehmungen eingeräumt worden ist. Die Selbstverwaltung der Provinzen wird erweitert, die Einzelheiten werden einem besonderen Autonomiegesetz vorbehalten.

4. Die zweite Vollberatung der Landesversammlung (abgekürzt: 2. Vollber.) begann am 28. Oktober 1920 (170. Sitzung), wurde am 29. und 30. Oktober, 4. und 5. Nov. fortgesetzt und beendet (171.—174. Sitzung)[21]. Der Kampf der Parteien und politischen Grundanschauungen, soweit er im Anschluß noch nicht ausgefochten schien, lebte hier wieder auf: um den Staatspräsidenten, den Staatsrat und seiner Ausgestaltung je nach der ihm von den einzelnen und Gruppen zugedachten Aufgabe; das in seinem Umfang unversehrte oder das in Länder aufgeteilte

Entw. einer Verfassung für Preußen (Drucks. Nr. 3120 C, S. 1—50). — Darstellung des Entwurfs mit den Beschlüssen des Ausschusses in drei Lesungen (Drucks. Nr. 3120 D, S. 1—39).

[21]) StenBer. Sp. 13 228—13 290, 13 293—13 363, 13 368—13 439, 13 444—13 497, 13 509—13 623.

Preußen; Unitarismus und Partikularismus, Selbstverwaltung der Provinzen und Etatrecht standen im Vordergrunde der Erörterung[22]).

5. In der **dritten Beratung** der Vollversammlung (abgekürzt: 3. VollBer.) waren nur meist hoffnungslose Anträge wiederholt und politische Erörterungen allgemeiner Art vom 26. bis 30. November gepflogen worden (180., 184. und 185. Sitzung). Ist das Gesamtbild der Verfassung, wie es der Ausschuß formte, aus der zweiten Vollberatung noch hin und wieder verändert worden, so nur ganz unwesentlich in der dritten[23]). Die Verfassung ist am 30. November 1920 mit 280 gegen 60 Stimmen bei 7 Stimmenthaltungen angenommen worden. Dafür stimmten die drei Mehrheitsparteien und die deutsche Volkspartei, die Unabhängige sozialdemokratische Partei und die Kommunisten. Der Stimme enthielten sich die deutschhannoveranischen Abgeordneten. Die Verfassung trägt bei ihrer Verkündung am 30. Dezember 1920 das Datum vom 30. November 1920 (GS. S. 543 Nr. 54).

IV. Die neue preuß. VerfUrk. zerfällt in 11 Abschnitte: I. Der Staat (Art. 1); II. Die Staatsgewalt (Art. 2 bis 8); III. Der Landtag (Art. 9—30); IV. Der Staatsrat (Art. 31—43); V. Das Staatsministerium (Art. 44—59); VI. Die Gesetzgebung (Art. 60—62); VII. Das Finanzwesen (Art. 63—69); VIII. Die Selbstverwaltung (Art. 70 bis 75); IX. Die Religionsgesellschaften (Art. 76); X. Die Staatsbeamten (Art. 77—80); XI. Übergangs- und Schlußbestimmungen (Art. 81—88). In diesem äußeren Rahmen ist, neben überlieferten konstitutionellen und parlamentarischen Verfassungsrechtsideen des In- und Auslandes, ein in manchen Punkten eigenartiges, neue, weite Aussichten eröffnendes Grundgesetz geschaffen worden. Seine Besonderheiten sind nur nach eingehender Betrachtung des jetzt geltenden Verfassungsrechts vollständig übersehbar und können hier nur angedeutet werden.

1. Zunächst prägt sich die Wandlung des Verhältnisses zwischen Reich und Ländern deutlich aus. Der Kreis der Staatsaufgaben der Länder und mithin auch Preußens ist, mindestens auf dem Gebiete der Gesetz-

[22]) Zusammenstellung des Entwurfs mit den Beschlüssen der zweiten Vollberatung (Drucks. Nr. 3280), S. 1—18.

[23]) StenBer. Sp. 13 981—14 088, 14 237—14 281, 14 288—14 319. — Zusammenstellung des Entwurfs mit den Beschlüssen der dritten Beratung (Drucks. Nr. 3425), der Art. 1—61 (Drucks. Nr. 3425 A), der Art. 63—69 (Drucks. Nr. 3125 B).

gebung, sehr erheblich zugunsten des Reichs eingeschränkt worden. Es genügt an dieser Stelle der Hinweis auf die Art. 7—11 und 18 der RVerf.

2. Sodann hat die RVerf. den Inhalt der preußischen zwingend bestimmt und beschränkt. Das gilt insbesondere für die parlamentarische Regierungsweise, das Wahlrecht, die Verantwortungsfreiheit und die Immunität der Abgeordneten [24]). Auch wird auf die Regelung in der RVerf. mehrfach Bezug genommen [25]). In vielen Punkten ist ferner die Reichsverfassung das Vorbild zu „entsprechender", wenn auch im einzelnen abweichender Ordnung geworden [26]).

3. Indem ferner die RVerf. (Art. 109—165) in der Gestaltung der Grundrechte und Grundpflichten aller Deutschen und aller Beamten, also auch für die preußischen Deutschen und preußischen Beamten Recht geschaffen hat, erübrigte es sich in der neuen preußischen Verfassung — im Gegensatz zur bisherigen preußischen Verf.-Urk. II. Teil „Von den Rechten der Preußen" — eingehend auch hiervon zu handeln. Gleichwohl sind einzelne Wiederholungen erfolgt, deren Bedeutung der Klarstellung bedürfen wird.

4. Nicht minder ist kennzeichnend für die neue Verfassung ihre Unvollständigkeit in zahlreichen Beziehungen; vorgesehene Einrichtungen mußten und müssen durch weitere Gesetze in die Wirklichkeit übergeführt werden, z. B. der Staatsrat und der Staatsgerichtshof.

5. An zahlreichen Stellen der Verfassung sind Sondergesetze vorgesehen [27]), die teils solche sind, deren Inhalt an sich in die Verfassungsurkunde hätte aufgenommen werden können, wenn Zeit und politische Umstände dies gestattet hätten oder nicht das Bestreben obgewaltet hätte, den Umfang des Grundgesetzes nicht allzu sehr auszudehnen und zu belasten, z. B. hinsichtlich der Selbstverwaltung der Provinzen, der kirchen- und schulrechtlichen Gesetze. Teils sind es solche, die erfahrungs- und zweckmäßigerweise in eine Verfassungsurkunde gehören, wie die Wahlgesetze für den Landtag, die Provinziallandtage und

[24]) Art. 17, 36—38 RVerf. zu Art. 1, 2, 4, 5, 9, 57, 74 preuß. VerfUrk.
[25]) Art. 1 Abs. 2; Art. 61 Abs. 1 preuß. VerfUrk.
[26]) z. B. Art. 20, 21, 39 Abs. 1, 31, 23, 25 Abs. 2, 26 Satz 1 der RVerf. mit den Artikeln 9, 10, 11, 12, 15, 18 preuß. VerfUrk.
[27]) z. B. Art. 4, 6, 12, 28, 41, 43, 48, 58, 69, 70, 71, 72, 76, 77, 80, 83.

Kreistage, die Beamtengesetze [28]). Gerade hierdurch aber rechtfertigt sich eine Darstellung, die die über die Verfassungsgesetze hinausgehenden verfassungsrechtlichen Stoffe systematisch bearbeitet, obwohl sie und gerade weil sie sich außerhalb der Verfassungsurkunde befinden. Während endlich die Verfassungsurkunde, wie nach alledem zu erkennen, das Verfassungsrecht nicht erschöpfend enthält, bringt sie andererseits einzelne verwaltungsrechtliche Grundsätze, deren innerste Beziehungen zu den organisatorischen Grundlagen des Staats ihre Einbeziehung in das systematische Verfassungsrecht rechtfertigen.

---

[28]) Einige der in der Verfassung vorbehaltenen Gesetze sind bereits ergangen: das Landeswahlgesetz vom 3. Dezember 1920, Landeswahlordnung vom 10. Dezember 1920/18. Januar 1921, Gesetz betr. die Wahlen zu den Provinziallandtagen und zu den Kreistagen vom 3. Dezember 1920 und Wahlordnung hierzu vom 31. Dezember 1920/18. Januar 1921; Gesetz über die Wahlen zum Staatsrat vom 16. Dezember 1920; VO., betr. Festsetzung der Zahl der von den Provinzen usw. in den Staatsrat zu entsendenden Vertreter vom 28. Februar 1921.

Zweiter Teil.

Rechtliche Natur Preußens. Die Gewaltenteilung. Das Stimmrecht.

Erster Abschnitt.

Die rechtliche Natur des preußischen Staates[1].

Preußen ist ein auf Volkssouveränität beruhender republikanisch-demokratischer Staat mit parlamentarischer Regierungsweise, Glied des Bundesstaats „Deutsches Reich".

I. Preußen ist auch nach Erlaß der RVerf. ein Staat geblieben[2], wie alle anderen Länder.

1. Die Staatsgewalt in Landesangelegenheiten wird nach Art. 5 RVerf. durch Organe der Länder auf Grund der Landes- d. h. Staatsverfassungen (Art. 19 daselbst) ausgeübt. Ferner geht nach Art. 1 Satz 2 RVerf. die Staatsgewalt vom Volk aus. Diese Fassung wurde ausgesprochenermaßen gewählt an Stelle derjenigen des Ent-

---

[1]) Vgl. Stier-Somlo, Reichsverfassung, 2. Aufl., 1920, S. 79 ff.; Derselbe, Die rechtliche Natur und politische Eigenart des Deutschen Reiches, Handbuch für Politik, 3. Aufl., 3. Bd. (1921), S. 1—10; Giese, Reichsverfassung, 3. Aufl., S. 490; Giese-Volkmann, S. 26 f., 29 f.; Vogels, S. 14—16; Nawiasky, Die Grundgedanken der Reichsverfassung, 1920, S. 25; Derselbe, Der Bundesstaat als Rechtsbegriff, 1920, S. 21 ff.; van Husen, Die staatsrechtliche Organisation des Deutschen Reichs (Münsterer Diss.), 1920, S. 91 ff.; Venator, Unitarismus und Föderalismus im deutschen Verfassungsleben mit besonderer Berücksichtigung der Verfassung von 1919, Berlin 1921, S. 10, 44 ff., 95 f.; Hubrich, Das demokratische Verfassungsrecht des Deutschen Reiches, 1921, S. 16 ff.; Giese, Grundriß des Reichsstaatsrechts, 1921, S. 20 ff.; Erläuterungswerke zur preuß. Verf. noch von Arndt, Bornhak und Waldecker, sämtlich 1921; Meißner, Das neue Staatsrecht des Reichs und seiner Länder, 1921.

[2]) Dies anerkennen Giese-Volkmann S. 30 (im Gegensatz zu Giese, RVerf., 3. Aufl., S. 49) mit der Wendung, Preußen sei ein Staat, zwar nicht im Sinne des allgemeinen Staatsrechts, wohl aber nach der davon abweichenden besonderen Terminologie des deutschen und preußischen Staatsrechts. Es wird aber dabei betont, „nach dem bisher üblichen und

wurfs: „Alle Staatsgewalt liegt beim Volke", weil hierin eine Beeinträchtigung der Einzelstaaten erblickt wurde. Der Wille der Nationalversammlung ging dahin, daß die Reichs**staats**gewalt dem Volke in den einzelnen Ländern zustehen solle.

2. Auch das selbständige Staats**gebiet** ist durch Art. 2 Abs. 1 RVerf. den Ländern zuerkannt. Das Reichsstaatsgebiet besteht aus den **Gebieten** der Länder. Außerdem ist in Art. 18 den Ländern ein weitgehendes Bestimmungsrecht über die Gliederung der Reichs- und Gebietsänderungen eingeräumt, wodurch die allerdings wesentliche Erweiterung der Zuständigkeit des Reichs hinsichtlich der letzteren einigermaßen wett gemacht wird. Die Länder sind zwar durch Art. 18 RVerf. in der Gebietshoheit wesentlich beschränkt, aber damit ist ebensowenig der Staatscharakter der Länder geleugnet oder in Frage gestellt wie nach bisherigem Reichsstaatsrecht; denn auch nach diesem konnte das Reich durch Friedensschluß das Gebiet des Einzelstaates ganz oder teilweise an das Ausland abtreten, ohne daß der bundesstaatliche Charakter des Deutschen Reichs in Zweifel gezogen worden wäre [3]).

3. Den Ländern ist eine, wenn auch beschränkte Befugnis zur **Gesetzgebung** verblieben (Art. 12 Abs. 1 Satz 1, teilweise auch Art. 10 und 11); sie steht **grundsätzlich nur Staaten** zu.

4. **Die reichseigene Verwaltung** bleibt

---

auch fernerhin gemeingültigen Sprachgebrauch muß der Staatscharakter der Länder, somit auch Preußens, geleugnet werden". Die Unhaltbarkeit dieser Auffassung wird im Texte dargelegt. Auch die Richtigkeit der Annahme, daß die hier verfochtene gegenteilige Meinung eine solche des allgemeinen Staatsrechts sei und daß sie „dem auch fernerhin gemeingültigen Sprachgebrauch entspricht", kann nicht zugegeben werden. Überdies handelt es sich nach der Verfassung des Reichs und der Länder um eine **neue** Art von staatsrechtlichen Gebilden, für die veraltete Schemata zu benutzen nicht gerade sehr förderlich ist.

[3]) **Laband**, Reichsstaatsrecht, Bd. 1, S. 200 f.; **Meyer-Anschütz**, Lehrbuch des Deutschen Staatsrechts, S. 242; Art. 2 Satz 1 und Art. 18 setzen also die Staatseigenschaft voraus. Unrichtig **Wenzel**, Juristische Grundprobleme, 1920, S. 321. Die von Art. 18 betroffenen Länder üben in den ihnen verbleibenden Gebietsteilen eine eigenständische, obrigkeitliche Gewalt aus. „Erst bei einer völligen Aufteilung des Staatsgebiets eines Gliedstaats würde der Staatsbegriff, der das Vorhandensein eines Staatsgebiets voraussetzt, unanwendbar sein", **Vogels**, S. 16. Vgl. auch Abg. **Spahn**, Sten.Ber. z. RVerf. S. 378; **Hubrich**, Demokr. Verf.-Recht S. 18 f. Daß das „Land" nicht gleichbedeutend mit „Staat" ist, behauptet **Altenberg**, Gebietsänderungen im Innern des Reichs, Arch.Öff.R. 1921, S. 178. Das ist falsch. Vgl. auch **Nawiasky**, Die Bestimmungen der RVerf. über die Gebietsgewalt der Länder, Annalen d. D. Reichs 1919, S. 1 ff.

Ausnahme. Grundsätzlich behalten die Landesbehörden die Ausführung der Reichsgesetze (Art. 14). Die Verwaltung steht also prinzipiell dem Einzelstaate (Land) zu, beschränkt durch Art. 16, wonach die mit der unmittelbaren Reichsverwaltung in den Ländern betrauten Beamten in der Regel Landesangehörige sein müssen. Die Beamten, Angestellten und Arbeiter der Reichsverwaltung sind auf ihren Wunsch in den Heimatgebieten zu verwenden, soweit dies möglich ist und nicht Rücksichten auf ihre Ausbildung oder Erfordernisse des Dienstes entgegenstehen.

5. Die Rechtspflege bleibt im weiten Maße Landessache. Auch auf dem Gebiete der Justiz ist den Ländern eine weitgehende Selbständigkeit verblieben. Reichsstaatlich ist die Gerichtsbarkeit nur insofern, als Reichsgerichte in Wirksamkeit treten.

6. Die Reichsverfassung gewährt den Ländern, wenn auch in beschränktem Maße noch, völkerrechtliche Persönlichkeit. Nach Art. 78 Abs. 2 können sie in Landesangelegenheiten, deren Regelung der Landesgesetzgebung zusteht, mit auswärtigen Staaten Verträge schließen; die Verträge bedürfen allerdings der Zustimmung des Reiches.

7. Gegen die Staatsnatur der Länder und somit auch Preußens wird eingewendet, daß sie angeblich nicht mehr frei ihre Verfassung bestimmen können, oder noch schärfer: daß das Reich die Rechtsmacht besitzt, Staats- und Regierungsform der Länder zu bestimmen (Art. 17 Abs. 1 Satz 1 RVerf.) und Normativbestimmungen für die Landesverfassung zu setzen (Satz 2 daselbst). Dem ist entgegenzuhalten, daß jede bundesstaatliche Verfassung (Schweiz, Nordamerika) eingreift in das Verfassungsrecht der Gliedstaaten und daß es sich nur um quantitative Unterschiede handelt; es mag allenfalls die Souveränität, nicht aber der Staatscharakter bezweifelt werden. Überdies läßt die RVerf. die Landesverfassungen, abgesehen von ausdrücklich hervorgehobenen Einzelpunkten, in ihrer Regelung vollständig frei [4]).

8. Der Name Staat im Gegensatz zu Reich ist an vielen Stellen der Reichsverfassung gewählt worden, z. B.

---

[4]) Die Landesgewalt kann die Altersgrenze der Wahlberechtigten bestimmen, einen Staatspräsidenten bestellen oder von ihm absehen. „Ein noch so geringes Quantum von Selbstorganisationsrecht und damit von eigenständiger Befehlsmacht genügt, einem Gemeinwesen den Charakter der Staatlichkeit zu wahren.“ Hubrich, a. a. O. S. 22.

Staatsgewalt (Art. 15), Staat (Art. 109 Abs. 5), Staatsangehörigkeit (Art. 110 Abs. 1), Staatshaftung (Art. 131), Staatskirche (Art. 137 Abs. 1), Staatsaufsicht über das gesamte Schulwesen (Art. 144), Staatsgenehmigung für private Schulen (Art. 147), Staatsschutz- und -pflege bei Denkmälern der Kunst (Art. 150). Die preußische Verfassung gebraucht grundsätzlich das Wort „Staat", und zwar (wie Giese-Volkmann S. 30 zugeben müssen) nicht nur in Zusammensetzungen wie z. B. Freistaat, Staatsgewalt, Staatsministerium, Staatsrat, Staatsbeamte, Staatsgerichtshof, sondern auch allein für sich, z. B. Art. 31, 49, 63, 70, 71, wogegen das Wort „Land" nur in einigen Zusammensetzungen vorkommt, in denen es bisher schon in Gebrauch war, wie Landtag, Landesfarben.

9. Die Staatsnatur der Länder fehlt auch nicht etwa aus dem Grunde, daß das Reich die ausschließliche oder konkurrierende Gesetzgebung in gewissen Angelegenheiten hat und für die Länder maßgebende Grundsätze aufstellen kann (Art. 6—11), daß es die Aufsicht in den Angelegenheiten ausübt, in denen ihm das Recht der Gesetzgebung zusteht (Art. 15). Denn diese Regelungen betreffen nur die notwendige Zuständigkeitsverteilung, waren auch im bisherigen Reichsstaatsrechte vorhanden, ohne den Staatscharakter Preußens in Frage zu stellen. Die materielle Machtausdehnung des Reichs im Verhältnis zu den Ländern, die auch hierbei zum Ausdruck gekommen ist, läßt nur eine Folgerung zu auf eine geminderte Staatssphäre der Länder, nicht auf eine Beseitigung ihres Staatscharakters.

10. Daß Reichsrecht Landrecht bricht (Art. 13), beweist nur den Vorrang des Reichs, beseitigt aber die Staatsnatur des Landes ebensowenig, wie die Geltung jenes Satzes schon in der bisherigen RVerf. sie nicht beseitigt hatte.

11. In dieses Blickfeld gehört auch der Beweisgrund, der die Staatlichkeit der Länder leugnet, weil ihnen die politisch wichtigsten Betätigungsgebiete des modernen Staates: Militärwesen, Verkehrswesen und überwiegend auch Finanzwesen aus der Hand genommen sind[5]). Verringerung der Zuständigkeit bedeutet nicht Verlust der Staatseigenschaft. Grundsätzlich gilt ferner dasselbe

12. von dem besonders gern verwandten Argument,

---

[5]) Lukas, Die organisatorischen Grundgedanken der neuen Reichsverfassung, 1919, S. 18 f.

daß das Reich seine Zuständigkeit gegen den Willen der Länder durch verfassungsänderndes Gesetz erweitern kann (Art. 76). Hierzu muß noch dreierlei hervorgehoben werden:

a) Auch die bisherige Verfassung (Art. 78) hatte der Zuständigkeitsausdehnung des Reichs zu ungunsten der Einzelstaaten die Pforten weit geöffnet, ohne daß die bundesstaatliche Natur des Reichs von der mit Recht herrschenden Auffassung und Staatspraxis bestritten, ohne daß jemals die Staatsnatur der Einzelstaaten ernstlich in Abrede gestellt worden wäre.

b) Der schon hierdurch zurückgeschlagene Einwand entbehrt auch jeder Einsicht in die politischen Kräfte, die innerhalb eines Bundesstaats wirken. Ihre Würdigung für die innere Kraft und Bedeutung der sogenannten Kompetenz-Kompetenz, d. h. der Befugnis des Reichs, durch verfassungsänderndes Gesetz seine eigene Zuständigkeit auf Kosten der Länder zu erweitern, gehört in das Gebiet des Verfassungs*rechts*, nicht der Politik, wenn man sich nicht einer rein formellen, statt das Wesen der Dinge erfassenden materiellen Betrachtung schuldig machen will. Hat eine erhebliche Verwendung der Kompetenz-Kompetenz im alten Reich nicht stattgefunden, so kann nur jemand, der die Eigenkraft und Eigenart der deutschen Stämme unterschätzt, die Zwangsläufigkeit einer partikularistischen Reaktion gegen übermäßige Zentralisation vollkommen übersieht, annehmen, daß sie im neuen Reiche erfolgen und gar bis zu einer, über das Bisherige weit hinausgehenden Beschränkung oder sogar bis zur Beraubung der Zuständigkeit der Länder gelangen wird.

c) Die Vermutung spricht für die Zuständigkeit der Länder, wobei für das Gebiet der Verwaltung auch in den Art. 5, 14, 15 der RVerf. eine mittelbare Bestätigung zu finden ist.

II. *Preußen ist eine Republik.* Der Ausdruck „Freistaat" bedeutet im Grunde dasselbe[6]). Ausgeschlossen ist, schon infolge zwingender Vorschrift der RVerf. Art. 17, die Monarchie[7]). Im übrigen aber auch jede

[6]) Überschrift der VerfUrk.: „Verfassung des *Freistaats* Preußen"; Art. 1 Abs. 1: „Preußen ist eine Republik"; siehe *Stier-Somlo*, Kommentar zur preuß. Verfassung, S. 28 f.; *Derselbe*, Republik oder Monarchie im neuen Deutschland, 1919; *Bernatzik*, Republik und Monarchie, 1892, Neudruck 1919; *Giese-Volkmann*, S. 30.

[7]) Vgl. über das Wesen der bisherigen preußischen Monarchie, die persönliche Rechtsstellung des Königs und die Vermögensrechte der landesherrlichen Familie, *Stier-Somlo*, Preußisches Staatsrecht (1906), II.,

andere Staatsform, wie die Aristokratie, bei der bevorzugte Klassen oder Stände die Staatsgewalt besitzen, sowie deren Abarten: die Oligarchie (Herrschaft der Wenigen), die eine starke Neigung hat, entweder in die Plutokratie, d. h. in die Herrschaft der nur materialistisch Gesinnten und des Geldbeutels, oder in Ochlokratie oder Demagogie, das ist Pöbelherrschaft, überzugehen [8]). Eine Räte-Republik ist Preußen ebenfalls nicht [9]).

III. **Preußen ist Glied des Bundesstaats Deutsches Reich.** Zunächst: Das Reich ist ein Bundesstaat [10]). Man versteht darunter eine Staatenverbindung, die eine einheitliche Staatsgewalt schafft aus der Gesamtheit der miteinander verbundenen Gemeinwesen, die zwar beschränkt werden, aber Staaten bleiben. Die souveräne Bundesstaatsgewalt bindet unmittelbar die Untertanen der Länder, denen ein verfassungsmäßig gesicherter Lebenskreis verbleibt [11]). Dies ist auch bei

---

S. 78 ff.; ferner Gesetz über die Aufhebung der Standesvorrechte des Adels und die Auflösung des Hausvermögens vom 23. Januar 1920 (GS. S. 367), VO. über Familiengüter vom 13. März 1919 (GS. S. 39), Neufassung vom 30. Dezember 1920 (GS. 1921, S. 77); Klässel-Seelmann, Das Recht der Familienfideikommisse und andere Familiengüter, 1920; Modersohn, Die Auflösung der Familienfideikommisse, 1921 (Ergänzung des vorgenannten Buchs); A. v. Arnim, Familienfideikommisse in Preußen, 1921; Sparr, Die Auflösung der Familiengüter in Preußen, 1921; Fleischmann, Über die rechtliche Natur der Kronfideikommißrente, 1921; Alfred Friedmann, Welches Interesse hat die Allgemeinheit daran, daß bei der Auflösung der Familien-Fideikommisse in Preußen die Agnatenansprüche berücksichtigt werden? 1920, und hierzu Martin Wolf, Rechtsgutachten über die Frage, ob es geboten sei, bei der bevorstehenden Fideikommißauflösung die Agnatenrechte zu berücksichtigen und in welcher Weise, 1920; Stahl und Zwehl, Die Auflösung der Familiengüter, J. W. 1921, S. 193 ff.

[8]) Vgl. Stier-Somlo, Politik, 5. Aufl., 1921, S. 129 ff.

[9]) AusschProt., S. 6. Es ergibt sich dies aber auch aus Art. 1 Abs. 2 und 17 Abs. 1 Satz 2 RVerf., wo die Demokratie verbürgt ist, und aus Art. 2 der preuß. Verf., wonach Träger der Staatsgewalt die Gesamtheit des Volkes, also nicht ein Teil davon, eine Klasse oder eine Gruppe, ist.

[10]) Vgl. Hausmann, Das Deutsche Reich als Bundesstaat, ArchÖffR. 33 82 ff., Jacobi, Einheitsstaat oder Bundesstaat, 1919; Rauschenberger, Das Bundesstaatsproblem, 1920; Nawiasky, Der Bundesstaat als Rechtsbegriff, 1920, S. 18 ff.; Giese, Grundriß, S. 19; Anschütz, Kommentar zur RVerf., 1921, S. 30; Hubrich, a. a. O., S. 26 behauptet zu Unrecht, daß das Reich gegenwärtig nicht mehr Bundesstaat sei. W. Jellinek, Revolution und Reichsverfassung in JahrbÖffR. Bd. 9 (1920), S. 69 ff. über Bundesstaat und Einheitsstaat; s. auch Aloys Schulte, Fürstentum und Einheitsstaat in der deutschen Geschichte, 1921.

[11]) Wer die Staatennatur der Länder leugnet, muß den Bundesstaat für Deutschland ablehnen und kann einen Einheitsstaat allenfalls mit weitgehender Dezentralisation durch Selbstverwaltung annehmen oder einen Staatenstaat, wie Giese-Volkmann S. 26. Es ist unrichtig, wie diese

Preußen der Fall (s. oben zu I.). Gewiß fehlt es für die neue RVerf. an den auf die Vertragsnatur zurückweisenden Vorgängen, wie sie im alten Deutschen Reich an der Wiege seiner Verfassung standen. Die neue Verfassung hat sich das Volk selbst gegeben; nicht haben Nationalversammlung und Freistaaten die Verfassung vereinbart; sie ist Gesetz und nur Gesetz. Der Nationalversammlung stand, rechtlich gesehen, auch frei, die Selbständigkeit der Länder zu beschränken oder ganz aufzuheben. Sie hatte freilich unüberwindliche naturgegebene politische Hindernisse. Die Einzelstaaten ihrerseits haben Wünsche äußern, aber kaum Rechte geltend machen können. Sie haben sich der Gestaltung der RVerf. gefügt und mit dazu beigetragen, daß das deutsche Volk als Subjekt sich die RVerf. gab, im Gegensatz zur früheren RVerf., bei der es nur „Objekt der fürsorglichen Tätigkeit seiner Regierungen war". Die mit souveräner Machtvoll-

Verfasser es daselbst und in Anm. 3 zu Art. 1 tun, das Wort „Glied" im Gegensatz zu „Mitglied" für ihre Meinung auszunützen. „Glied" sei etwas Organisches, etwas was man sei, ohne daß es von einem Entschlusse abhinge; „Mitglied" deute immer auf etwas Willkürliches hin, Mitglied könne man werden oder auch nicht werden, nach freiem Entschlusse. Diese Worte des Berichterstatters Abg. Dr. Berndt (Aussch.Prot. Sp. 3) bringen einen fruchtbaren Gedanken einleuchtend zum Ausdruck. Staatsrechtlich freilich hat diese Unterscheidung kaum einige Bedeutung. Denn wenn z. B. die Verf.Urkunde des Freistaates Bayern vom 14. August 1919 im § 1 sagt: „Bayern ist Mitglied des Deutschen Reichs", so ist damit nicht weniger als mit „Glied" in der preußischen und in § 1 der Verf.Urk. des freien Volksstaats Württemberg vom 20. Mai 1919 gemeint, nicht etwa hier ein Ausdruck für einen unlösbaren Bundesstaat, dort für einen lösbaren Staatenbund gewählt. Wie wenig Gewicht auf den angeblich abweichenden rechtlichen oder politischen Sinn von „Mitglied" oder „Glied" gelegt werden sollte, zeigt Piloty in seiner Ausgabe der Verf.Urk. des Freistaats Bayern, 1919, S. 4, wo er bemerkt: „Die Bezeichnung ‚Mitglied' wurde der farbloseren Bezeichnung ‚Bestandteil' und der nur bildlichen Bezeichnung ‚Glied' vorgezogen, um auszudrücken, daß Bayern selbst den Willen hat, Mitglied des Deutschen Reichs zu sein und neben den übrigen deutschen Staaten im Reich als Rechtspersönlichkeit an der Willensbildung der Reichsgewalt selbsttätigen Anteil zu nehmen." Hier wird also das Wort „Glied" durch „Mitglied" erklärt. Auch in der a. RVerf. sind diese Worte in gleicher Bedeutung gebraucht worden. Vgl. z. B. Art. 6, Abs. 1: „Der Bundesrat besteht aus den Vertretern der Mitglieder des Bundes . . ."; Abs. 2: „Jedes Mitglied des Bundes kann . . ."; dagegen Art. 7, Abs. 2: „Jedes Bundesglied ist befugt . . ."; Art. 19: „Wenn Bundesglieder ihre verfassungsmäßigen Bundespflichten nicht erfüllen . . .". Auch ist zweifellos, daß die weitaus herrschende staatsrechtliche Lehre von der, vertragsmäßige oder einseitige Auflösung nicht zulassenden Rechtsnatur des Kaiserreiches als eines Bundesstaats, bei der Verwendung des Ausdruckes „Mitglied" des Reichs keineswegs „auf etwas Willkürliches" hinweisen wollte, als ob man „Mitglied werden könnte oder auch nicht, nach freiem Entschlusse".

kommenheit ausgestattete Nationalversammlung hat den neuen Bundesstaat geschaffen. Jene vertragliche Grundlage, die dasselbe bedeutet, wie „der genossenschaftliche Zusammenschluß der Einzelstaaten", ist nicht mehr vorhanden, die Reichsgewalt wächst „aus dem einheitlichen Reichsvolk heraus". Jedoch ist keineswegs zu folgern, daß nur eine Reichsgewalt bestünde. Vielmehr ergibt der den Ländern zuerkannte und hier nachgewiesene Staatscharakter, daß außer der Reichsgewalt Landesgewalten vorhanden sind, deren organische Verbindung eben den bundesstaatlichen Typus ausmacht. Es ist unrichtig, daß die Reichsrepublik „herrschaftlich auf den Unterstaaten thront". Sie tut das nur auf den Staatsangehörigen, nicht auf den Ländern. Sie sind Glieder des Reichs im organischen Verstande und Mitglieder als Teile des Bundesstaats, ohne die er nicht sein und ohne deren staatsrechtlich vorgesehene Mitwirkung er in wichtigen Dingen nicht funktionieren kann. Das Bestehen und Wirken des Reichsrates stellt dies außer Zweifel. Preußen ist rechtlich nur ein „Glied" wie jedes andere Land, d. h. seine in der bisherigen RVerf. festgelegte Vorrangstellung ist beseitigt. Das gilt von der Verbindung der Krone Preußens mit dem Deutschen Kaisertum, von dem Einfluß, den Preußen auf die Reichsverwaltung und im Bundesrat ausüben konnte, von seinem Vetorecht in mancherlei Beziehungen [12]).

IV. Das Land Preußen ist ein auf Volkssouveränität ruhender demokratischer Staat mit parlamentarischer Regierungsweise. Die Staatsgewalt geht vom Volke aus (vgl. auch oben zu I, 1), wenn Art. 2 die Gesamtheit des Volkes auch nur als Träger der Staatsgewalt bezeichnet wird. Die preußische Staatsgewalt reicht soweit, wie die Zuständigkeiten des preußischen Staates als Glied des Reiches. Durch die Bestimmungen des Art. 2 und Art. 57 sind die Vorschriften des Art. 1 Abs. 2 und Art. 17 Abs. 1 RVerf. (s. oben

---

[12]) Vgl. Art. 11 der a. RVerf. Nach Art. 5 daselbst gab bei Gesetzesvorschlägen über Militärwesen, die Kriegsmarine und die im Art. 35 bezeichneten Abgaben (Salz, Tabak, bereiteter Branntwein, Zucker usw.), wenn im Bundesrate eine Meinungsverschiedenheit stattfand, die Stimme Preußens den Ausschlag, wenn sie sich für die Aufrechterhaltung der bestehenden Einrichtungen aussprach. Auch die an sich zum Schutze der kleineren Staaten getroffene Bestimmung des Art. 78 konnte Preußen für sich verwerten, wonach Veränderungen der Verfassung als abgelehnt galten, wenn sie im Bundesrat 14 Stimmen gegen sich hatten, da Preußen gemäß Art. 6 über 17 Stimmen verfügte.

S. 3 zu 4, S. 43 Anm. 24, 25) ausgeführt. Die Äußerung der Staatsgewalt setzt die Bildung des Staatswillens voraus. Sie erfolgt nach der preuß. Verf. und RVerf., teils unmittelbar — durch Volksabstimmung (Volksbegehren, Volksentscheid und Volkswahl) —, teils mittelbar durch die verfassungsmäßig bestellten Organe. Sie sind entweder oberste unmittelbare Staatsorgane wie der Landtag, der Staatsrat und das Staatsministerium, oder nachgeordnete mittelbare Staatsorgane wie die Staatsbehörden für Justiz und Verwaltung und die Selbstverwaltungskörper.

Zweiter Abschnitt.

Die Gewaltenteilung[1].

I. Die Staatsgewalt ist eine einheitliche, unteilbare. Dies schließt jedoch weder eine Scheidung der Staatstätigkeit in bestimmte Funktionen, noch eine begriffliche Teilung der Gewalten aus. Schon Locke hat für seine Einteilung Maßstäbe gewinnen wollen, indem er die gesetzgebende, rechtsprechende und föderative Funktion unterschied. Nach ihm hat Montesquieu die jetzt geläufige Unterscheidung von gesetzgebender, richterlicher und vollziehender Gewalt vorgenommen. Das Neue lag nicht in der Unterscheidung der verschiedenen Staatsfunktionen, sondern darin, daß er im Gegensatz zu seinen Vorgängern dieselben Personen nicht in verschiedenen Staatstätigkeiten wirken lassen will. Nur hiervon erhofft er die Sicherung der Freiheit; Gesetzgebung, Justiz und Verwaltung hält er für durchaus selbständig und untereinander vollständig gleichberechtigt. Jeder freie Staat müsse jede einzelne Funktion einer anderen Person übertragen; die Gesetzgebung sei Sache des Volkes, die Gerichtsbarkeit Sache unabhängiger Gerichte, während die Verwaltung dem Monarchen verbleiben sollte. Eine Trennung der Gewalten sei notwendig, eine Vereinigung in einer Hand bedeute Absolutismus und Willkür. Für unsere Tage besteht Gesetzgebung oder Legislative in dem Erlasse von Rechtsnormen durch die verfassungsmäßigen Organe der Staatsgewalt, wobei die Mitwirkung des Parlaments Grundvoraussetzung ist. Die Rechtsnormen sind allgemein und abstrakt, die für alle, die es angeht, gleich-

[1]) Vgl. Stier-Somlo, Preuß. Staatsrecht I, 26 ff.; Derselbe, „Die Dreiteilung der Gewalten" und „Justiz und Verwaltung", Handbuch für Politik, 3. Aufl., Bd. I (1920), S. 216 ff., 296 ff.

mäßig anzuwenden sind. Die **Justiz** im Sinne der Rechtspflege besteht in der Handhabung der von der Gesetzgebung dargebotenen Rechtssätze und anderen Vorschriften. Justiz im Sinne der Aufrechterhaltung unserer Rechtsordnung, d. h. der Ahndung der Rechtsverletzung und Gewährung des Rechtsschutzes durch bürgerliche, Straf- und Verwaltungsgerichte ist darüber hinaus ein weiterer, mit dem ersten nicht zu verwechselnder Begriff. **Verwaltung** ist die Tätigkeit des Staates, die sich in der zweckmäßigen Anordnung der für das Gemeinwohl erforderlichen Maßnahmen, in der Sorge für die Volks- und Staatsinteressen **außerhalb** der Gesetzgebung und Justiz erschöpft. Sie regelt im wesentlichen konkrete und individuelle Angelegenheiten im Gegensatz zur Gesetzgebung, die das Recht allgemein und ohne Ansehen des besonderen Falles setzt. Die Abscheidung der Verwaltung von der Gesetzgebung und Justiz erfolgt aber nach einem rein äußerlichen Moment, nämlich der Nichtzugehörigkeit zu diesen beiden letzteren Staatsfunktionen. Damit ist ein Element der Unsicherheit gegeben, das erst die Beziehung zwischen Verwaltung und Justiz zu einem geistigen Problem gestaltet.

II. Die Kritik der Lehre von der Teilung der Gewalten setzt ein an dem Punkte des Mißverstehens der englischen Zustände durch Montesquieu. Er betrachtet die Exekutive nur als Ausführung der Gesetze, was sie schon wegen der königlichen Prärogative nicht war. War die Lehre daher in England niemals verwirklicht worden, so tut dies zwar ihrer weltgeschichtlichen Bedeutung keinen Abbruch, nimmt ihr aber den Beweis erfolgter praktischer Durchführung und Bewährung. Indem jener große Schriftsteller die tatsächlich eng miteinander verflochtenen Staatsfunktionen scharf voneinander absondert, verkennt er die Mitwirkung des Monarchen an der Gesetzgebung und die Überwachungsfunktion des Parlaments gegenüber der die Gesetze ausführenden Verwaltung. Die Gesetzgebung war von der Exekutive abhängig, weil diese sie zusammenzuberufen und ihre Tagung zu schließen, sowie ihr Veto einzulegen berechtigt war, während umgekehrt erst die Steuerbewilligung durch die Gesetzgebung der exekutiven Gewalt die Möglichkeit ihrer Wirksamkeit verlieh. Die drei Gewalten sind in Wirklichkeit **nicht** selbständig, sondern auf ein Ineinandergreifen und Miteinanderschaffen angewiesen. Sie sind auch nicht gleichberechtigt, denn die Gesetzgebung steht über der Rechtsprechung und Verwaltung. Die schroffe Durchführung der Lehre von der Teilung der Gewalten würde auch die Einheit des Staates vernichten.

III. Der Grundsatz der Teilung der Gewalten findet sich in keinem Staate der Welt ganz verwirklicht vor und bleibt ein vielleicht gar nicht unbedingt zu billigendes Ideal. Auch ohne ihn ist England zu seiner weitgehenden politischen Freiheit gelangt. Für Deutschland genügen folgende historische Feststellungen. Die alte preuß. Verf. kennt jene Lehre. Nach Art. 62 wurde die gesetzgebende Gewalt durch den König und zwei Kammern ausgeübt; die richterliche Gewalt wurde im Namen des Königs durch unabhängige, keiner anderen Autorität als der des Gesetzes unterworfene Gerichte ausgeübt, und endlich stand nach Art. 45 dem König die vollziehende Gewalt zu. Jedoch ist hier nur eine Verteilung der staatlichen Befugnisse unter verschiedene staatliche Organe ausgesprochen. In der bisherigen RVerf. sind so deutliche begriffliche Scheidungen nicht zu erkennen gewesen. Der Gesetzgeber war in Wirklichkeit weder im Reich noch in Preußen das Volk, sondern es war der Volksvertretung eine bestimmte Rolle bei der Gesetzgebungsarbeit zugewiesen, nämlich, daß ihre Mitwirkung eine notwendige Voraussetzung zur Schaffung von Gesetzen war; die Sanktion erteilte aber im Reich der Bundesrat, in den deutschen monarchischen Einzelstaaten der Monarch, insbesondere in Preußen. Deshalb war er der eigentliche Geber des Gesetzes.

IV. Auch die RVerf. vom 11. August 1919 läßt eine scharfe Durchführung der Lehre von der Teilung der Gewalten vermissen. Dies ist teilweise auf die starke Anfechtung dieser Lehre in der Wissenschaft, teilweise darauf zurückzuführen, daß die Ausgestaltung der parlamentarischen Regierungsweise eine enge Verbindung von gesetzgebender und exekutiver Gewalt herbeigeführt hat. Anders als in der a. preuß. Verf., finden sich die Ausdrücke gesetzgebende, richterliche, vollziehende Gewalt hier nicht. Wohl aber ergibt sich materiell aus den Bestimmungen der RVerf. (Art. 68 Abs. 2, 70, 73, 75 und 76), daß die gesetzgebende Gewalt im Reiche durch den Reichstag oder unmittelbar durch das Volk selbst ausgeübt wird, während die Mitwirkung der anderen Reichsorgane (Reichspräsident, Reichsrat), und des Reichswirtschaftsrats nur fördernd oder hemmend, aber nicht entscheidend ist. Unberührt bleibt der Grundsatz, daß die richterliche

Gewalt durch unabhängige, nur dem Gesetz unterworfene Richter ausgeübt wird. Es entspricht die Lehre von der Zugehörigkeit der exekutiven Gewalt zum Monarchen, oder, nach Aufrichtung der Republik, zur Reichsregierung, schon wegen der bundesstaatlichen Natur des Reichs, nur in bescheidenem Maße der Wirklichkeit, da nur die reichseigene Verwaltung durch das Reichsministerium und den ihm unterstehenden Behördenorganismus in Frage kommen kann, während das Schwergewicht aller Verwaltung bei den Landesbehörden liegt, die auch grundsätzlich die Reichsgesetze ausführen (Art. 14 RVerf.). Doch wird die Besonderheit der Verfassungslage erst ganz deutlich, wenn auf die Frage, wie die Lehre von der Gewaltenteilung in der preußischen Verfassung sich ausprägt, Antwort gegeben wird.

V. Der Regierungsentwurf hat der Montesquieuschen Lehre von der Dreiteilung der Gewalten keinen deutlichen Ausdruck verliehen, ja es scheint die Absicht ihrer Anerkennung überhaupt gefehlt zu haben [2]). Sie beschränkt sich auf die Sätze, daß der Träger der Staatsgewalt die Gesamtheit des Volkes sei, daß dieses seinen Willen über die Staatsangelegenheiten durch den von ihm gewählten Landtag kundgibt und daß das Staatsministerium namens des Volkes die Regierung führt. Immerhin mochte man darin eine Widerspiegelung der Grundauffassung über die gesetzgebende und ausführende oder vollziehende Gewalt finden und die Nichterwähnung der richterlichen Gewalt dadurch erklären, daß Art. 102 RVerf. die Unabhängigkeit der Richter sichert und Art. 103 daselbst den Satz enthält, daß die ordentliche Gerichtsbarkeit durch das Reichsgericht und durch die Gerichte der Länder ausgeübt wird. Die verfassunggebende Landesversammlung hatte aber im Ausschuß sowohl eine Abänderung nur der auf das Wahlrecht abgestellten Bestimmungen (jetzt Art. 3), wie eine Regelung der Stimmberechtigung (Art. 4 und 5) beschlossen, als auch Rechtssätze über Volksbegehren und Volksentscheid (Art. 6) und, neben dem die ausführende Gewalt regelnden Art. 7, auch eine die richterliche Gewalt angehende Bestimmung (Art. 8) angefügt.

In kritischer Betrachtung ergibt sich jetzt folgendes Bild. Die hergebrachte Lehre ist schon deshalb nicht folgerichtig durchführbar, weil sie nicht auf dem Ge-

---

[2]) Ausführungen des Staatssekretärs Dr. Freund, AusschProt. S. 26 f.

danken der Volkssouveränität beruht, die die Gesamtheit des Volkes als Träger (in Wirklichkeit Inhaber) der Staatsgewalt anerkennt, so daß nicht nur die Gesetzgebung, sondern jede Staatsgewalt beim Volke liegt (Art. 2). Jedoch kann man die Lehre auf das gegebene Sachverhältnis der preußischen Verfassung derart anzuwenden versuchen, daß man fragt, durch welche Organe sich diese einheitliche grundsätzlich beim Volk befindliche Staatsgewalt ausprägt. Auf den ersten Blick scheint das einfach zu sein. Danach wird die gesetzgebende Gewalt ausgeübt durch das Volk selbst, und zwar entweder unmittelbar (Volksbegehren, Volksentscheid, Volkswahl) oder mittelbar durch den vom Volk gewählten Landtag (Art. 3, 6). Die richterliche Gewalt wird durch unabhängige, nur den Gesetzen unterworfene Gerichte ausgeübt (Art. 8), und die oberste vollziehende Gewalt steht dem Staatsministerium zu (Art. 7). Allein bei näherem Zusehen ergeben sich starke Bedenken. Zunächst ist bei der gesetzgebenden Gewalt die Trübung des Grundsatzes durch die Stellung des Staatsrats erfolgt. Er hat das Recht der Gesetzesinitiative, d. h. er kann Gesetzesvorlagen durch das Staatsministerium an den Landtag bringen; er hat ein Recht angehört zu werden vor Einbringung von Gesetzesvorlagen durch das Staatsministerium; ihm steht das Recht zu einem aufschiebenden Einspruch zu gegen die vom Landtag beschlossenen Gesetze und ein absolutes Veto, wenn der Landtag Ausgaben beschließen will, die über den vom Staatsministerium vorgeschlagenen oder bewilligten Betrag hinausgehen (Art. 40 Abs. 1—3, 41 Abs. 4). Das Volk ist also nicht allein an der gesetzgebenden Gewalt beteiligt, sondern auch ein Staatsorgan, das die Provinzen vertritt.

Ferner ist die richterliche Gewalt, im Bilde des Hergebrachten gesehen, unberührt geblieben; doch ist im Art. 8 Abs. 2 die Abhängigkeit des Richters von der Autorität des Volkes dadurch scharf betont, daß die Urteile im Namen des Volkes verkündet und vollstreckt werden; der Richter erscheint hier nur als Organ des souveränen Volkes, nicht als Träger einer selbständigen Staatsgewalt.

Was die vollziehende Gewalt angeht, so hat ihr Art. 7 keinen unzweideutigen Ausdruck gegeben. Denn dort ist das Staatsministerium als die oberste vollziehende und leitende Behörde des Staates, aber nicht als Inhaber der besonderen Staatsgewalt der Exekutive bezeichnet worden. In Wirklichkeit ist es nur eines der Organe, durch das das souveräne Volk die Verwaltung ausüben läßt. Eine der wichtigsten Handlungen, die Auflösung des Landtages, liegt ihm nicht ob, sondern der Landtag selbst, das Gesamtvolk (Volksentscheid) und der Ausschuß des Art. 14 sind zu dieser Exekutivtätigkeit berufen. Daß das Parlament durch Bewilligung der erforderlichen laufenden Mittel für die Deckung des Staatsbedarfs und durch die vom Staatsministerium rechtlich unabhängige Feststellung des Haushaltsplans eine Verwaltungsmaßnahme bewirkt (Art. 63), ist vollkommen unbestreitbar. Der Landtag greift aber auch in das Gebiet der vollziehenden Gewalt ein durch Aufstellung von Grundsätzen für die Verwaltung der Staatsangelegenheiten und durch Überwachung ihrer Ausführung (Art. 29 Abs. 1). Nicht minder wichtig ist bei der gewaltenverbindenden Demokratie, wie in Deutschland und Preußen, die unverkennbare Abhängigkeit der Exekutive von der parlamentarischen Mehrheit. Indem durch diese das Vertrauen des Volkes bekundet, vom Landtag dem Staatsministerium oder einem Staatsminister durch ausdrücklichen Beschluß sein Vertrauen entzogen wird und die Verantwortlichkeit der Minister festgelegt ist (Art. 57, 46), wird klar, daß sich all dies im wesentlichen auf die Verwaltung bezieht, diese also im Sinne und vielfach nach den ausgesprochenen Wünschen des Landtags bzw. dessen Mehrheit zu erfolgen hat. Die exekutive Gewalt steht daher beim Staatsministerium nur in dem Sinne, als es Organ des Volkes und des Landtags nach dessen politisch bestimmten Willensrichtungen ist. Zwar sind die auf die ausführende Gewalt bezüglichen Befugnisse des Staatsministeriums besonders geregelt, wie Vertretung nach außen, Beschluß über Gesetzesvorlagen, Erlaß von Ausführungsverordnungen, Ernennung der Beamten usw. (Art. 49 ff.), und insofern ist die Exekutivgewalt dem Staatsministerium verfassungsmäßig zu eigenen Rechten übertragen; jedoch in allen ihren Auswirkungen tatsächlich-politisch in der durch die parlamentarische Regierungsweise gegebenen Abhängigkeit von dem Landtag und seinen herrschenden Parteien. Es ist nicht nur das jeweilige Ministerium ebenso auf die es tragende Parlamentsmehrheit angewiesen, sondern dasselbe gilt auch in der Hauptsache umgekehrt, so daß eine zielsichere und willensstarke Staatsregierung sehr wohl ihre Gefolgschaft für die von ihr nötig gehaltenen Gesetzgebungsakte erfolgreich in Bewegung zu setzen pflegt.

Kennzeichnend aber ist endlich für die preußische Verfassung, daß sie den Gedanken der unmittelbaren Demokratie, die sich mit der bloßen Repräsentation des Volkes durch Abgeordnete nicht begnügt, Einlaß gewährt hat. Grundsätzlich wird die unmittelbare Volkswillenserklärung vorangestellt. Sie erfolgt durch Volksabstimmung. Dies ist näher zu betrachten.

Dritter Abschnitt.

Das Stimmrecht. Das Volksbegehren. Der Volksentscheid[1].

I. Dieses Mittel der Volksabstimmung, das Stimmrecht, geht über das Wahlrecht hinaus. Denn die Volkswahl ist ein Unterfall der Volksabstimmung. Diese letztere ist auch Volksbegehren und Volksentscheid, bei denen das Stimmrecht nicht auf Betätigung einer Wahl gerichtet ist. Das Stimmrecht soll auch eine Waffe sein gegen den Parlamentsabsolutismus. Während das Wahlrecht im Landeswahlgesetz vom 3. Dezember 1920 und in der Landeswahlordnung vom 10. Dezember 1920/18. Januar 1921 seine ergänzende Regelung findet, ist das Stimmrecht in Art. 4 und 5 der Verfassung geordnet, wobei für weitere Vorschriften ein Sondergesetz vorgesehen ist (Art. 4 Abs. 3). Es handelt sich hier nicht nur um Wahlrechtsgesetze wie das schon erwähnte Landeswahlgesetz und das Gesetz betr. die Wahlen zu den Provinziallandtagen und zu den Kreistagen vom 3. 12. 1920, sondern um Gesetze, die das Stimmrecht, das nicht Wahlrecht ist, näher regeln, z. B. beim Volksentscheid.

II. Stimmberechtigt sind alle Personen, auf die folgende Merkmale zutreffen:

1. Reichsangehörigkeit. Der Ausschluß von Nicht-Preußen würde gegen Art. 110 Abs. 2 RVerf. verstoßen, wonach jeder Deutsche in jedem Lande des Reichs

[1]) Vgl. Kaisenberg, Die Entw. der Reichs-Wahl- und Abstimmungsgesetze mit den Begründungen sowie Erläuterungen, 1920. Auf S. 71 ff. befindet sich auch ein Entwurf eines Gesetzes über den Volksentscheid; für das Reich ist das Gesetz über den Volksentscheid unter dem 27. Juni 1921 ergangen (RGBl. S. 790); ferner Stier-Somlo, Kommentar zur Preuß. Verfassung, S. 59—72; Giese-Volkmann, S. 39—46; Vogels, S. 22—28.

die gleichen Rechte und Pflichten wie die Angehörigen des Landes selbst hat. Soweit das Stimmrecht Wahlrecht zum Landtag ist, stände auch Art. 17 RVerf. entgegen, wonach die Volksvertretung jedes Landes von allen reichsdeutschen Männern und Frauen gewählt werden muß.

2. Ein Alter von mindestens 20 Jahren, männlichen oder weiblichen Geschlechts. Die Gleichberechtigung von Mann und Frau (Art. 109 Abs. 2 RVerf.) ist auch hier durchgeführt. Der Mann kann die Frau in Ausübung des Wahlrechts nicht beschränken, wohl aber hat er Einfluß auf den für das Stimmrecht maßgebenden Wohnsitz (§ 10, aber auch § 1353 BGB.).

3. Wohnsitz in Preußen. In Frage kommen können zwei Begriffe. Der eine ist bürgerlich-rechtlich. Nach § 7 ff. BGB. begründet derjenige, der sich an einem Ort ständig niederläßt, an diesem seinen Wohnsitz. Er kann gleichzeitig an mehreren Orten bestehen. Der Wohnsitz wird aufgehoben, wenn die Niederlassung mit dem Willen aufgehoben wird, sie aufzugeben. Der öffentlich-rechtliche Wohnsitzbegriff ist derjenige des Doppelsteuergesetzes vom 22. März 1909 (RGBl. S. 332), wonach der Ort in Betracht kommt, in welchem der Deutsche eine Wohnung unter Umständen inne hat, die auf die Absicht der dauernden Beibehaltung einer solchen schließen lassen. Gesetzlichen Wohnsitz haben Militärpersonen in ihrem Garnisonorte, Ehefrauen am Wohnsitz des Ehemanns, Kinder an dem des Vaters bzw. der unehelichen Mutter. Eine zeitliche Dauer des Wohnsitzes ist an sich nicht vorgeschrieben. Ist das Stimmrecht Wahlrecht, so kann durch Gesetz die Wahlberechtigung von einer bestimmten Dauer des Aufenthalts in der Gemeinde abhängig gemacht werden (Art. 74 Satz 2 preuß., Art. 17 Abs. 2 RVerf.). Bei mehrfachem Wohnsitz kann natürlich der eine in Preußen liegen, dadurch das Stimmrecht, das sonst vielleicht fehlt, begründen. Vom Wohnsitz in Preußen hängt auch die Wählbarkeit ab. Somit sind nicht in Preußen wohnende Preußen nicht zum Landtag wählbar, während andererseits der in Preußen wohnende stimmberechtigte Nicht-Preuße Abgeordneter zum preußischen Landtag werden kann.

III. Eigenschaft des Stimmrechts. Es ist

A. allgemein, d. h. von keiner anderen Voraussetzung als der der Reichsangehörigkeit, des Alters von mindestens 20 Jahren und des Nichtvorhandenseins einer

Vormundschaft oder Pflegschaft und vom Besitz der bürgerlichen Ehrenrechte abhängig [2]). Ein Unterschied der Geburt, des Geschlechts, der Rasse, des Glaubens, der Steuerleistung und des Berufs wird nicht gemacht;

B. gleich, d. h. jeder Wähler hat eine Stimme;

C. geheim, d. h. das Stimmrecht wird durch Stimmzettel in amtlich abgestempelten Umschlägen ausgeübt und das Wahlverfahren in einer das Stimmabgabegeheimnis sichernden Weise geregelt und gehandhabt;

D. unmittelbar, d. h. eine Vertretung des Stimmenden und die Bestellung eines Zwischenmannes ist unzulässig. Die Stimmabgabe muß an einem Sonntag oder allgemeinen Feiertag erfolgen [3]).

IV. Volksbegehren und Volksentscheid. Beides fällt unter den Begriff des Referendums. Dieses stammt aus der alten Schweizerischen Eidgenossenschaft und wurde nach bedeutsamen Vorgängen im 18. Jahrhundert mit dem Wiederaufkommen der Demokratie nach der sog. Restaurationsperiode im 19. Jahrhundert in die neuen Verfassungen der Kantone eingeführt. In St. Gallen begann man mit der Volksgesetzgebung für einfache Gesetze in der Gestalt des Votums, andere Kantone folgten hiermit und mit dem Referendum nach, zunächst hauptsächlich für Finanzbeschlüsse. Die Bundesverfassung von 1848 führte Verfassungsreferendum und Volksinitiative nicht nur für den Bund, sondern auch für die Kantone allgemein ein. Letztere gingen zum allgemeinen Gesetzreferendum über, zuerst Basel-Land 1863, dann Zürich 1869 usw. Nur Freiburg blieb Repräsentativkanton. In den ersten und führenden Kantonen ist das allgemeine Gesetzreferendum zugleich als obligatorisches eingeführt, und erst die späteren haben es bei sich in das fakultative

---

[2]) Stimmrechts-Ausschließungsgründe sind daher:

a) Entmündigung (BGB. §§ 6, 1774, 1897; ZPO. §§ 645, 661 Abs. 2, 672, 678, 679 Abs. 4, 680, 683 Abs. 2, 685, 686).

b) vorläufige Vormundschaft (BGB. § 1906 ff.; FGG. § 52).

c) Pflegschaft wegen geistigen Gebrechens (BGB. §§ 1910 Abs. 2, 1915, 1919, 1920; FGG. § 13 Abs. 1).

d) Verlust der bürgerlichen Ehrenrechte (StGB. §§ 34 Nr. 4, 32, 36; StPO. §§ 357, 383). Das Wahlrecht der Soldaten ruht. Landeswahlgesetz § 2 Abs. 1.

[3]) Soweit das Stimmrecht Wahlrecht ist, gehört es in den sachlichen Zusammenhang der Landtags-, Provinziallandtags-, Kreistags- und Gemeindewahlen. Während für diese das aktive und passive Wahlrecht geregelt werden mußte, gibt es in der Verfassung natürlich nur für das aktive Stimmrecht Vorschriften.

abgeschwächt. Bei der Bundesverfassung 1874 folgte der Bund diesem Zuge, schrieb aber den Kantonen einen Zwang nicht vor. Die RVerf. Art. 73—76 führte das fakultative Referendum in der Form des Volksentscheids und des Volksbegehrens ein. Sie behandelt es je nach dem Gegenstande, bei dem die Einrichtung in Betracht kommt, so im Art. 18 bei der Entscheidung über die Änderung des Bestandes von Ländern, im Art. 43 bei Absetzung des Präsidenten, im Art. 76 bei den Verfassungsänderungen. Dagegen regelt die preuß. Verf.Urk. die Frage als geschlossenen besonderen Gegenstand, greift freilich auch auf andere Bestimmungen (Art. 42, 61, 62) über.

V. Das geltende preußische Verfassungsrecht ist folgendes:

1. Volksentscheid ist die unmittelbare Abstimmung des Volkes über die Fragen des Gesetzerlasses (Abänderung und Aufhebung), der Verfassungsänderung und der Landtagsauflösung. Der Gesetzerlaß ist wieder in zwei Formen Gegenstand der Volksabstimmung:

A. ohne daß die verfassungsmäßig berufenen Faktoren vorher einen Entwurf eingebracht und über ihn beschlossen haben (Art. 6 Abs. 1 Nr. 2). In diesem Falle kann von Gesetzesinitiative des Volkes gesprochen werden;

B. nach erfolgtem Einspruch des Staatsrats gegen ein bereits vom Landtag beschlossenes Gesetz (Art. 42 Abs. 3).

Die Verfassungsänderung hat zwei Formen:

A. durch Beschluß des Landtags. Er ist nur gültig, wenn mindestens zwei Drittel der gesetzlichen Mitgliederzahl anwesend sind und mindestens zwei Drittel der Anwesenden zustimmen (Art. 30);

B. durch Volksentscheid auf Grund eines ausgearbeiteten Gesetzentwurfs. Zur Annahme des Antrages auf Verfassungsänderung bedarf es der Zustimmung der Mehrheit der Stimmberechtigten, nicht der tatsächlich Abstimmenden (Art. 6 Abs. 1 Nr. 1 und Abs. 6 Satz 1).

Die Landtagsauflösung (auch Referendum auf Abberufung der Volksvertretung genannt) erfolgt:

A. durch eigenen Beschluß des Landtags mit Zustimmung von mehr als der Hälfte der gesetzlichen Mitgliederzahl;

B. durch den Beschluß eines aus dem Ministerpräsidenten und den Präsidenten des Landtags und des Staatsrats bestehenden Ausschusses (Art. 14 Abs. 1);

C. durch Volksentscheid. Dieser kann herbeigeführt werden:

a) durch Volksbegehren, gestellt von einem Fünftel der Stimmberechtigten; die Anträge, den Landtag aufzulösen, bedürfen zu ihrer Annahme der Zustimmung der Mehrheit der Stimmberechtigten. Man war sich darüber einig, hier einen Schutz gegen eine etwaige Gewaltanwendung zu schaffen. Unter Umständen soll ein Landtag, der nach Überzeugung weiter Kreise des Volkes nicht mehr dem Volkswillen entspricht, nicht mehr bis zum Ende der Wahlzeit bleiben, sondern es soll die Möglichkeit gegeben sein, ihn aufzulösen;

b) durch Beschluß des Staatsrats[4]).

2. Volksbegehren ist nicht eine zweite, neben dem Volksentscheid selbständige Einrichtung, sondern eine der hauptsächlichsten Voraussetzungen des Volksentscheids, wenn dieser auch zuweilen ohne Volksbegehren zulässig ist, nämlich dann, wenn der Landtag dem Volksbegehren entsprochen hat und ein Volksentscheid nicht stattfindet (Art. 6 Abs. 5). Volksbegehren ist ein qualifizierter Antrag auf Volksentscheid und in gewissen Fällen Bedingung für den Volksentscheid, immer eine Willensäußerung des souveränen Volkes, das entweder zu einem gesetzgeberischen oder einem Verwaltungsakte die Initiative ergreift. Im Gegensatz zum Volksentscheid ist das Volksbegehren verfassungsmäßig begrenzt. Es kann nur in den zu 1. dargelegten Fällen stattfinden, und außerdem ist seine Unzulässigkeit bei Finanzfragen, Abgabengesetzen und Besoldungsordnung festgelegt (Art. 6 Abs. 3), während Volksentscheide stattfinden auf Volksbegehren und in den sonst in der Verfassung vorgesehenen (Art. 14, 42, 61), durch Verfassungsänderung vermehrbaren Fällen.

VI. Das Verfahren ist vorbehaltlich eines zu erlassenden Gesetzes (Art. 6 Abs. 7) folgendes:

1. Volksbegehren sind an das Staatsministerium zu richten und von diesem unter Darlegung seiner Stellungnahme unverzüglich (d. h. ohne schuldhaftes Zögern) dem Landtag zu unterbreiten.

---

[4]) Art. 14 Abs. 1 Satz 2, Abs. 1 Nr. 3, Abs. 2 Satz 3, Abs. 6 Satz 1; auch Art. 57 Abs. 6.

Ist dieser nicht versammelt, so genügt verfassungsrechtlich eine Vorlage nach erfolgter Wiederversammlung des Landtages. Würde das Volksbegehren zunächst an den Landtag gerichtet werden, so würde eine Verzögerung eintreten. Wenn dem Landtag ein Volksbegehren zuginge, müßte er es an das Staatsministerium abgeben (Art. 6 Abs. 2 Satz 1).

2. Dem Volksbegehren muß ein ausgearbeiteter Gesetzentwurf zugrunde liegen, d. h. es müssen ihm formulierte Gesetzesvorschläge beigefügt sein, soweit der Antrag auf Verfassungsänderung und Gesetzerlaß gerichtet ist; dagegen genügt zur Auflösung des Landtags einfacher Antrag.

3. Die Rechtswirksamkeit des Volksbegehrens hängt davon ab, ob es gestellt wird: zwecks Erlaß, Änderung oder Aufhebung eines Gesetzes von einem Zwanzigstel, zwecks Verfassungsänderung und Verfassungsauflösung von einem Fünftel der Stimmberechtigten. Gesetzesvorlagen, die der Landtag abgelehnt hat, können in demselben Sitzungsabschnitt nicht wieder vorgebracht werden, es sei denn, daß ein rechtswirksames Volksbegehren vorliegt (Art. 62). Rechtswirksam sind alle Volksentscheide nur, wenn die Mehrheit der Stimmberechtigten daran teilgenommen hat; eine weitgehende Abstimmungsenthaltung hat demnach hierin ihre Grenze. Hinzukommen muß:

a) bei Anträgen auf Verfassungsänderung und Landtagsauflösung die Zustimmung jener Mehrheit von Stimmberechtigten. Sie genügt, obwohl die Verfassungsänderung durch den Landtag die Anwesenheit von mindestens zwei Drittel der gesetzlichen Mitgliederzahl und die Zustimmung von mindestens zwei Drittel der anwesenden Abgeordneten verlangt (Art. 30);

b) bei Anträgen auf Erlaß, Änderung und Aufhebung der Gesetze genügt einfache Mehrheit der abgegebenen gültigen Stimmen. Bei einer sehr schwachen Wahlbeteiligung kann hiernach schon etwas mehr als ein Viertel der Stimmberechtigten einen Volksentscheid herbeiführen;

c) die Abstimmung kann nur bejahend oder verneinend sein. Irgendwelche Zusätze der Abstimmenden gelten m. E. als nicht hinzugefügt, sind also rechtlich belanglos (Art. 6 Abs. 4 und 6).

Dritter Teil.

Die Lehre von den Rechtsquellen.

Erster Abschnitt.

Das geschriebene Recht[1]).

Erste Abteilung.

Das staatliche Gesetz.

I. Gesetz im verfassungsmäßigen Sinne ist die mit Zustimmung der Volksvertretung ergangene, für alle durch sie Betroffenen geltende, allgemeine Rechtsvorschrift. Die kennzeichnenden Momente sind daher: die Mitwirkung der Volksvertretung, so daß der Erlaß von Rechtsvorschriften ohne sie, sei es als Verordnung, sei es als Statut (Satzung), Staatsvertrag und die Entstehung des Gewohnheitsrechtes hier ausscheidet; die Allgemeingültigkeit, und endlich der Inhalt, die Rechtsvorschrift oder Rechtsnorm. Der konstitutionelle Gesetzesbegriff stellt sich daher als Gegenstück zu dem vorkonstitutionellen Gesetzesbegriff dar, der, in Ermangelung eines Parlaments, dessen Mitwirkung nicht als Voraussetzung kennen konnte. So war z. B. vor der Geltung der preußischen Verfassung vom 31. Januar 1850 Gesetz in Preußen jede von Staats wegen durch den König erlassene allgemeine Rechtsvorschrift. Seither wurde die gesetzgebende Gewalt gemeinsam ausgeübt durch den König und zwei Kammern. Übereinstimmung dieser drei Faktoren war zu jedem Gesetz erforderlich. Im Deutschen Reich, wo es der Zustimmung des Kaisers nicht bedurfte, hatte er nur die Ausfertigung und Verkündung der Gesetze zur Aufgabe (Art. 17 der a. RVerf.). Die Reichs-

---

1) Eingehende Literaturangaben, insbesondere über das formelle und materielle Gesetz bei Stier-Somlo, Kommentar zur Preuß. Verfassung, S. 145; siehe ferner Giese-Volkmann, S. 162, 150f.; Vogels, S. 71.

gesetzgebung war Sache des Bundesrats und des Reichstags (Art. 5 daselbst). Während im Reich der Bundesrat, erteilte in Preußen der Monarch dem Gesetze die Sanktion. Vorgelegt werden konnten die Entwürfe zuerst der Ersten Kammer; nur Finanzgesetzentwürfe und Staatshaushaltsetats mußten zuerst der Zweiten Kammer zur Beratung und Beschlußfassung zugehen (Art. 62 a. Pr. Verf.). Die Organe der Gesetzgebung waren also andere in der Zeit vor und nach Entstehung der deutschen Verfassungen.

II. Die Staatsrechtstheorie hatte aber mit durchaus überwiegender Überzeugung eine Unterscheidung von grundlegender Bedeutung zwischen materiellem und formellem Gesetz geschaffen. Der materielle Gesetzbegriff ist richtiger Auffassung gemäß dem preußischen Rechte bereits seit dem Allgemeinen Landrecht bekannt und vielfach verwendet worden.

1. Nach der herrschenden Meinung ist Gesetz in materiellem Sinne die rechtsverbindliche Anordnung eines Rechtssatzes (Rechtsregel, Rechtsnorm), die der Form des Gesetzes entbehren kann und auch die eine Verordnung, eine Satzung, eines Staatsvertrages, einer gewohnheitsrechtlichen Bildung annehmen kann, ja es gehören dazu auch gewisse allgemeine Grundsätze [2]). Durch den Begriff der Anordnung unterscheidet sich das Gesetz in materiellem Sinne vom Gewohnheitsrecht, das auf der Rechtsüberzeugung von seiner Gültigkeit beruht und durch den Begriff des Rechtssatzes von dem Rechtsgeschäfte, das subjektive Rechte und Pflichten, nicht aber Rechtssätze zum Gegenstande hat. Der Rechtssatz muß eine Regel, nicht aber notwendigerweise und immer eine allgemeine sein; vielmehr kann er sich nur auf einen einzigen Tatbestand angewendet wissen wollen. Der Rechtssatz kann nicht nur Freiheit und Eigentum der Einzelpersonen betreffende Gebote und Verbote enthalten, sondern auch Rechtsgewährungen, Machtzuteilungen. Die Rechtsverbindlichkeit der Anordnung wird durch die Sanktion vermittelt, in der die eigentliche Gesetzgebung liegt. Es zerfällt jedes Gesetz in den Gesetzesinhalt und

---

[2]) Mit Recht zählt Anschütz, Kommentar zur RVerf., 1921. S. 195, Anm. 4 zu Art. 114 zum „Gesetz" die in einzelnen Ländern geltenden allgemeinen Grundsätze über Begriff und Aufgaben der Polizei, insbesondere die einschlägige Bestimmung des preußischen Allgemeinen Landrechts, § 10, Teil II, Titel 17.

den Gesetzesbefehl, und auf diesen kommt es staatsrechtlich an, während der Ursprung des Gesetzesinhalts von keinerlei staatsrechtlicher Bedeutung ist. Er kann auf die Wissenschaft, auf politische Bestrebungen, auf Lehrmeinungen usw. zurückgehen. Das Gesetz in formellem Sinne ist jede in den vorgeschriebenen verfassungsmäßigen Formen des Gesetzes ergehende staatliche[3]) Willensäußerung als rechtsverbindliche Anordnung. Gegenstand des formellen Gesetzes braucht kein Rechtssatz (Rechtsregel, Rechtsnorm) zu sein, kann vielmehr auch eine Verwaltungsnorm oder eine Verwaltungshandlung darstellen, z. B. Feststellung des Haushaltsplans, Beschlagnahme des Vermögens einer landesherrlichen Familie, eine Dotation, eine Amnestie, auch politische Thesen und Versprechungen, Lehrsätze oder Begriffsbestimmungen können den Inhalt eines formellen Gesetzes bilden.

2. Für das bisherige preußische Verfassungsrecht ergab sich, daß Art. 62 der a. VerfUrk. im Abs. 1 den materiellen, im Abs. 2 den formellen Gesetzesbegriff zum Ausdruck bringt. Der gesetzgebenden Gewalt war die Zuständigkeit verliehen, überall einzugreifen, wo es sich um die Schaffung von Rechtssätzen handelte; die Aufstellung allgemein verbindlicher Normen war in Preußen lediglich der Gesetzgebung vorbehalten. Nur von einer kleinen Zahl von Staatsrechtslehrern (Zorn, Haenel, Arndt) wurde der Unterschied zwischen materiellem und formellem Gesetz nicht anerkannt. Gesetze in formellem Sinne gebe es nicht, einen Rechtssatz müsse jedes Gesetz enthalten. Nach Zorn ist Gesetz jede vom Staate gesetzte Vorschrift. Das Gesetz im weiteren Sinne sei einzuteilen in: Gesetze im engeren Sinne und Verordnung. Der Unterschied zwischen Gesetz und Verordnung sei kein innerer, liege vielmehr nur in der äußeren Form, daß beim Gesetz Zustimmung der Volksvertretung notwendig sei, bei der Verordnung nicht. Es handelt sich hier um unüberbrückbare Meinungsverschiedenheiten, die bei manchen Schriftstellern nur aus ihrer politischen Grundanschauung zu erklären waren. Den meisten Staatsrechtslehrern und auch mir stand die Überzeugungskraft der herrschenden Meinung fest. Art. 62 der a. Preuß. VerfUrk. gibt keinen vernünftigen Sinn, wenn man nicht in dem einen Absatze den Ausdruck für das formelle, in dem andern für das

[3]) Vgl. aber jetzt auch über provinzielle Gesetze Art. 73 der Preuß. Verfassung.

materielle Gesetz findet. Die Erklärung der VerfUrk., gewisse Angelegenheiten müssen durch Gesetz geregelt werden, sollte nicht grundsätzlich Gesetz und Verordnung abgrenzen, sondern konnte verschiedene Zwecke haben: so den, für bestimmte Angelegenheiten, die an sich ihrer Natur nach dem Gebiete der Verwaltung angehören, die Verordnung auszuschließen, oder den, die sonst anzunehmende Notwendigkeit eines, formelle Erschwerungen bietenden Verfassungsgesetzes im konkreten Falle zu beseitigen. Wenn die entgegengesetzte Meinung, insbesondere Arndt, annahm, daß der König von Preußen durch die Verfassung dem monarchischen Prinzip gemäß nur insoweit eingeschränkt gewesen sei, als dies ausdrücklich durch die Verfassung geschehen ist, und daß dies auch auf dem Gebiete der Gesetzgebung gelte, so hat ihm schon Anschütz den durchschlagenden Grund entgegengehalten, daß die Verfassung keinen Vorbehalt zugunsten des Parlaments hinsichtlich der Privatrechtssätze enthält. Gleichwohl war und konnte nicht streitig sein, daß sie nur durch die Zustimmung der Volksvertretung staatliches Recht werden können.

3. Auch die neue preußische Verfassung kennt den Unterschied von materiellem und formellem Gesetz. Nach Art. 63 Abs. 2 Satz 2[4]) wird der Haushaltplan vor Beginn des Rechnungsjahres durch ein Gesetz festgestellt. Diese Feststellung ist rechtlich der Erlaß eines Verwaltungsaktes, das Gesetz ein formelles, nicht ein materielles. Es sind keine Rechtsnormen in Frage, sondern „Veranschlagungen", also Schätzungen über künftige Einnahmen und Ausgaben. Nach Abs. 3 Satz 2 daselbst[5]) darf der Haushaltplan keine Vorschriften enthalten, die sich nicht auf die Einnahmen und Ausgaben des Staats oder ihre Verwaltung beziehen, die also nichts mit dem Budget zu tun haben, die eine Abänderung bestehender Gesetze oder gesetzlicher Einrichtungen in sich schließen[6]). Also gehören Rechtsnormen nicht in das Haushaltsgesetz. Ein Verwaltungsakt ist auch die in Gesetzesform gekleidete Regelung des Finanzwesens der ertragswirtschaftlichen Unternehmungen des Staates in Gemäßheit der Art. 69. Ferner dürfen nach Art. 54 Abs. 3 allgemeine Straferlasse und die Niederschlagung einer bestimmten Art gerichtlich an-

---

[4]) Er entspricht dem Art. 85 Abs. 2 RVerf.
[5]) Ebenso Art. 85 Abs. 3 Satz 2 RVerf.
[6]) Anschütz, Kommentar zur RVerf. 1921, S. 152 f.

hängig gemachter Strafsachen oder einer einzelnen gerichtlich anhängigen Strafsache nur auf Grund eines Gesetzes ausgesprochen werden, dessen Inhalt ein Rechtspflegeakt ist[7]).

III. Der Weg der Gesetzgebung in Preußen[8]).

1. Die Initiative hat:

A. das Staatsministerium, das über Vorlagen zu allen (materiellen und formellen) Gesetzen, die an den Landtag zu bringen sind, beschließt (Art. 50), so daß insoweit die Selbständigkeit der Ressortminister (Art. 46) ausgeschaltet ist. Vor Einbringung der Gesetzesvorlagen hat das Staatsministerium dem Staatsrat Gelegenheit[9]) zur gutachtlichen Äußerung zu geben. Durch diese Bestimmung wird in manchen Fällen ein späterer Einspruch des Staatsrats unnötig sein, wenn schon bei der Ausarbeitung eines Gesetzentwurfs seine Auffassung berücksichtigt wird. Der Zustimmung des Staatsrats bedarf es nicht. Der Staatsrat kann seine abweichende Ansicht dem Landtage darlegen.

B. der Staatsrat, der berechtigt ist, Gesetzesvorlagen durch das Staatsministerium (also nicht unmittelbar) an den Landtag zu bringen (Art. 40 Abs. 3). Es ist aber nicht richtig, daß Träger des Initiativrechts auch hier das Staatsministerium sei. Ist das Staatsministerium mit der Vorlage des Staatsrats nicht einverstanden, so muß es sie gleichwohl an den Landtag gelangen lassen, kann aber seine Ablehnung zum Ausdruck bringen, während im Falle zu A. der Staatsrat selbst dem Landtage seinen abweichenden Standpunkt darzulegen hat.

---

[7]) Giese, RVerf. 3. Aufl., S. 178; Anschütz, a. a. O. S. 104, Anm. 3. Die Auffassung des Textes gilt auch für das Reichsverfassungsrecht. Siehe RVerf. Art. 85 Abs. 2 u. 3; 49 Abs. 2 (Amnestie); 45 Abs. 2 (Kriegserklärung und Friedensschluß). Im letzteren Falle handelt es sich um einen Akt der auswärtigen Politik und der Militärhoheit, oder einen von den gesetzgebenden Faktoren vollzogenen Regierungsakt.

[8]) Vgl. Stier-Somlo, RVerf. 2. Aufl., S. 162—165; Triepel, Archiv des öffentl. Rechts, Bd. 39, S. 456 ff.; Fleischmann, Weg der Gesetzgebung in Preußen, 1898; Schack, Die Prüfung der Rechtmäßigkeit von Gesetz und Verordnung, 1918; Derselbe, Die Frage der richterlichen Prüfung von Gesetz und Verordnung während der Umwälzung im Reich bis zur Nationalversammlung und im zukünftigen Verfassungsrecht; Annalen des Deutschen Reichs, 1919, S. 285—296.

[9]) Diese Gelegenheit besteht nicht, wenn die Gesetzesvorlagen aus dem Landtage kommen. Vgl. auch RVerf. Art. 69 Abs. 1 Satz 2, wo die Zustimmung des Reichsrats und die Pflicht der Reichsregierung ausgesprochen ist, bei Einbringung einer die Zustimmung des Reichsrats nicht erlangten Vorlage dessen abweichende Auffassung darzulegen.

C. das Volk, dessen Begehren darauf gerichtet sein kann, ein Gesetz zu erlassen, zu ändern oder aufzuheben (Art. 6 Abs. 1 und oben S. 61 ff).

D. der Landtag selbst (Art. 29)[10]).

2. Die Beratung erfolgt im Landtag selbst in der Vollversammlung und in seinen Ausschüssen. Die formelle Behandlung regelt die Geschäftsordnung. Die Beschlußfassung ist Sache des Landtags (Art. 29). Er ist nur insoweit beschränkt, als die Zustimmung des Staatsrats erforderlich ist, wenn der Landtag Ausgaben beschließen will, die über den vom Staatsministerium vorgeschlagenen oder bewilligten Betrag hinausgehen. Stimmt der Staatsrat nicht zu, so ist der Beschluß des Landtags nur wirksam, soweit er mit dem Vorschlag oder der Bewilligung des Staatsministeriums übereinstimmt. Ein Volksentscheid ist in diesem Falle nicht zulässig (Art. 42 Abs. 4). Die Beschlußfassung kann aber durch Volksentscheid erfolgen (Art. 6 Abs. 4).

3. Zwischen Beschlußfassung und Verkündung schiebt sich ein der Einspruch des Staatsrats oder der Volksentscheid.

Gegen die vom Landtag beschlossenen Gesetze steht dem Staatsrat der Einspruch zu, der sich als aufschiebendes Veto darstellt. Der Einspruch muß innerhalb zweier Wochen nach der Schlußabstimmung im Landtag beim Staatsministerium eingebracht und spätestens binnen zwei Wochen mit Gründen versehen dem Landtage zur nochmaligen Beschlußfassung vorgelegt werden. Findet das Gesetz im Landtag eine Zweidrittelmehrheit, so gilt der Einspruch als erledigt, es bleibt bei dem Beschlusse des Landtags. Wird dagegen bei der erneuten Beschlußfassung des Landtags für den früheren Beschluß nur eine einfache Mehrheit erreicht, so ist der Beschluß hinfällig, falls er nicht durch einen vom Landtag herbeigeführten Volksentscheid bestätigt wird (Art. 42 Abs. 1 bis 3).

4. Die Verkündung des verfassungsmäßig zustande gekommenen Gesetzes in der Gesetzsammlung in der vorgeschriebenen Form binnen Monatsfrist, ist Aufgabe des Staatsministeriums. Es muß dabei ausgesprochen werden, daß das Gesetz vom Landtag oder durch Volksentscheid beschlossen worden ist (Art. 60, 61 Abs. 1 Satz 1

---

[10]) Ebenso Giese-Volkmann, S. 48, Anm. 3 zu Art. 6; und Vogels, S. 110, I zu Art. 50.

und 2, Abs. 3). Die Monatsfrist rechnet bei Volksentscheid nach Abschluß der Prüfung des Abstimmungsergebnisses; bei Landtagsbeschlüssen von der Erledigung des Einspruchverfahrens durch den Staatsrat bzw. vom Ablauf der Einspruchsfrist. Bei der Verkündung brauchen nicht alle Minister zu unterschreiben; es genügt die Unterschrift des Ministerpräsidenten und seines Stellvertreters, sowie des Fachministers.

IV. Die Verfassungsänderung. Die Verfassung ist Gesetz. Das Verfassungsgesetz ist nur eine Spezialanwendung des Gesetzbegriffs überhaupt. Der gewöhnliche Sprachgebrauch stellt allerdings Verfassung und Gesetz als zwei verschiedene Begriffe gegenüber. Hinsichtlich ihrer Eigenschaft als Rechtsquelle sind sie aber dasselbe. Die Verschiedenheit ist rein tatsächlicher Natur, insofern als das Verfassungsgesetz die Aufgabe hat, allgemeine Grundsätze aufzustellen, die Grundorganisation des Staats zu zeichnen, während das bei gewöhnlichen Gesetzen nicht der Fall ist. Der einzige rechtliche Unterschied besteht darin, daß die Vorschriften des Verfassungsgesetzes fast überall eine erhöhte Wirksamkeit haben. Ihre Abänderung ist meist nur unter Schwierigkeiten zulässig. Nach der a. Preuß. VerfUrk. (Art. 107) war eine zweimalige Abstimmung erforderlich. In jeder Kammer genügte bei zwei Abstimmungen die gewöhnliche absolute Stimmenmehrheit, aber es mußte zwischen beiden Abstimmungen ein Zeitraum von 21 Tagen liegen. In der geltenden Preuß. Verf. gibt es zwei Wege:

A. Nach Art. 30[11]) bedarf es zur Verfassungsänderung der Anwesenheit von mindestens zwei Drittel der gesetzlichen Mitgliederzahl des Landtags und der Zustimmung von mindestens zwei Dritteln der Anwesenden. Verfassungsänderung liegt vor nicht nur, wenn der Text der Verfassungsurkunde selbst, sondern auch, wenn ein Verfassungsrechtsgesetz geändert wird; ob es ein solches ist, bleibt Tatfrage. Die sehr häufige Verweisung der Verf.-Urk. auf ein solches Gesetz macht dieses aber nicht zum Verfassungsgesetz.

B. Das Volksbegehren kann auf Verfassungsänderung gerichtet sein. Es muß ein ausgearbeiteter Gesetzentwurf zugrunde liegen. Der Antrag muß von einem Fünftel der Berechtigten gestellt werden. Der auf Volksbegehren erfolgende Volksentscheid zur Verfas-

---

11) Stier-Somlo. Kommentar, S. 149—151 mit Literaturangaben.

sungsänderung bedarf zur Annahme der Zustimmung der Mehrheit der Stimmberechtigten (Art. 6).

V. Die Verbindlichkeit der Gesetze hängt von ihrem verfassungsmäßigen Zustandekommen, ferner von der vorschriftsmäßigen Verkündung und endlich von der Einhaltung der Frist des Inkrafttretens (unten zu VI) ab (Art. 61 Abs. 1). Ob das Gesetz verfassungsmäßig zustande gekommen ist, bestimmt sich danach, ob der Weg der Gesetzgebung in allen Punkten beschritten worden ist (s. oben zu III) und ob insbesondere Volksentscheid oder Beschluß des Landtags vorliegt, ferner ob der Landtag beschlußfähig war, ob ein Einspruch des Staatsrats vorlag und ob er im Bejahungsfalle erledigt wurde, auch ob die Zustimmung im Falle des Art. 42 Abs. 4 erteilt war. Das Problem des richterlichen Prüfungsrechts ist mit Art. 61 nicht endgültig erledigt [12]). Es ist nicht zutreffend, mit den nicht bindenden Äußerungen von Abgeordneten im Landtage anzunehmen, daß der Richter nur zu prüfen habe, ob das Gesetz vom Landtag oder durch Volksentscheid beschlossen und in der vorgeschriebenen Form verkündet worden ist. Wenn die Beschlußfähigkeit im Landtage gefehlt hat, so ist das Gesetz nicht verfassungsmäßig zustandegekommen. Unbestreitbar ist, daß der Richter prüfen darf, ob das Gesetz nicht gegen die RVerf. und die Reichsgesetze, sowie gegen die Preuß. Verf. verstößt. Die formelle Rechtskraft der Gesetze bedeutet, daß eine Abänderung des Gesetzes nur wieder durch Gesetz, oder was ihm rechtlich gleichsteht, möglich ist; die materielle Rechtskraft, daß die Rechtsverhältnisse der Staatsangehörigen in ihrer Entstehung, Abänderung und Aufhebung berührt werden.

VI. Das Inkrafttreten des Gesetzes erfolgt, in Ermangelung anderer Bestimmung im Gesetz selbst, am 14. Tage nach Ausgabe des die Verkündung enthaltenden Stückes der Gesetzsammlung (Art. 61 Abs. 3).

VII. Von größter Bedeutung ist der Satz (Art. 81 Abs. 2), daß Gesetze und Verordnungen in Kraft bleiben, soweit ihnen die VerfUrk. nicht entgegensteht, d. h. nach Wortlaut und Sinn. Dies erfordert eine jeweils genaue Nachprüfung, da Gesetze und Verordnungen, die anderen verfassungsgeschichtlichen Epochen angehören, mit jener Maßgabe ebenfalls in Geltung

---

12) Näheres bei Stier-Somlo, Kommentar zur Preuß. Verfassung, S. 119 ff., 121, 196.

geblieben sind. Dagegen ist die a. VerfUrk. und das Notverfassungsgesetz v. 20. März 1919 (durch Art. 81 Abs. 1) ausdrücklich aufgehoben worden.

Zweite Abteilung.

Das Verordnungsrecht.

Wie die Gesetze, so sind auch die Verordnungen in materielle und formelle zu scheiden. Jene sind Anordnungen auf dem Gebiete der Verwaltung (Verwaltungsverordnungen), lediglich bestimmt, Vorschriften innerhalb des Behördenorganismus zu geben. Die formellen Verordnungen sind solche, die die Anordnung einer Rechtsregel (Rechtsnorm, Rechtsvorschrift) enthalten, die an die Stelle eines Gesetzes treten und dessen Rechtskraft haben, falls und insoweit die Rechtsordnung sie zuläßt, d. h. die Beschlußfassung der Volksvertretung oder den Volksentscheid nicht erfordert wird. Es sind das die Rechtsverordnungen. Zu ihnen gehören:

I. Die Notverordnungen[13]).

A. Nach bisherigem preußischen Rechte (Art. 63) waren seine Voraussetzungen

a) Gefährdung der öffentlichen Sicherheit oder Vorliegen eines ungewöhnlichen Notstandes;

b) dringende Notwendigkeit der Aufrechterhaltung der ersteren oder Beseitigung der letzteren;

c) die Kammern durften nicht versammelt sein;

d) die Verordnung durfte nicht der Verfassung zuwiderlaufen;

e) sämtliche Staatsminister mußten unterzeichnen bzw. waren alle verantwortlich.

Lagen alle diese Voraussetzungen vor, so hatte die Notverordnung Gesetzeskraft. Sie war den Kammern bei ihrem nächsten Zusammentritt vorzulegen. Mit der Ablehnung der Verordnung trat sie nicht von selbst außer Kraft; vielmehr bestand die Verpflichtung der Staatsregierung zur Aufhebung. Inhalt der Notverordnung konnte nicht nur eine Rechtsnorm sein, sondern alles, was den Inhalt eines formellen Gesetzes bilden konnte.

B. Das geltende preußische Verfassungsrecht hat mit dem bisherigen in bezug auf die Not-

---

[13]) Literatur bei Stier-Somlo, Komm. zur Preuß. Verfassung, S. 185.

verordnung große Ähnlichkeit. Es war zweifelhaft, ob ein preußisches Notverordnungsrecht mit der RVerf. vereinbar ist, deren Art. 48 Abs. 2 bestimmt: „Der Reichspräsident kann, wenn im Deutschen Reich die öffentliche Sicherheit und Ordnung erheblich gestört oder gefährdet wird, die zur Wiederherstellung der öffentlichen Sicherheit und Ordnung nötigen Maßnahmen treffen, erforderlichenfalls mit Hilfe der bewaffneten Macht eingreifen. Zu diesem Zweck darf er vorübergehend die in den Art. 114, 115, 117, 118, 123, 124 und 153 festgesetzten Grundrechte ganz oder zum Teil außer Kraft setzen. Im Verf.-Aussch. (S. 164 f.) hat der Berichterstatter einen Widerspruch zur RVerf. angenommen; bei Gefahr im Verzuge könne die Landesregierung für ihr Gebiet nur einstweilige Maßnahmen nach Art. 48 Abs. 2 treffen, die auf Verlangen des Reichspräsidenten oder des Reichstags außer Kraft zu setzen sind, also keine provisorischen Gesetze erlassen; ferner könnten Konflikte entstehen, wenn der Reichspräsident und der Reichstag die Maßnahmen aufrecht erhalten wollen, der Landtag sie aber nicht als notwendig erachtet. Allerdings werde der in Art. 55 vorgesehene Fall des ungewöhnlichen Notstandes von der RVerf. Art. 48 nicht mit erfaßt; aber für diesen Fall brauche man das Notverordnungsrecht nicht zu gewähren, denn bei seinem Vorliegen könne die Staatsregierung jederzeit den Landtag einberufen und mit ihm zusammen die nötigen Maßnahmen treffen. Sollte die Einberufung infolge der politischen und sonstigen Verhältnisse nicht möglich sein, dann liege ja der Fall der Aufrechterhaltung der Sicherheit vor; dann würde die Regierung nach RVerf. Art. 48 handeln können. Die richtige Auffassung ist, daß die letztere Vorschrift dem Landesrecht, daß die Verordnungen des Reichspräsidenten denen des preußischen Staatsministeriums vorgehen, daß Art. 48 den Landesregierungen nicht das Recht gibt, im Falle der Gefährdung der öffentlichen Sicherheit ein Gesetz zu erlassen, an dessen Stelle bei Gefahr im Verzuge die Notverordnung tritt, die natürlich nur im Rahmen der RVerf. erlassen werden kann und schon deshalb nicht gegen sie verstoßen darf [14]). Gemäß Art. 55 setzt der Erlaß einer Notverordnung durch das Staatsministerium auf Grund kollegialer Beschlußfassung in Übereinstimmung mit dem ständigen Ausschuß (Art. 26) voraus:

[14]) Siehe auch Giese-Volkmann, S. 137, Anm. 1; Vogels, S. 120 ff., VII zu Art. 55.

a) das dringende Erfordernis der Aufrechterhaltung der öffentlichen Sicherheit oder der Beseitigung eines ungewöhnlichen (aber nicht notwendigerweise allgemeinen) Notstandes im Staate oder in seinen einzelnen Bezirken. Beispiele geben ab ansteckende Krankheiten und die dadurch bedingte Notwendigkeit polizeilicher Sicherheitsmaßregeln, die an sich einer gesetzlichen Regelung bedürften, Feuersbrünste, Hochwasser-Katastrophen, innere Unruhen. Es muß Gefahr im Verzuge und die Annahme gerechtfertigt sein, daß die besondere Lage die Einberufung des Landtags entweder nicht gestattet oder nicht ermöglicht oder daß es hierzu zu spät wäre. Ein ungewöhnlicher Notstand darf kein solcher sein, der bei pflichtgemäßer Aufmerksamkeit entweder nach seinem Vorhandensein oder nach seiner Größe vorausgesehen werden konnte bzw. nach seinem Umfange oder nach der Zeit seines Eintritts nicht ungewöhnlich ist, sich also schon mehrfach wiederholt hat, z. B. eine in gewissen Jahreszeiten eintretende Arbeitslosigkeit bestimmter Berufszweige. Ob Notstand und ein ungewöhnlicher vorliegt, entscheidet das Staatsministerium und der ständige Ausschuß nach pflichtgemäßem Ermessen, doch ist in der Genehmigungsnotwendigkeit durch den Landtag, nicht zuletzt in der Abhängigkeit des Staatsministeriums vom Landtag eine Möglichkeit der Kritik und die Wahrscheinlichkeit eines Mißbrauchs durch das Staatsministerium gegeben.

b) Der Landtag ist nicht versammelt, d. h. nach Ablauf der Wahlperiode und nach Auflösung des Landtags sowie in dem Zwischenraum zwischen zwei Sitzungsperioden, nicht bei Vertagungen innerhalb der Sitzungsperiode. Wenn seine schleunige Einberufung nach Art. 17 Abs. 3 möglich ist, wird eine Notverordnung nur erlassen werden dürfen, wenn der Zusammentritt des Landtags doch zu spät käme[15]).

c) Der ständige Landtagsausschuß stimmt zu.

d) Die Notverordnung darf nicht der Verfassung zuwiderlaufen, d. h. nicht den verfassungs-

[15]) Giese-Volkmann, S. 138, Anm. 6 nehmen an, daß trotz der Möglichkeit sofortigen Zusammentritts des Landtags der Erlaß einer Notverordnung gerechtfertigt ist, wenn der Erlaß eines formellen Gesetzes längere Zeit beanspruchen würde, als der eines provisorischen Gesetzes. Ich kann dem nicht beitreten, weil es dem Art. 55 widerspricht und auch dem Mißbrauch Tür und Tor öffnen würde. Vogels, S. 119, erachtet als Stichtag den Zeitpunkt, in dem die Verordnung rechtliche Existenz er-

rechtlichen Grundlagen des Staates, mögen sie in der Verfassungsurkunde selbst oder außerhalb festgelegt sein[16]). Die Notverordnung darf nicht anordnen, was die Verf.-Urk. verbietet, noch auch den Wortlaut oder Grundsätze der Verfassung selbst aufheben, oder etwas gegen deren Sinn bestimmen. M. E. kann ferner an Stelle des Haushaltsgesetzes Art. 63 seiner Natur nach, aber auch wegen der besonderen Ermächtigung des Art. 64, der insofern die Notverordnung ersetzt, nicht eine Notverordnung erlassen werden[17]).

e) Ausfertigung und Verkündung der Notverordnung in der Gesetzsammlung; sie ist Sache des Staatsministeriums.

Beim Vorhandensein aller dieser Voraussetzungen[18]) hat die Notverordnung Gesetzeskraft, gilt für alle (nicht nur für die Behörden), hebt altes Gesetz auf und kann selbst nur durch Gesetz oder Notverordnung außer Kraft gesetzt werden. Jedoch tritt diese Wirkung zunächst nur auf Zeit ein insofern, als die Notverordnung dem Landtage bei seinem nächsten Zusammentritt unverzüglich zur Genehmigung vorgelegt werden muß. Wird diese versagt, so ist die Verordnung durch Bekanntmachung in der Gesetzsammlung (auch wenn sie dort nicht veröffentlicht sein sollte) alsbald, also auch hier ohne schuldhaftes Zögern, außer Kraft zu setzen. Die Gesetzeskraft der Notverordnung endet erst mit der Verkündung, doch kann der Landtag die Aufhebung mit rückwirkender Kraft vom Tage des Beschlusses beschließen.

---

langt, d. h. den Zeitpunkt ihrer Verkündung in der Gesetzsammlung. Sei zu diesem Zeitpunkte der Landtag wieder versammelt, so habe die Verordnung keine rechtliche Wirksamkeit. Das trifft aber doch nur zu, wenn die Verkündung der Notverordnung entgegen dem Normalfall des Art. 61 Abs. 2 das sofortige Inkrafttreten bestimmt. Nicht ausgeschlossen ist auch die Bestimmung rückwirkender Kraft etwa um einige Tage.

[16]) A. M. Giese-Volkmann, S. 139, Anm. 9 und Vogels, S. 199 zu III., die nur den Verfassungstext meinen. Das kann ich nicht zugeben. Ob Gesetze, auf die die Verfassungsurkunde Bezug nimmt, zum Verfassungsrecht gehören, ist Sache der Einzelprüfung. Einfache Gesetze, auf die in der VerfUrk. verwiesen wird, kommen aber hier nicht in Frage.

[17]) Giese-Volkmann stimmen a. a. O. zwar durch die Bemerkung bei, auch der Feststellung des Etats dürfte der Weg der Notverordnung verschlossen sein, lassen aber (Anm. 2 daselbst) Art. 63 Abs. 1 und Art. 66 auch für eine Notverordnung gelten.

[18]) Nicht erforderlich ist Bezugnahme auf Art. 55, Unterschrift aller Staatsminister; da aber nur das Staatsministerium als solches (mit dem ständigen Ausschuß) die Notverordnung erlassen kann, versteht sich die Verantwortlichkeit aller Minister von selbst. A. M. Vogels, S. 120 zu V.

II. Die Ausführungsverordnungen. Zu ihrem Erlaß ist grundsätzlich das Staatsministerium berufen, ausnahmsweise, soweit das Gesetz diese Aufgabe einzelnen Staatsministern zuweist, sind es diese. Es handelt sich hier um Verordnungen, die das Gesetz auseinanderlegen, erläutern, zur Anwendung bereit machen; sie dürfen nicht neue Rechtsnormen aufstellen, die die Grenzen des Gesetzes, zu dessen Ausführung sie bestimmt sind, überschreiten (Art. 51). Zu unterscheiden sind hiervon die „Ausführungsvorschriften" und die „allgemeinen organisatorischen Anordnungen" des Staatsministeriums, deren Begriff Art. 40 Abs. 4 voraussetzt und bei deren Erlaß der Staatsrat oder dessen zuständiger Ausschuß zu hören ist.

1. Ausführungsvorschriften können sowohl ganz verschiedene Namen führen (Ausführungsbestimmungen, Vollzugsanweisung, Verordnung, Bekanntmachung, Reglement, Regulativ, Runderlaß, Rundverfügung), als auch ganz verschiedenen Rechtscharakter haben. Sie können Verordnungen sein, und sind dann für die Allgemeinheit nur rechtsgültig, wenn sie den Anforderungen der Ausführungsverordnungen entsprechen. Inwieweit sie als Verwaltungsverordnungen, für die nachgeordneten Behörden verbindlich, aufrecht erhalten werden können, ist wieder eine andere Frage [19]). Die „Ausführungsvorschriften" können aber auch nur Verfügungen sein, d. h. Anordnungen für konkrete Fälle oder für einen Kreis von Fällen, und sind hinsichtlich ihrer Rechtsgültigkeit nach den für Ver-

[19]) Nicht geteilt werden kann die Annahme von Giese-Volkmann, S. 110, Anm. 10, daß nicht unter den Begriff der Ausführungsvorschriften fallen allgemeine oder besondere Dienstanweisungen an die Behörden, Erlasse, die sich auf den internen Dienstbetrieb, auf die Auslegung und das Verfahren bei der Handhabung der Gesetze durch die Verwaltung beziehen; allerdings können solche Dienstvorschriften u. U. zu den allgemeinen organisatorischen Anordnungen gehören. Die Verfasser sagen doch selbst S. 109, daß es unerheblich sei, ob die Ausführungsvorschriften unter dem staatsrechtlichen Begriff der Verwaltungsverordnung oder der Rechtsverordnung fallen! Außerdem ist es bei der außerordentlichen Willkür in der Benennung der Ausführungsvorschriften gar nicht möglich, die Rechtsgültigkeit dessen, was die Verwaltung lediglich als Dienstanweisung bezeichnet, nur nach dieser Namengebung zu beurteilen. Geht man auf den Inhalt ein, so sind allgemeine Dienstanweisungen, Erlasse für den inneren Betrieb, sehr oft mit Rechtsnormen durchsetzt. Der Unterschied der Meinungen würde sich auch bei der Frage der Anhörungspflicht gegenüber dem Staatsrat geltend machen; aber diese Pflicht besteht auch bei organisatorischen Anordnungen, als welche, wie die Verfasser selbst angeben, jene Dienstanweisungen usw. gelten können.

fügungen (insbesondere der Minister) geltenden Normen zu beurteilen. Je nachdem sie sich an die Allgemeinheit oder an die Behörden wenden, ist die Rechtsgültigkeit gesondert nachzuprüfen. Während zu Ausführungsverordnungen im Sinne des Art. 51 das Staatsministerium allgemein und der einzelne Staatsminister insbesondere ermächtigt ist, ist die Zuständigkeit zum Erlaß von sonstigen Ausführungsvorschriften nicht an dieser Stelle geregelt [20]). Sie ist einmal in RVerf. Art. 14 begründet, wonach die Reichsgesetze grundsätzlich, wenn nichts anderes bestimmt ist, durch die Landesbehörden, das Staatsministerium und die Staatsminister ausgeführt werden, d. h. ausgeführt werden dürfen und müssen. Sodann erteilt eine große Anzahl von Reichsgesetzen besondere Ermächtigungen an die Landeszentralbehörden; ferner erteilen die meisten Landesgesetze solche für das Staatsministerium. Nicht zuletzt ist auch aus Art. 40 Abs. 4 eine Kompetenz zum Erlaß von Ausführungsvorschriften überhaupt (also auch solcher, die durch Art. 51 nicht gedeckt sind) zu entnehmen.

2. Allgemeine organisatorische Anordnungen, d. h. solche, die nicht speziell auf den Einzelfall gerichtet sind, sondern einen ganzen Geschäftszweig oder die Neueinrichtung von Behörden für das ganze Staatsgebiet, die Organisation und den Geschäftsgang bei den staatlichen oder kommunalen Verwaltungsbehörden und Gerichten betreffen, z. B. die Regulative über die Gestaltung des inneren Lebens der Schule auf Grund der Reichs- und Landesschulgesetze, Ordnung des Fortbildungsschulwesens, Erlaß einer Kasseninstruktion, Regelung der Gestaltung des Lebens in den Gefängnissen usw. Nicht aber handelt es sich [21]) um Anordnungen über Organisation und Geschäftsgang des Staatsministeriums oder die Zuständigkeit der Ministerien. Das ist schon deshalb nicht der Fall, weil das Staatsministerium doch nicht sich selbst „Anordnungen“ geben kann, der Begriff also eine dem Ministerium nachgeordnete Stelle unbedingt voraussetzt. Auch das angeführte Beispiel der Geschäftsverteilung auf die einzelnen Staatsministerien ist irrig. Denn es ist gerade in Art. 47 Abs. 2 bestimmt, daß über die Zu-

[20]) Überdies bezieht sich das Verordnungsrecht im Art. 51 nur auf die Ausführung von preußischen Gesetzen, Art. 40 Abs. 4 auf die von Reichs- und Staatsgesetzen.

[21]) Dies behaupten Giese-Volkmann, S. 110, Anm. 11; und Vogels, S. 94.

ständigkeit der einzelnen Staatsminister, soweit hierüber gesetzliche Bestimmungen nicht getroffen worden sind, das Staatsministerium beschließt und daß die Beschlüsse unverzüglich dem Landtage vorzulegen und auf sein Verlangen zu ändern oder außer Kraft zu setzen sind; wären es „organisatorische Anordnungen" nach Art. 40 Abs. 4, so würde lediglich die Pflicht zur Anhörung des Staatsrats oder seines Ausschusses gegeben sein. Die viel weitergehende Vorschrift des Art. 47 Abs. 2 schlägt jeden Gedanken an die Anwendbarkeit jener Vorschrift aus.

Die „organisatorische Anordnung" kennzeichnet sich durch ihre technisch formelle Aufgabe, also durch ihren Inhalt und Zweck, Organisation und Geschäftsgang zu dienen. Sie kann Ausführungsverordnung im Sinne des Art. 51 sein, und zwar Rechtsverordnung wie Verwaltungsverordnung. Aber daß eine sonstige Verwaltungsverordnung, die die Voraussetzungen der Ausführungsverordnung im Sinne des Art. 51 nicht erfüllt, nicht „organisatorische Anordnung" sein könnte, wie dies behauptet wird, ist nicht zuzugeben [22]).

III. Nicht hierher gehören die nur des Zusammenhangs wegen zu erwähnenden Polizeiverordnungen [23]). Das sind nicht Ausführungsverordnungen im Sinne des Art. 51, auch nicht Ausführungsvorschriften oder organisatorische Anordnungen im Sinne des Art. 40 Abs. 4. Die Zuständigkeiten der Minister zum Erlaß von besonderen Polizeivorschriften richten sich nach § 136 des Landesverwaltungsgesetzes

[22]) Vogels, S. 94, der die Frage für zweifelhaft hält, sich aber für das Gegenteil der hier vertretenen Auffassung entscheidet, sagt, die sog. Anstaltsverordnungen, d. h. Verordnungen, die die Einrichtung, Benutzung und Verwaltung öffentlich-rechtlicher Anstalten regeln, z. B. Regulative über die Gestaltung des Schulwesens, Gefängnisordnungen, sowie die Dienstinstruktionen, d. h. allgemein gehaltene Dienstbefehle der Behörden an die Untergebenen, Kasseninstruktionen u. dgl., werde man nicht unter den Begriff ziehen dürfen, da anderenfalls jede Grenzziehung für den Begriff der organisatorischen Verordnung fehlt, dieser vielmehr mit dem der Verwaltungsverordnung zusammenfallen würde, und das habe der Gesetzgeber wohl nicht beabsichtigt. Hiergegen muß geltend gemacht werden, daß im Verfassungsausschuß gerade die hier erwähnten Fälle als Beispiele organisatorischer Anordnungen aufgeführt worden sind, daß letztere vielfach in der Tat die Rechtsnatur von Verwaltungsverordnungen haben werden, ohne daß aber alle Verwaltungsverordnungen „organisatorische Anordnungen" wären; letztere können auch Generalverfügungen, Rundverfügungen sein usw.

[23]) Vgl. Rosin, Polizeiverordnungsrecht, 2. Aufl., 1905; Friedrich, Das Recht der Polizeiverordnung und der Polizeiverfügung, bei Stier-Somlo, Das kommunale Verfassungs- und Verwaltungsrecht in Preußen, Bd. II, 1. Hauptteil, 1916, S. 180 ff., mit reicher Literaturangabe.

vom 30. Juli 1883, wo aber auch ausdrücklich auf den wahlweisen Gebrauch der Ausdrücke Verordnung, Anordnung, Reglement verwiesen ist.

IV. Nicht unerwähnt bleiben darf die Frage des sog. selbständigen königlichen Verordnungsrechts neben dem Gesetze. Es war im bisherigen preußischen Verfassungsrecht vereinzelt, aber hartnäckig die Ansicht vertreten, nicht ein allgemeiner Rechtssatz binde den König beim Erlaß von Rechtsnormen an die Zustimmung der Kammern, sondern nur dann müsse der Gesetzesweg eingeschlagen werden, wenn die Verf.Urk. selbst dies ausdrücklich ausspricht. Soweit aber nach diesem Aufzählungsgrundsatze ein Gesetz nicht ausdrücklich gefordert werde, könne der König auch ohne eine besondere gesetzliche Delegation auf dem Wege der Verordnung Recht schaffen. Diese Lehre wird durch den Hinweis auf die Privatrechtsgesetzgebung zu Fall gebracht; wäre sie richtig, so würde der König durch Verordnung auch bürgerliche Rechtssätze haben schaffen können, was noch niemand behauptet hat. (Vgl. oben S. 67 f. zu 2.) Auch die Berufung auf die gelegentliche Staatenpraxis, sowie die angebliche Unterstützung jener Theorie durch das Reichsgericht scheint verfehlt. Die Hauptbedeutung der Lehre vom materiellen Gesetz liegt darin, daß ein solches nur die gesetzgebenden Faktoren schaffen konnten und sog. selbständige Verordnungen des Königs über Rechtsnormen unzulässig waren. Der König von Preußen hatte demnach nur ein Verordnungsrecht in Gemäßheit der Gesetze. Art. 45 übertrug ihm generell die Zuständigkeit zu Ausführungsverordnungen; ein selbständiges Verordnungsrecht hatte er nur nach ausdrücklicher gesetzlicher Ermächtigung bei der Notverordnung. Seit der Einführung der Republik und der parlamentarischen Regierungsweise ist zwar das Problem insoweit, als der König in Frage kam, gegenstandslos geworden. Es bestimmt jedoch Art. 82 Abs. 1 der geltenden Verfassung, daß die Befugnisse, die nach den früheren Gesetzen, Verordnungen und Verträgen dem König zustanden, auf das Staatsministerium übergehen. Wer also annimmt, daß der König ein selbständiges Verordnungsrecht neben dem Gesetze hatte, könnte leicht im Gesamtministerium den Rechtsnachfolger sehen. Wer es leugnet, versagt es ihm. Es ist aber außerdem wesentlich, daß die allgemeine Formel des Art. 82 Abs. 1 nicht die Zuständigkeit des Staatsministeriums zum Erlasse von Verordnungen deckt. Sein Verordnungsrecht ist besonders und erschöpfend in den bereits erörterten Art. 51, 55, 40 Abs. 4 geregelt.

Dritte Abteilung.

Die autonomische Rechtssetzung.

I. In Betracht kamen bisher die Hausgesetze der regierenden Familien. Die Agnaten traten zusammen und bestimmten die Thronfolge, sowie wichtige staatsrechtliche Grundsätze, die sie aus ihrem Agnatenrechte ableiteten. Das Statutarrecht der landesherrlichen Familien blühte hauptsächlich im Mittelalter, wurde aber nach Eintritt des Konstitutionalismus durch die Staatsgenehmigung verkümmert. Seine Bedeutung bestand darin, daß es im Gegensatz zu der privatrechtlich-patrimonialen Auffassung, welche zur Zerteilung und infolge Erbganges auch zur Zersplitterung des Territoriums führte, die Unveräußerlichkeit und Unteilbarkeit des Landes festlegte. Es mußte dies in Hausgesetzen geschehen und durfte nicht in gewöhnlichen Staatsgesetzen erfolgen. Denn die Mitglieder der landesherrlichen Familie waren reichsunmittelbar, und sie würden einem territorialen Gesetze, das nur von den Landesherren und nicht vom Reich ausgegangen wäre, nicht unterworfen gewesen sein. Durch das mit ihrer Zustimmung erlassene Hausgesetz aber waren sie gebunden. Seine Form war entweder die letztwillige Verfügung mit Einwilligung der berechtigten Agnaten oder ein Erbvertrag, auch eine Erbverbrüderung mehrerer regierender Herren zur Bestimmung der künftigen Erbfolge unter Ausschluß der Teilbarkeit des Territoriums. Für das preußische Recht sind die besonders wichtigen Hausgesetze die Achillea von 1473, der Geraische Vertrag von 1603, die Erbverbrüderungen mit den fränkischen Hohenzollern 1695, bestätigt 1707, das Edikt Friedrich Wilhelms I. vom 13. August 1713, das pactum Fridericianum von 1752 über Vereinigung der fränkischen Fürstentümer mit der Promogenitur, endlich das Hausgesetz vom 17. Dezember 1808. Von grundlegender Bedeutung für das bisherige preuß. VerfR. war, daß die Tragweite der Hausgesetze Zweifeln gegenüber sichergestellt worden war in Art. 53 a. Verf.-Urk. Danach war die Krone den königlichen Hausgesetzen gemäß erblich in dem Mannesstamme des königlichen Hauses nach dem Rechte der Erstgeburt und der agnatischen Linearfolge. Es waren die Hausgesetze deshalb integrierende Bestandteile des Verfassungsrechts, so weit auf sie in der Verf.-Urk. verwiesen wurde. Diejenigen Bestimmungen der Hausgesetze, auf die die Verf.Urk. nicht verweist, hatten aber keinen staatsrechtlichen Charakter. Sie waren privatrechtliche Familiensatzungen, sie konnten abgeändert werden innerhalb des autonomen Rechts der Agnaten. Sie bildeten den Gegenstand des Privatfürstenrechts. Auf dieses bezieht sich der Art. 57 des EG. zum BGB., wonach die Vorschriften des letzteren in Ansehung der Landesherren und Mitglieder der landesherrlichen Familien sowie der Mitglieder der fürstlichen Familie Hohenzollern nur insoweit Anwendung finden, als nicht besondere Vorschriften der Hausverfassungen (oder der Landesgesetze) abweichende Bestimmungen enthalten. Damit ist die Aufrechterhaltung eines großen Teiles des Privatfürstenrechts sanktioniert worden. Praktisch war dies insbesondere hinsichtlich der Bestimmungen über Volljährigkeit, Eingehung und Scheidung der Ehe, elterliche Gewalt und Vormundschaft, Erbrecht und für die Übertragung und Belastung der zum Hausvermögen gehörenden Gegenstände.

Durch das Gesetz über die Aufhebung der Standesvorrechte des Adels und die Auflösung der Hausvermögen vom 23. Juni 1920 (GS. S. 367) ist das Recht eigener Gesetzgebung (Autonomie) und Gerichtsbarkeit aufgehoben. Damit ist das Recht zur Hausgesetzgebung beseitigt, das Recht, sich selbst, sei es durch Erlaß ausdrücklicher Vorschriften, sei es im Wege der Observanz, objektives Recht zu setzen. Auch die bereits bestehenden hausrechtlichen Normen, die sog. Hausgesetze, verlieren durch die mit der Beseitigung der Vorrechte eintretende Auflösung des landesherrlichen Hauses ihre Grundlage. Sie treten daher jetzt ebenfalls außer Kraft. Es besteht nur eine Ausnahme. Hinsichtlich des Hausvermögens müssen die bestehenden Hausgesetze fortgelten, bis sich die Auflösung des Hauses mit der Auflösung des Hausvermögens vollständig vollendet. Dies ist auch aus Gründen der Rechtssicherheit und des Verkehrs sowie aus wirtschaftlichen Gründen mit Rücksicht auf die Abwicklung der von anderen mit dem Hause oder einem seiner Mitglieder eingegangenen Rechtsverhältnisse, für die es sonst an Rechtsnormen fehlen würde, erforderlich[24]).

---

[24]) Vgl. Gesetze und Literatur oben S. 49 Anm. 7 und die Gebührenordnung für Auflösung von Familiengütern vom 18. Juni 1921 (GS. S. 429).

Aufgehoben ist durch das Adelsgesetz auch das Recht des landesherrlichen Hauses, durch besondere Behörden oder Beamte öffentlich-rechtliche Befugnisse auszuüben oder Staatsbeamte mit der Wahrnehmung hausrechtlicher Aufgaben zu betrauen; ferner das auf Grund Haus- oder Landesrechts in dem landesherrlichen Hause etwa noch bestehende Ehescheidungs-, Entmündigungs- und Vormundschaftsrecht, sowie das besondere Recht der Eheschließung, namentlich soweit es Nachteile an eine den Ebenbürtigkeitsbegriffen des Hausrechts nicht entsprechende Eheschließung knüpft. Die landesherrliche Familie und ihre Mitglieder unterstehen dem allgemeinen öffentlichen und bürgerlichen Rechte. Somit ist jedes Sonderrecht, auch das der Ebenbürtigkeit, beseitigt.

II. Zu den autonomen Satzungen gehören ferner die Statuten der Stadt- und Landgemeinden, Kreise, Provinzen, wie sie nach den Städte- und Landgemeinde-, Kreis- und Provinzialordnungen, dem Zweckverbands-, dem Kommunalabgaben-, dem Kommunalbeamten-, Fluchtliniengesetz und vielen Reichsgesetzen zulässig sind[25]). Das den Selbstverwaltungskörpern gegebene Recht der Autonomie kann auf dem Wege des Gesetzes evtl. des verfassungsändernden Gesetzes jederzeit entzogen werden. Besonders beachtenswert ist auch die in dieser Beziehung erweiterte Autonomie der Provinzen. Nach Art. 73 der Verfassung können die Provinziallandtage durch Provinzialgesetz neben der deutschen Sprache zulassen eine andere Unterrichtssprache für fremdsprachige Volksteile, wobei für den Schutz deutscher Minderheiten zu sorgen ist; ferner andere Amtssprache in gemischtsprachigen Landesteilen. Nach dem in Aussicht stehenden Gesetze über die Erweiterung der Selbständigkeitsrechte der Provinzen sind auch andere Provinzialgesetze vorgesehen, denen Reichs- und Landesgesetze vorgehen, so daß sie auch als der Ausdruck des Statutarrechts gelten können. Daß das Satzungsrecht auch anderen öffentlich-rechtlichen Verbänden als den Gemeinden und Gemeindeverbänden zustehen kann, sei hier nur erwähnt.

[25]) Stier-Somlo, Preußisches Städterecht, 1919, S. 37—63.

Vierte Abteilung.

Völkerrechtliche Verträge und Staatsverträge in engerem Sinne[26]).

A. Die völkerrechtlichen Verträge sind solche Vereinbarungen, die über öffentliche Angelegenheiten zwischen mehreren Staaten stattfinden. Sie setzen Völkerrecht, kein Staatsrecht, und waren nach bisherigem deutschen Rechte Rechtsquellen für das Staatsrecht nur, wenn sie in den einzelnen Staaten als Gesetze verkündet wurden; dann aber galten sie nicht als Verträge, sondern eben als Gesetze. Das klassische Beispiel bildete das Allgemeine deutsche Handelsgesetzbuch von 1861. Es ist ergangen auf Grund von vertraglichen Vereinbarungen zwischen den Mitgliedern des als völkerrechtlichen Verein zu bezeichnenden Deutschen Bundes, ist aber nur durch die Publikation in den einzelnen Staaten zu deren Rechtsquelle geworden. Diese Rechtslage hat sich jedoch verändert infolge Art. 4 der RVerf., wonach die allgemein anerkannten Regeln des Völkerrechts als bindende Bestandteile des deutschen Reichsrechts gelten.

B. Bei den staatsrechtlichen Verträgen handelt es sich um Vereinbarungen zwischen der Staatsgewalt auf der einen Seite und den ihr Untergebenen auf der anderen über öffentlich-rechtliche Verhältnisse. Man hat mit Recht bestritten, daß es sich hier um Verträge handelt, weil nur einseitige Akte der Staatsgewalt Kraft souveränen Staatswillens, der sich selbst beschränkt, möglich seien. Die sog. Staatsverträge sind deshalb für das geltende Recht nur staatliche Hoheitsakte, deren Besonderheit darin liegt, daß sie nicht aus der Initiative des Staates und seines Lenkers hervorgehen, sondern ihren Anstoß durch Forderungen der Untertanen erhalten. Dagegen steht es für vergangene Zeiten fest, daß in ihnen richtige Verträge abgeschlossen worden sind, bei denen die Initiative des Staates vielfach das Primäre war. Tatsächlich gab es früher solche Staatsverträge, und zwar:

a) Rezesse einer Staatsregierung mit einem Standesherrn, z. B. hinsichtlich der Schulunterhaltung, der Steuer-

---

[26]) Literatur: Meyer-Anschütz, Lehrbuch des deutschen Staatsrechts, 7. Aufl., S. 665 ff., 673; Bornhak, im Wörterbuch des Staats- und Verwaltungsrechts, 2. Aufl., Bd. II, S. 218; Hubrich, Verwaltungsarchiv, Bd. 13, S. 471 ff., Bd. 17, S. 62 ff.; Derselbe, in Annalen des Deutschen Reichs, 1907, S. 84.

freiheit oder der Entschädigung wegen Aufhebung der Steuerfreiheit (in Preußen z. B. durch Gesetz vom 18. Juli 1892). Sodann gab es

b) Abmachungen der Landesregierungen mit den katholischen Bischöfen, z. B. wegen der gemischten Ehen (sog. Konkordate), und endlich ist,

c) allerdings noch weiter geschichtlich zurückreichend, die große Zahl von Abmachungen zwischen den Trägern der Staatsgewalt und den Ständen von Bedeutung gewesen. Die wichtigsten Staatsverträge waren zweifellos die Vereinbarungen über Steuerbewilligungen.

Nach der Staatsumwälzung 1918 sind in allen monarchischen Einzelstaaten Abmachungen mit den bisherigen Landesherren entweder getroffen oder in die Wege geleitet, auch in Preußen sind weitschichtige Verhandlungen gepflogen worden. Derartige geschlossene oder zu schließende Verträge werden der Gruppe B, a) zugehören.

C. Nach geltendem Rechte kann Preußen Staatsverträge abschließen mit den übrigen Ländern und mit dem Reich. Mit ausländischen Staaten nur gemäß Art. 78 Abs. 2 der RVerf. Die Verträge bedürfen der Zustimmung des Reichs. Gemäß Art. 29 Abs. 1 der Preuß. Verf. bedürfen Staatsverträge der Genehmigung des Landtages, wenn sie sich auf Gegenstände der Gesetzgebung beziehen. Die Verträge selbst schließt das Staatsministerium ab. Von der Genehmigung hängt die Wirksamkeit für den Staat wie auch die Rechtsgültigkeit gegenüber dem preußischen Staatsangehörigen ab. Der Staatsrat kann ebenso, wie bei den Gesetzen, Einspruch erheben. Solche Staatsverträge, die sich auf die laufende Verwaltung beziehen, kann das Staatsministerium abschließen und vollziehen. Die Beziehungen Deutschlands zum Päpstlichen Stuhle werden heute teils vom Reich und teils vom Lande unterhalten. Nach Art. 60 hat das Staatsministerium die vom Landtage genehmigten Staatsverträge, also nur diejenigen, die sich auf Gegenstände der Gesetzgebung beziehen, in der Gesetzsammlung zu verkünden. Andere Staatsverträge bedürfen der Verkündung nicht. Nach Art. 82 gehen die Befugnisse, die nach den früheren Verträgen dem Könige zustanden, auf das Staatsministerium über. Hieraus ist auch zu folgern, daß die bisherigen Staatsverträge in Kraft geblieben sind.

Zweiter Abschnitt.

Das ungeschriebene Recht. Gewohnheitsrecht und Observanz. Vertrag.

I. Unter Gewohnheitsrecht verstehen wir hier alle staatsrechtlichen Normen, die entstehen 1. durch mehrere gleichmäßige Handlungen, 2. die längere Zeit hindurch geübt werden und 3. bei jeder sich darbietenden Gelegenheit und 4. mit der Überzeugung davon, daß die Übung auf Recht beruht; das ist die sog. Rechtsüberzeugung (opinio iuris vel necessitatis). Kenntnis eines entgegenstehenden, wenn auch noch so alten Rechtssatzes ist geeignet, die Rechtsüberzeugung auszuschließen. Was das Erfordernis betrifft, daß die Normen bei jeder sich darbietenden Gelegenheit geübt werden müssen, so kommt hier alles darauf an, ob nach der Natur des Rechtsverhältnisses die Übung des Rechts häufig hätte eintreten können oder nicht und ob sie tatsächlich häufig oder selten eingetreten ist. Die Geltung des Gewohnheitsrechts auf staatsrechtlichem Gebiete hat die geschichtliche Entwicklung für sich. Im Staatsrecht des alten, 1806 zu Ende gegangenen Reichs und der Territorien durfte von einer ungehinderten Wirksamkeit des Gewohnheitsrechts gesprochen werden. Das deutsche Verfassungsrecht bis zur Goldenen Bulle 1356 ist auf diese Weise entstanden, aber auch spätere Beweise liegen vor, z. B. spricht die Wahlkapitulation von 1790 II § 30 davon, „was bei vorigen Reichstagen verabschiedet und geschlossen und durch die nachfolgenden Rechtskonstitutionen oder das rechtsmäßige Reichsherkommen nicht wieder aufgehoben worden". Die Landeshoheit bildete sich nach der Herabdrückung der ständischen Mächte zweifellos durch Gewohnheit heraus und mit ihr und durch sie entstanden gewohnheitsrechtlich die dem Absolutismus entsprechenden Staatsgrundsätze. Das Recht des konstitutionellen Staates beruht in vielen Punkten auf Gewohnheit. Im Kaiserreich hat sich die Verschiebung der kaiserlichen Stellung ins Unitarische, die Sanktion der Gesetze durch den Bundesrat (ohne in Art. 5 a. RVerf. eine Stütze zu haben), die Publikation von Verordnungen u. a. gewohnheitsrechtlich entwickelt. Im preußischen Staatsrecht bildete sich der Grundsatz von der Vermutung für das Recht des Königs und ein Teil des Budgetrechts, auch der Inhalt des späteren Staatshaushalts- (Komptabilitäts-)

gesetzes vom 11. Mai 1898 (GS. S. 77) auf demselben Wege. Der in der geltenden RVerf. und preuß. Verf. durchgeführte Grundsatz der parlamentarischen Regierungsweise ist in seinen Ursprungsländern gewohnheitsrechtlich entstanden; die bei Wahlprüfungen zum Reichstag [1]) und preuß. Landtag aufgestellten Normen werden Gewohnheitsrecht. Auch für die in Kraft befindlichen deutschen Staatsgrundgesetze ist die Möglichkeit von Gewohnheitsrecht, seine Zulässigkeit mit derogatorischer Kraft gegenüber dem Gesetze unbestreitbar. Auf dem Gebiete des Verwaltungsrechts ist die Frage bestritten, aber zu bejahen [2]).

II. Unter Herkommen, Observanz, versteht man die objektiven, gewohnheitsrechtlichen Normen, die sich bilden innerhalb eines bestimmten Interessentenkreises, mit der Überzeugung rechtlicher Notwendigkeit der Übung, die eine bestimmte Zeit fortgesetzt ist.

III. Nur ein Hinweis ist hier möglich auf den verwaltungsrechtlichen Vertrag [3]), der keine Rechtsquelle ist im Gegensatz zur Vereinbarung, „als das auf gleiche Rechtseffekte gerichtete Rechtsgeschäft zweier oder mehrerer Verbände des öffentlichen Rechts, um objektives Recht für ihre Angehörigen zu schaffen“ [4]), z. B. Bildung eines Gesamtschulverbandes unter Zustimmung der beteiligten Gemeinden nach § 2 des Volksschulunterhaltungsgesetzes vom 28. Juli 1906, Satzungen über die Rechtsverhältnisse eines Zweckverbandes nach § 9 des Zweckverbandsgesetzes vom 19. Juli 1911.

---

1) Vgl. Kaisenberg, Die Rechtsprechung des Wahlprüfungsgerichts beim Reichstag, Pr. VerwBl. **42** 205 ff., 337 ff.

2) Vgl. die erschöpfende Auseinandersetzung mit der gegenteiligen Auffassung, auch der Otto Mayers (jetzt 2. Aufl. seines Deutschen VerwRs. I [1914], S. 91) bei Stier-Somlo, Die Einwirkung des bürgerlichen Rechts auf das preußisch-deutsche Verwaltungsrecht, 1900, S. 120 bis 145, ferner Fleiner, Institutionen des deutschen Verwaltungsrechts, 4. Aufl., 1919, S. 83 ff. und das in diesen drei Werken verwertete umfangreiche Schrifttum.

3) Vgl. Willibalt Apelt, Der verwaltungsrechtliche Vertrag, 1920.

4) Hatschek, Institutionen des deutschen und preußischen Verwaltungsrechts, 1919, S. 70.

Vierter Teil.

Das Herrschaftsgebiet des preußischen Staates.

I. Begriff. Staatsgewalt ist das Recht zu herrschen, die Summe der Befugnisse, die dem Staate zustehen, damit er seine Aufgaben und Zwecke erfüllen kann. Gegenstand seiner Herrschaft sind die Personen, und erst durch deren Vermittlung das Land, weil die Herrschaft ein psychischer Vorgang zwischen einzelnen Menschen ist und sich nicht auf das leblose Gebiet unmittelbar erstrecken kann. Diese Fassung weist auf einen Meinungsstreit hin, der bezüglich des Begriffs Staatsgebiet herrscht. Richtig ist die Auffassung, daß die Gebietshoheit personenrechtlichen Charakter hat [1]). Staatsgebiet ist nicht der Raum, über den der Staat herrscht, sondern innerhalb dessen die Staatsgewalt ihre Herrschaft ausübt (Eigenschaftstheorie). Zitelmann [2]) nennt es zutreffend „Schauplatz der Herrschaft". Die entgegengesetzte Lehre (sog. Eigentumstheorie) behauptet, daß die Gebietshoheit sachenrechtlicher Natur ist, Gerber [3]) und Laband [4]), daß eine Herrschaft am Gebiet selbst Platz greift. Diese Meinung ist jedoch bedingt von der patrimonialen und privatrechtlichen Auffassung des Staates. Unter Gebietshoheit verstand man im Mittelalter das dominium terrae, betrachtete also das Gebiet als Staatseigentum, das als solches dem Staatshaupte gehört. Friedrich II. hat schon im 13. Jahrhundert in seiner constitutio in favorem principum sie den deutschen Landes-

---

[1]) Vgl. Fricker, Vom Staatsgebiet, 1867; Derselbe, Gebiet und Gebietshoheit, 1901; Jellinek, Allgemeine Staatslehre, 3. Aufl., 1914, S. 394 ff. mit Schrifttum.

[2]) Internationales Privatrecht I, 91.

[3]) Grundzüge des Staatsrechts, S. 65 ff.

[4]) Reichsstaatsrecht I, 190 ff.; vgl. auch Piloty, Art. Staat in v. Stengel-Fleischmann, Wörterbuch des Staats- u. VerwRs., Bd. 3 (1914), S. 459.

herren gewährt. Daher stammt die falsche Auffassung, daß der Landesherr Subjekt der Staatsherrschaft sei. Vom Staatseigentum in jenem älteren Sinne kann man nur im Völkerrecht sprechen [5]). Hier kommt insbesondere die Frage der fälschlich sog. Staatsdienstbarkeiten in Frage. Das sind diejenigen Rechte, die die Einräumung einer Besatzung, einer Kohlenstation oder eine Fischereigerechtsame in sich schließen, oder die Neutralisierung gewisser Gebiete, auch die Verpflichtung des einen Staates, auf seine Gebietshoheit in gewissem Umfange zu verzichten, z. B. hinsichtlich der Errichtung oder Nichterrichtung von Festungen. Auch die Frage des Miteigentums, besser Mitherrschaft (Kondominiums) ist rein völkerrechtlicher Natur. Es handelt sich hier um die gemeinschaftliche Verfügung mehrerer Staaten über ein und dasselbe Gebiet, z. B. Preußens und Österreichs über Schleswig-Holstein bis 1866, heute über den Bodensee, der in gemeinsamer Herrschaft der Uferstaaten steht. — Die Gebietshoheit ist vom Privateigentum gänzlich verschieden und bedeutet Herrschaft des Staates innerhalb des Territoriums. Es reicht deshalb der Inhalt der Gebietshoheit so weit, wie die Staatsgewalt selbst. Die Gebietshoheit läßt sich nicht auf eine feste Gruppe von Einzelbefugnissen bringen. Gebietshoheit ist der Staatswille, bezogen auf sein Gebiet [6]).

II. Bedeutung des Staatsgebiets. a) Positiv: alle auf ihm weilenden Personen sind der Staatsgewalt unterworfen, auch die Fremden, deren Recht durch Staatsverträge beeinflußt wird. b) Negativ: Kein fremder Staat darf ohne Erlaubnis des Heimatstaates auf dessen Gebiete Herrschaft ausüben; hier gibt es nur völkerrechtliche Ausnahmen, z. B. auf Grund von Friedensverträgen.

III. In Deutschland, als in einem Bundesstaat, besteht eine doppelte Gebietshoheit: 1. die jedes

---

[5]) Rosin, Das Recht der öffentlichen Genossenschaft, 1886, S. 44 ff.; Radnitzky, Die rechtliche Natur des Staatsgebiets, Archiv für öff. Recht **20** (1906), 313 ff. meint, daß die Eigenschaftstheorie die Abtretung eines Gebiets nicht erklären kann. Doch ist zu erwidern, daß auch in der Gebietszession eine Abtretung der Herrschaft über die zurzeit und in Zukunft daselbst vorhandenen Staatsangehörigen liegen kann. Er selbst bezeichnet die Gebietshoheit als örtliche Kompetenz des Reichs, was schon die richtig verstandene Eigenschaftstheorie annimmt. Siehe auch Radnitzky, Zur Lehre von der Gebietshoheit und der Exterritorialität, Archiv für öff. Recht **28** (1912), 454 ff.; Derselbe, ebenda **38** 440, hiergegen Kjellén, daselbst **39** 1 ff.

[6]) Anschütz, Deutsches Staatsrecht in Holtzendorff-Kohlers Enzyklopädie der Rechtswissenschaft, 7. Aufl., Bd. 4 (1914), S. 7.

Landes. Sie schließt grundsätzlich jede andere Staatsgewalt des Auslandes und eines anderen deutschen Landes aus; verfassungsmäßig ist sie durch die Reichsgewalt eingeschränkt. 2. Die Gebietshoheit des Reichs, gleichzeitig und gemeinsam mit den Ländern auf deren Gebiet; verfassungsmäßig eingeschränkt durch die Gebietshoheit jedes einzelnen Landes. 3. Die Landesgebietshoheit, auch die Preußens, hat das Reich zu seinen Gunsten durchbrochen hinsichtlich des Eisenbahnwesens, der Post und Telegraphen und der Erklärung des Ausnahmezustandes, nicht ohne bezüglich des letzten Punktes auch das Land zu berechtigen (Art. 88, 89, 90, 94; 48 Abs. 1, auch 4 der RVerf.).

IV. Das geltende Recht im einzelnen. Die preuß. Verf.-Urkunde enthält nur in Art. 1 Abs. 2 eine hierher gehörige Bestimmung: „Die nach der Reichsverfassung erforderliche Zustimmung Preußens zu Gebietsänderungen erfolgt durch Gesetz.“ Gemeint ist hier die Zustimmung zu Änderungen der Binnengrenzen nach Art. 18 RVerf., und um Änderungen der Außengrenzen, die zugleich Reichsgrenzen sind, nach Art. 78 Abs. 3 RVerf.[7]). Das Verfassungsrecht Preußens über das Gebiet befindet sich daher außerhalb der preuß. VerfUrkunde und ist hier kurz zu erörtern.

1. Die Gebietshoheit der Länder, also auch Preußens, ist anerkannt durch Art. 2 Abs. 1 RVerf., wonach das Reichsgebiet aus den Gebieten der deutschen Länder besteht.

2. Eine Festlegung des territorialen Bestandes Preußens hat in der Verfassung nicht stattgefunden, anders als in Art. 1 a. VerfUrk., wonach alle Landesteile der Monarchie in ihrem damaligen Umfange das preußische Staatsgebiet bildeten. Auch die Unteilbarkeit des Staatsgebiets, die durch denselben Artikel in Verbindung mit Art. 53 a. Verf.Urk. gewährleistet war, hat keinen besonderen Ausdruck gefunden, ist auch, nach Wegfall der Monarchie, nur hinsichtlich der besonders geregelten Neugliederung des Reichs in Länder von Bedeutung geblieben.

3. Die Änderung des Gebiets Preußens und die Neubildung von Ländern aus dem bisherigen Preußen kann durch verfassungsänderndes Reichs-

---

[7]) Übereinstimmend Preuß im Jahrbuch d. öff. Rechts, Bd. 10 (1921), S. 261.

gesetz erfolgen. Stimmt Preußen zu (Art. 1 Abs. 2), so bedarf es nur eines einfachen Reichsgesetzes, das auch genügt, wenn Preußen nicht zustimmt, die Gebietsänderung oder Neubildung aber durch den Willen der Bevölkerung gefordert wird und ein überwiegendes Reichsinteresse sie erheischt. Der Wille der Bevölkerung ist durch Abstimmung in einem näher geordneten Verfahren festzustellen (Art. 18 RVerf.).

4. Sollte ein Land (Preußen) ganz oder teilweise an das Ausland abgetreten oder aus dem Reich sonst ausgeschlossen werden, so bedarf es eines verfassungsändernden Reichsgesetzes und der Zustimmung des beteiligten Landes; die Veränderungen der Reichsgrenzen, soweit sie durch Vertrag mit fremden, d. h. ausländischen Staaten erfolgen, können nur durch das Reich vorgenommen werden nach Zustimmung des beteiligten Landes. Für Preußen erfolgt die Zustimmung durch Gesetz (Art. 1 Abs. 2). Die Grenzveränderungen dürfen von seiten des Reichs nur auf Grund eines einfachen Reichsgesetzes erfolgen, soweit es sich nicht um bloße Berichtigung der Grenzen unbewohnter Gebietsteile handelt (Art. 78 Abs. 3 RVerf.).

5. Bei einem Friedensschluß hat das Reich auch hinsichtlich des Gebiets die alleinige Zuständigkeit, die es durch Reichsgesetz ausübt (Art. 45 Abs. 2). Insofern die Gebietsfragen Gegenstand der Reichsgesetzgebung sind, können Bündnisse und Verträge mit fremden Staaten, die sich auf das Gebiet beziehen, unter Art. 45 Abs. 3 fallen, d. h. der Zustimmung des Reichstags bedürfen.

6. Bei Hinzutritt neuer Landesteile gelten die preußischen Gesetze dort nur, wenn sie besonders eingeführt werden [8]) [9]).

---

[8]) Reichgerichts-E. **28** 30, **71** 230, preuß. OVG. **48** 21. Vgl. auch Anschütz, a.preuß. Verf. S. 85; Hubrich, Annalen des Deutschen Reichs, 1908, S. 662, 756; Arndt, RVerf. S. 39 und DJZ. **22** 283; Derselbe, Preuß. Verf. (1921), S. 47. Durch Ges. v. 14. Okt. 1919 (GS. S. 169) ist eine besondere Provinz Oberschlesien gebildet worden; die bisherige Provinz Schlesien beschränkt sich seither auf Niederschlesien. Durch Reichsgesetz betr. Oberschlesien v. 27. Novbr. 1920 (RGBl. S. 1987) ist Art. 167 Abs. 2 u. 3 RVerf. geändert worden: beschließt die nach Übernahme der Verwaltung Oberschlesiens erfolgende Abstimmung nach Art. 18 RVerf., daß ein Land Oberschlesien gebildet werden soll, so ist das Land unverzüglich einzurichten, ohne daß es eines weiteren Reichsgesetzes bedarf. Auch die Zustimmung Preußens ist nicht erforderlich.

[9]) Die Landesfarben sind nach wie vor schwarz-weiß. Die Geschäfts- und Verhandlungssprache im öffentlichen Dienst ist die deutsche Sprache

7. Die Verwaltung von Waldeck war durch die Akzessionsverträge von 1867 und 1887 auf Preußen übergegangen, das auch seine Stimme im Bundesrate führte (Art. 6 a.RVerf.). Nach Wegfall der Monarchie wird sie im Reichsrat durch Mitglieder der preußischen Regierung abgegeben[10]).

(Art. 1 Abs. 3 u. 4), unbeschadet der Ausnahme durch Provinzialgesetz für gemischtsprachige Landesteile (Art. 73).

[10]) Über die sonstige dortige Verfassungsentwicklung Koellreutter, Jahrb. öff. Rechts **10** (1921) 410.

Fünfter Teil.

Der Personenbestand der Staatskörperschaft.

Erster Abschnitt.

Das Recht der Staatsangehörigkeit.

I. Nach dem Territorialprinzip ergreift die Staatsgewalt alle Personen, die sich tatsächlich im Staatsgebiet befinden: quidquid est in territorio, est etiam de territorio. Sie sind Untertanen im weiteren Sinne. Es ist daher Inländer oder Staatsangehöriger der Untertan im engeren Sinne. Der Ausländer kommt in Betracht entweder wegen eines Grundbesitzes, den er im Inlande hat, man nennt ihn staatsrechtlich den Forensen (Ausmärker), oder wegen seines Wohnsitzes, den er im Inlande nimmt. Man spricht dann von inländischen Ausländern. Endlich kann auch wegen eines bloßen Aufenthaltes der Ausländer in Frage kommen, wobei der Aufenthalt sich auf mehrere Jahre erstrecken, aber möglicherweise auch nur wenige Minuten dauern kann. Das kennzeichnende Merkmal ist die fehlende Absicht dauernden Verbleibes.

II. Die Staatsangehörigkeit der Untertanen im engeren Sinne ist die Summe der Pflichten und Rechte des Mitgliedes einer staatlichen Verbandseinheit. Der Staatsangehörige ist nach der passiven Seite hin Untertan, nach der aktiven Staatsbürger. Dieses letztere Wort bedeutet daher zweierlei. Es ist einmal gleichzusetzen mit dem Staatsangehörigen, sodann bezeichnet es den politisch berechtigten, sog. aktiven Vollbürger. Für ihn ist jetzt maßgebend, daß die R V e r f. Art. 17 das Wahlrecht für die Volksvertretungen allen R e i c h s deutschen, also auch den Preußen, gibt und daß ihr Art. 110 Abs. 2 bestimmt: „Jeder Deutsche hat in jedem Lande des Reichs die gleichen Rechte und Pflichten wie die Angehörigen des Landes selbst.“ Der auswärtige, in diesem Sinn landfremde Deutsche ist den Angehörigen des Aufenthaltslandes ohne Ausnahme gleichgestellt, also auch in bezug auf das Landeswahlrecht, nur kann durch Landesgesetz die Wahlberechtigung für die Gemeindewahlen von der Dauer des Aufenthalts in der Gemeinde bis zu einem Jahre abhängig gemacht werden (Art. 17 Abs. 2 Satz 2 RVerf.). Dem Auswärtigen kommt auch das Art. 111 daselbst gewährte Recht der Freizügigkeit zugute. Jeder Deutsche hat das Recht, sich an beliebigem Orte des Reichs aufzuhalten und niederzulassen, Grundstücke zu erwerben und jeden Nahrungszweig zu treiben.

III. Die Staatsangehörigkeit im Reiche und in den Ländern wird nach den Bestimmungen des Reichs- und Staatsangehörigkeitsgesetzes vom 22. Juli 1913 (RGBl. S. 583)[1]) erworben und verloren (RVerf. Art. 110 Abs. 1). Der Rechtszustand ist, unter Berücksichtigung der durch den Friedensvertrag von Versailles und die RVerf. herbeigeführten Änderungen, folgender:

1. In Deutschland als in einem Bundesstaate gibt es ein doppeltes Indigenat (Indigena = Eingeborener, Inländer): jeder Deutsche ist Objekt der Herrschaft eines der Länder und des Reichs. Alle Preußen sind zugleich Deutsche.

2. Staatsangehörigkeit in einem Lande und Reichsangehörigkeit gehören zusammen. Man kann nicht bloß Deutscher oder bloß Preuße sein, vielmehr nur beides zugleich. Die Staatsangehörigkeit ist das primäre Verhältnis und zieht ohne weiteres die Reichsangehörigkeit nach sich. Der Verlust der Angehörigkeit zu einem Lande bewirkt den Verlust der Reichsangehörigkeit mit Ausnahme des Falles des Übertritts von einem deutschen Lande zum andern. Eine unmittelbare Reichsangehörigkeit kann nur insofern entstehen, als einem Ausländer, der im Reichsdienst angestellt ist und seinen Wohnsitz im Auslande hat, auf seinen Antrag die unmittelbare Reichsangehörigkeit verliehen werden muß, wenn er ein Diensteinkommen aus der Reichskasse bezieht; werden kann, wenn er ein solches Einkommen nicht bezieht.

3. Der Erwerb der Staatsangehörigkeit bestimmte sich im alten Deutschen Reiche bis 1806 hauptsächlich

---

[1]) Erläuterungswerke von Cahn, 2. Aufl. 1896; Bazille und Köstlin 1903; Keller-Trautmann 1914; Delius 1913; Romen 1913; Woeber, 2. Aufl. 1916.

nach zwei Momenten. Er wurde in die Wege geleitet: stillschweigend durch Niederlassung im Staatsgebiet und durch ausdrückliche Verleihung des Heimatrechts in den einzelnen Gemeinden. Somit hatte im damaligen Reich der Staat kein besonderes Aufnahmerecht, ja sogar kein Veto. Vielmehr vollzog sich die Aufnahme hinter seinem Rücken. Doch gaben späterhin auch Geburt, Verheiratung oder Anstellung zuweilen Staatsangehörigkeit. Heutzutage kann man, wie dies seit der Französischen Revolution die herrschende Ansicht geworden ist, nur durch Erfüllung gesetzlicher Voraussetzungen oder einen Akt der Staatsgewalt Staatsangehöriger werden. Diese Auffassung fand im Code civil ihren Ausdruck und gelangte dann in das preußische Gesetz vom 31. Dezember 1842, von hier aus in das Reichsgesetz vom 1. Juni 1870 betr. den Erwerb und Verlust der Staatsangehörigkeit, und in das jetzt geltende Gesetz vom 22. Juli 1913. Der Erwerb erfolgt:

A. auf einem natürlichen und auf einem künstlichen Wege. Zunächst auf einem natürlichen: durch Abstammung[2]. Durch die Geburt erwirbt das eheliche Kind eines Deutschen die Staatsangehörigkeit des Vaters, das uneheliche Kind einer Deutschen die Staatsangehörigkeit der Mutter. Ein Kind, das in dem Gebiet eines Einzelstaates aufgefunden wird (Findelkind), gilt bis zum Beweise des Gegenteils als Kind eines Angehörigen dieses Landes. Sodann begründet eine nach dem deutschen Gesetze wirksame Legitimation durch einen Deutschen (entweder durch nachfolgende Ehe oder durch Ehelichkeitserklärung seitens der Staatsgewalt) für das Kind die Staatsangehörigkeit des Vaters. Danach kommt es auf den Ort der Geburt für den Erwerb der Staatsangehörigkeit nach deutschem Rechte nicht an. Durch Adoption wird Staatsangehörigkeit nicht erworben.

B. Auf künstlichem Wege wird die Staatsangehörigkeit durch einen Akt der Staatsgewalt erworben. Wir unterscheiden zwei Fälle. Einmal erfolgt der Erwerb allgemein kraft Gesetzes. Dahin gehören die folgenden Fälle:

a) Durch die Eheschließung mit einem Deutschen erwirbt die Frau die Staatsangehörigkeit des Mannes.

---

[2]) Vgl. Nadelhoffer, Einfluß familienrechtlicher Verhältnisse auf Erwerb und Verlust der Reichs- und Staatsangehörigkeit, Annalen des Deutschen Reichs 1906.

b) Sodann bewirkt die von der Regierung oder der Zentral- oder höheren Verwaltungsbehörde eines Bundesstaats vollzogene oder bestätigte Anstellung im unmittelbaren oder mittelbaren Staatsdienst, im Dienste einer Gemeinde oder eines Gemeindeverbandes, im öffentlichen Schuldienst oder im Dienste einer anerkannten Religionsgesellschaft für einen Deutschen die Aufnahme, für einen Ausländer die Einbürgerung (Naturalisation). Jedoch kann in der Anstellungs- oder Bestätigungsurkunde ein Vorbehalt gemacht werden. Die Anstellung im deutschen Staats-, Kommunal-, Kirchen- und Schuldienst führt aber nur zum Erwerb der Staatsangehörigkeit, wenn die Anstellung mittels staatlicher Ernennung oder Bestätigung erfolgt.

C. Nicht allgemein kraft Gesetzes, sondern durch besondere Verwaltungsverfügung wird die Staatsangehörigkeit erworben in dem Falle der Aufnahme und der Einbürgerung (Naturalisation).

a) Von Aufnahme spricht man, wenn es sich um einen Deutschen handelt, der in einen andern deutschen Einzelstaat übertritt. Diese Aufnahme erfolgt durch eine besondere Urkunde und erstreckt sich, insofern nicht in der Urkunde ein Vorbehalt gemacht wird, zugleich auf die Ehefrau und auf diejenigen Kinder, deren gesetzliche Vertretung dem Aufgenommenen oder Eingebürgerten kraft elterlicher Gewalt zusteht. Ausgenommen sind Töchter, die verheiratet sind oder verheiratet gewesen sind. Die Aufnahme setzt voraus, daß der Deutsche sich in dem Aufnahmestaat niedergelassen und einen Antrag gestellt hat. Sie darf nur versagt werden, wenn ein Grund vorliegt, der nach Maßgabe des Freizügigkeitsgesetzes die Abweisung eines Neuanziehenden oder die Versagung der Fortsetzung des Aufenthaltes rechtfertigen würde. Die §§ 2—5 des Freizügigkeitsgesetzes vom 1. November 1867 sind in Bezug genommen. Danach sind drei Möglichkeiten gegeben. Es können Aufenthaltsbeschränkungen, es kann eine Abweisung und es kann eine Ausweisung erfolgen. Was die ersteren betrifft, so sind die landesgesetzlichen Aufenthaltsbeschränkungen durch das Freizügigkeitsgesetz nicht fortgefallen. Insbesondere kann bestraften Personen, die derartigen Aufenthaltsbeschränkungen in einem Lande unterliegen, oder die während der letzten zwölf Monate wegen wiederholten Bettelns oder wiederholter Landstreicherei bestraft worden sind, der Aufenthalt in jedem anderen Lande von der Landespolizeibehörde untersagt werden. Die Abweisung trifft den neu Anziehenden nur dann, wenn die Gemeinde nachweist, daß er nicht hinreichende Kräfte besitzt, um sich und seinen nicht arbeitsfähigen Angehörigen den notdürftigen Lebensunterhalt zu beschaffen, und wenn er solchen weder aus eigenem Vermögen bestreiten kann, noch von einem dazu verpflichteten Verwandten erhält. Den Landesgesetzen bleibt vorbehalten, diese Befugnisse der Gemeinden einzuschränken. Was schließlich die Ausweisung angeht, so sind ihre Voraussetzungen folgende: Es muß nach dem Anzuge die Notwendigkeit einer öffentlichen Unterstützung offenbar werden; ferner darf der neu Anziehende an dem Aufenthaltsort noch keinen Unterstützungswohnsitz erworben haben, und endlich muß die Gemeinde nachweisen, daß die Unterstützung aus anderen Gründen als wegen einer nur vorübergehenden Arbeitsunfähigkeit notwendig geworden ist.

b) Einbürgerung (Naturalisation) liegt vor, wenn es sich um einen Ausländer handelt, der in Deutschland die Staatsangehörigkeit erwirbt. Die Wirkung ist dieselbe wie bei der Aufnahme und tritt ebenfalls durch Aushändigung einer Urkunde der höheren Verwaltungsbehörde ein. Die Mindestanforderungen für die Einbürgerung sind: Niederlassung im Inlande; unbeschränkte Geschäftsfähigkeit; unbescholtener Lebenswandel; Nachweis einer eigenen Wohnung oder eines Unterkommens und die Fähigkeit, sich und seine Angehörigen zu ernähren. Aber auch wenn diese Voraussetzungen zutreffen, hat kein Ausländer einen Rechtsanspruch auf Einbürgerung. Zur Vermeidung von Mißständen ist bestimmt, daß die Einbürgerung in einem Einzelstaat erst erfolgen darf, wenn durch den Reichskanzler festgestellt worden ist, daß keines der übrigen Länder Bedenken dagegen erhoben hat. Geschah dies, so entschied der Bundesrat, jetzt wohl der Reichsrat. Diese Regelung hängt damit zusammen, daß die Einbürgerung auch heute Sache der Länder ist und bisher die Möglichkeit bestand, daß ein Ausländer, dessen Einbürgerung von einem Staate versagt worden ist, sich, ohne daß Kenntnis von der Versagung bestand, hierum bei einem andern Staate erfolgreich bemüht hat. Die bezeichneten Bedenken können nur auf Tatsachen gestützt werden, welche die Besorgnis rechtfertigen, daß die Einbürgerung des Antragstellers das Wohl des Reiches oder eines Landes gefährden würde. Die Rücksicht auf Personen, die schon gewisse Beziehungen zu dem Einzelstaat gehabt haben, führte jedoch zu folgenden Ausnahmen. Jene Bedenken können nicht erhoben werden gegen ehemalige Angehörige des Einzelstaates, bei dem der Antrag gestellt wird, gegen deren Kinder oder Enkel sowie gegen Personen, die von einem Angehörigen des Staates an Kindes Statt angenommen sind, es sei denn, daß der Antragsteller einem ausländischen Staate angehört; nicht gegen Ausländer, die im Deutschen Reiche geboren sind, wenn sie sich in dem Lande, bei dem der Antrag gestellt wird, bis zur Vollendung des 21. Lebensjahres dauernd aufgehalten haben und die Einbürgerung innerhalb zweier Jahre nach diesem Zeitpunkte beantragen.

c) Von der Grundregel, daß Ausländer keinen Anspruch auf Einbürgerung haben, hat das geltende Recht Ausnahmen festgesetzt zugunsten des Wiedererwerbs einer verlorenen deutschen Staatsangehörigkeit. So muß die Witwe oder geschiedene Ehefrau eines Ausländers, die zur Zeit ihrer Eheschließung eine Deutsche war, auf ihren Antrag von dem Lande, in dessen Gebiete sie sich niedergelassen hat, eingebürgert werden. Dasselbe gilt von einem ehemaligen Deutschen, der als Minderjähriger die Reichsangehörigkeit durch Entlassung verloren hat, wenn er sich im Gebiet des Einzelstaates niedergelassen hat. Er kann eingebürgert werden, auch wenn diese letztere Voraussetzung der inländischen Niederlassung fehlt. Der Erwerb der Staatsangehörigkeit durch Ausländer, welche im deutschen Heere (Marine) mindestens ein Jahr aktiv gedient haben, fällt durch den Versailler Friedensvertrag fort. Auch gilt die im Reichsdienst erfolgte Anstellung eines Ausländers, der seinen dienstlichen Wohnsitz in einem Einzelstaate hat, als Einbürgerung in dieses Land, sofern nicht in der Anstellungsurkunde ein Vorbehalt gemacht wird. Hat der Angestellte seinen dienstlichen Wohnsitz im Ausland und bezieht er ein Diensteinkommen aus der Reichskasse, so muß er von dem Bundesstaate, bei dem er den Antrag stellt, eingebürgert werden; bezieht er kein Diensteinkommen aus der Reichskasse, so kann er mit Zustimmung des Reichskanzlers eingebürgert werden.

4. Der Verlust der Staatsangehörigkeit erfolgt entweder auf Antrag oder von Amts wegen.

A. In ersterer Beziehung sind folgende Fälle zu unterscheiden:

a) Übertritt eines Deutschen in einen andern deutschen Einzelstaat (Überwanderung). Dies ist die Kehrseite der Aufnahme in den andern deutschen Einzelstaat. Die Entlassung aus der Staatsangehörigkeit in einem Einzelstaate bewirkt gleichzeitig die Entlassung aus der Staatsangehörigkeit in jedem andern Einzelstaate. Allerdings kann sich der Entlassene durch eine Erklärung gegenüber der zuständigen Behörde die bisherige Staatsangehörigkeit außerdem vorbehalten, was in der Entlassungsurkunde vermerkt werden muß. Diese Entlassung darf keinem Deutschen versagt werden, wenn er die Staatsangehörigin einem andern Lande besitzt und sich auf die eben bezeichnete Weise vorbehält.

b) Auswanderung eines Deutschen in das Ausland. Die Entlassung mußte versagt werden, wenn er zu den Beamten und Offizieren, zu den aktiven Militärpersonen und zum Dienst einberufenen Mannschaften des Beurlaubtenstandes gehörte; auch wenn, falls er wehrpflichtig, über seine Dienstverpflichtung noch nicht endgültig entschieden war. Doch konnte in letzterem Falle ein Zeugnis der Ersatzkommission darüber beigebracht werden, daß nach der Überzeugung der Kommission die Entlassung nicht in der Absicht nachgesucht wird, die Erfüllung der aktiven Dienstpflicht zu umgehen. Letztere Vorschriften sind durch den Versailler Friedensvertrag gegenstandslos geworden. Die Entlassung wird im übrigen wirksam mit der Aushändigung einer Urkunde, die natürlich versagt wird solchen Personen, die verhaftet sind oder deren Verhaftung oder Festnahme angeordnet ist. Die Entlassung gilt nicht als erfolgt, wenn der Entlassene beim Ablauf eines Jahres nach der Aushändigung der Entlassungsurkunde seinen Wohnsitz oder dauernden Aufenthalt noch im Inland hat. Die Auswanderung muß also innerhalb 12 Monaten erfolgt sein.

B. Von Amts wegen ging die Staatsangehörigkeit verloren in folgenden Fällen:

a) durch Verletzung der Wehrpflicht. Hierbei wird die Nichtgestellung und die Fahnenflucht unterschieden;

b) bei Nichtbefolgung des Rückkehrbefehls im Falle des Krieges;

c) wegen Eintritts in den ausländischen Staatsdienst ohne Erlaubnis der heimatlichen Regierung;

d) auch durch Erwerb einer ausländischen Staatsangehörigkeit, wenn jener Erwerb auf Antrag erfolgt ist, Wohnsitz oder dauernder Aufenthalt im

Inland nicht besteht. Bei Auslandsdeutschen kann es jedoch vorkommen, daß sie im Auslande zum Erwerb der dortigen Staatsangehörigkeit gezwungen werden, aber doch ihre deutsche Staatsangehörigkeit beibehalten wollen. Es ist dies möglich, wenn v o r dem Erwerb der ausländischen Staatsangehörigkeit ein auf Beibehaltung der deutschen gerichteter Antrag die Genehmigung der zuständigen Behörde des Heimatstaates erhalten hat;

e) durch Legitimation eines unehelichen deutschen Kindes seitens eines Angehörigen eines andern Einzelstaates oder eines Ausländers;

f) durch Eheschließung einer Deutschen mit einem Angehörigen eines andern Einzelstaates oder mit einem Ausländer.

Ob die Verlustgründe zu a) und b) jetzt fortgefallen sind, mag zweifelhaft sein.

5. Der Rückerwerb der Reichsangehörigkeit ist für ehemalige Deutsche in zwei Fällen erleichtert. Einmal, wenn sie vor dem 1. Januar 1914 die Reichsangehörigkeit durch Entlassung verloren haben, aber unter gewissen Umständen nicht als entlassen gelten würden. Man wollte Deutschen, die unüberlegt ihre Entlassung genommen haben, helfen. Sodann soll Deutschen, die nach dem bisherigen Rechte durch zehnjährigen Aufenthalt im Auslande ihre deutsche Reichsangehörigkeit verloren haben, die Einbürgerung nicht versagt werden, wenn sie keinem fremden Staate angehören.

6. Konfliktsverhältnisse bei mehrfacher Staatsangehörigkeit. Das deutsche Recht hat zwar in seiner neuesten Fassung das Erlöschen der Staatsangehörigkeit in allen andern deutschen Einzelstaaten beim Erwerb in einem derselben ausgesprochen, jedoch kein Verbot einer deutschen und gleichzeitig ausländischen Staatsangehörigkeit aufgestellt. Dies führt leicht zu Verwicklungen, weil der deutsche und der ausländische Staat an dieselbe Person Forderungen stellen können, die sich gegenseitig kreuzen. Deshalb sind Staatsverträge nötig und vorgesehen, die von deutschen Staaten mit dem Ausland geschlossen worden sind. Sie blieben auch nach dem 1. Januar 1914 unberührt. Es ist bestritten, ob sie im Verhältnis zu den uns im Weltkriege feindlichen Staaten noch gelten. Es können auch neue Verträge geschlossen werden. Der wichtigste Fall betraf das Verhältnis zu den Vereinigten Staaten von Nordamerika. Typisch ist der mit ihnen geschlossene Vertrag des Nord-

deutschen Bundes vom 22. Februar 1868. Er läßt sich auf drei Vorschriften bringen. Angehörige des einen Vertragschließenden, die ununterbrochen in dem Gebiete des andern fünf Jahre verbringen und sich dort einbürgern lassen, gelten ausschließlich als dortige Staatsangehörige, sie verlieren ihr heimisches Staatsbürgerrecht. Lassen sich die Eingebürgerten demnächst im alten Heimatlande wieder nieder ohne die Absicht, in ihre Adoptivheimat wieder zurückzukehren, dann wird angenommen, daß sie auf die neue Staatsangehörigkeit verzichten und die alte lebt wieder auf. Doch ist der Gegenbeweis, daß man in die Adoptivheimat zurückkehren will, möglich. Die Vermutung des Verzichts wird jedoch unwiderleglich, wenn der Zurückgekehrte sich länger als zwei Jahre ununterbrochen in seiner alten Heimat aufhält.

Zweiter Abschnitt.

Die subjektiven öffentlichen Rechte und die „Grundrechte".

I. Die subjektiven öffentlichen Rechte der Staatsangehörigen stellen sich als Mitgliedschaftsrechte der Einzelnen an der Staatskörperschaft dar. Sie stehen als subjektive Rechtsbefugnisse den Staatsangehörigen gegenüber der Staatsgewalt oder einer dem Staate eingegliederten öffentlichen Korporation zu. Es können aber diese subjektiven öffentlichen Rechte auch solche der öffentlichen Körperschaften gegeneinander oder gegenüber dem Staate sein. Die subjektiven Rechte überhaupt beruhen auf der freiwilligen Selbstbindung des Staates. Gegen sie wird eingewendet, daß der Staat jederzeit imstande sei, jedes Gesetz zu ändern, oder durch eine Verwaltungsmaßregel eine bisher geltende zu ersetzen. Das wesentliche ist jedoch, daß, solange der Staat diese Änderung des bisherigen Rechtszustandes nicht vornimmt, er selbst an ihn gebunden ist. Im entgegengesetzten Fall würde auch eine Rechtsunsicherheit ohnegleichen herrschen, es fehlte an dem Richtmaß, an das sich die Untertanen gegenüber der Staatsgewalt halten könnten.

Die subjektiven öffentlichen Rechte können auf dem Gebiet der Verwaltung und der Justiz gegeben sein. Begrifflich undenkbar sind sie aber auf dem Gebiete der Gesetzgebung. Ein Recht gegenüber der Legislative, daß diese sich in einer bestimmten Richtung hin in Bewegung setze, erscheint widersinnig. Die herrschende Lehre bejaht mit Recht das Vorhandensein der subjektiven öffentlichen Rechte. Vergeblich wurden sie von Laband, Seydel, Zorn mit der Begründung geleugnet: Was man so nenne, das seien Zustände einer verhältnismäßigen Sicherheit gegenüber der schrankenlosen Staatsgewalt. Das Gesetz ziehe den Staatsbeamten gewisse Grenzen und darauf könne man sich im Beschwerdewege berufen. Es seien keine eigentlichen Rechte, sondern nur Reflexwirkungen gegeben. Diese Auffassung gelangt aber schließlich bei dem Gedanken der Allmacht des Staates an, für die es keine Schranken gäbe. Das führt in letzter Folgerung zur Leugnung alles öffentlichen Rechts, insbesondere des Verwaltungsrechts. Die geschichtliche Entwicklung hat zur Anerkennung der subjektiven öffentlichen Rechte geführt; auch das positive Recht der meisten deutschen Länder erkannte und erkennt sie heute an, nicht minder die Reichsverfassung. Die Verwaltungsgerichtsbarkeit, vielfach für gewisse Ansprüche der Einzelnen gegenüber der Staatsgewalt eingeführt, ist nur eine der Formen der Anerkennung subjektiver öffentlicher Rechte.

II. Die Lehre von den subjektiven öffentlichen Rechten pflegt gerade mit Rücksicht auf die sog. negativen Freiheits- oder Grundrechte streitig zu werden. Ihnen stehen begrifflich gegenüber die sog. positiven Schutzrechte.

1. Seit dem Ausgang des 18. Jahrhunderts, seit der Gesetzgebung der Französischen Revolution zerlegte man die subjektiven öffentlichen Rechte in zwei Klassen, in die politischen oder staatsbürgerlichen und in die bürgerlichen Rechte.

A. Politische oder staatsbürgerliche Rechte (droits politiques) sind diejenigen, die eine aktive Teilnahme an den Funktionen des Staates eröffnen. Sie kommen weder dem Ausländer noch dem Auswärtigen zu, sondern grundsätzlich nur den inländischen Vollbürgern. Nach deutschem Staatsrechte wird zum Genuß dieser Rechte nicht mehr verlangt männliches Geschlecht, Volljährigkeit und bürgerliche Unbescholtenheit, wirtschaftliche Selbständigkeit, sondern ein Alter von zwanzig bzw. fünfundzwanzig Jahren, Besitz der bürgerlichen Ehrenrechte, kein der Vormundschaft oder Pflegschaft Unterstelltsein, unter Umständen längerer Aufenthalt in der Gemeinde. Als politische Rechte gelten das Stimmrecht, das aktive und passive Wahlrecht zur Volksvertretung, zum Staatsrat, zur Provinzial-, Kreis- und Gemeindevertretung, ferner das Recht und die Fähigkeit, als Schöffe oder Geschworener einberufen zu werden, und endlich die Fähigkeit zu öffentlichen Ämtern, die an der Willensbildung des Staates oder der Selbstverwaltungskörper teilhaftig machen (Selbstverwaltungsämter).

B. Bürgerliche Rechte (droits civiles) sind alle aus dem Gesetz fließenden, nicht zu den politischen gehörigen subjektiven öffentlichen Rechte. Sie kommen allen Staatsangehörigen zu, sind nicht abhängig von besonderen Voraussetzungen und können sogar Fremden durch völkerrechtliche Verträge zugestanden werden. Eine Bevorzugung der Auswärtigen bedeutet das sog. gemeinsame Indigenat der deutschen Reichsverfassung Art. 110 Abs. 2. Danach hat jeder Deutsche in jedem Lande des Reichs die gleichen Rechte und Pflichten wie die Angehörigen des Landes selbst.

Die positiven Schutzrechte geben einen Rechtsanspruch auf alle Vorteile, die der Staatsverband seinen Angehörigen gewährt. Es gehören hierher: der Anspruch auf Schutz gegenüber dem Auslande, der vom Reich verwirklicht wird (RVerf. Art. 112 Abs. 2), auf Tätigwerden der Gerichte nach Maßgabe des geltenden Rechts, auf Fürsorge des Staats auf dem Gebiete der inneren Verwaltung; die RVerf. hat den Schutz noch im einzelnen grundsätzlich gewährleistet (z. B. für Ehe, Mutterschaft, kinderreiche Familien, Jugend, Sonntag, Kunst und Wissenschaft, Arbeitskraft, geistige Arbeit, Recht der Urheber und Erfinder usw. RVerf. Art. 119, 122, 139, 142, 157, 158).

2. Die negativen Freiheits- oder Grundrechte haben ihren Ausgangspunkt von den sog. Menschen- und Bürgerrechten genommen. Diese wurden zuerst in England formuliert, dann von den englischen Auswanderern nach Amerika gebracht und wurden dort zum Bestandteil von Verfassungsurkunden. Voran ging der amerikanische Einzelstaat Virginien. Schon vorher sind die Grundrechte unter Karl I. 1627 als „Petition of rights“ formuliert worden, als Verbriefung der persönlichen Freiheit, 1679 als „Habeas corpus“-Akte unter Karl II., hinsichtlich der Bestimmungen über Behandlung der Verhafteten, und endlich in der bill and declaration of rights and liberties of subjects 1689 insoweit, als die Vorführung des Verhafteten innerhalb 24 Stunden anbefohlen wurde. Letztere bill war gleichsam die Gegengabe Wilhelms von Oranien für die Königskrone. Die Deklaration bei der

Losreißung der Vereinigten Staaten von Nordamerika vom 4. Juli 1776 enthält ebenfalls Grundrechte. Nachahmungen enthalten die französischen Verfassungsurkunden von 1787 und die von 1791. Die sog. Grundrechte des deutschen Volkes sind auch in der Verfassungsurkunde der Frankfurter Nationalversammlung vom 27. Dezember 1848 formuliert. Fast alle deutschen Landesverfassungen folgten ihr, und auch die preußische a.VerfUrkunde gab sie in den Art. 3—42 als „Rechte der Preußen" wieder. Die bisherige Reichsverfassung hatte keine Grundrechte negativer Art aufgestellt, vielmehr solche nur den Verfassungsurkunden der Einzelstaaten überlassen. Andererseits war eine ganze Anzahl jener Grundrechte durch Reichsrecht sichergestellt worden, so z. B. die persönliche Freiheit durch die Strafprozeßordnung, die freie Auswanderung teils durch das Staatsangehörigkeitsgesetz, teils durch den Ausschluß der Beschränkung der Freizügigkeit in dem Gesetz vom 1. November 1867, wobei die hier vorgesehenen armenrechtlichen Ausnahmen eine geringe Rolle spielen. Die Verehelichungsfreiheit ist durch Reichsgesetz vom 4. Mai 1868, die Gewerbefreiheit durch die Reichsgewerbeordnung, die Preßfreiheit durch das Reichspreßgesetz vom 7. Mai 1874, das Vereins- und Versammlungsrecht durch das Reichsvereinsgesetz vom 19. April 1908 (mit seinen Novellen vom 26. Juni 1916 und 19. April 1917) anerkannt worden. Das Verhältnis zwischen dieser reichs- und landesrechtlichen Regelung war keineswegs klar abgegrenzt und gab staatsrechtliche Zweifelsfragen auf, denen jedoch hier nicht nachgegangen werden kann.

Die Reichsverfassung vom 11. August 1919 hat nicht nur den größten Teil der in den modernen konstitutionellen Verfassungen enthaltenen, bereits erwähnten Grundrechte — in zum Teil neuer, dem sozialen Geiste entsprechenden Form — aufgenommen, sondern sie durch eine fast übergroße Zahl neuer vermehrt (Art. 109 bis 181). Es sind dabei zwei verschiedene Absichten verfolgt worden: einmal, eine Art von „Bürgerkatechismus" mit stark ethischem Einschlag, gleichzeitig als Bekenntnis zum wahren Charakter und eigensten Wesen des deutschen Volkes, sodann eine Summe von Grundsätzen und bindenden Richtlinien für die sozialistische und demokratische Weiterführung des Verfassungsbaues zu schaffen. Es ist dabei ein wenig einheitliches, vielfach anfechtbares und erst durch die spätere Gesetzgebung und staatliche Entwicklung lebensfähig werdendes Gebilde geschaffen worden.

3. Die preuß. VerfUrk. hat bei dieser Rechtslage, die die Grundrechte allen Deutschen, also auch den Preußen gewährt, von der Aufnahme eines Katalogs der Grundrechte Abstand genommen. Nur für die Staatsbeamten sind im Rahmen der RVerf. Vorschriften gegeben, die sich als „Grundrechte" ansprechen lassen. Nach Art. 79 preuß. Verf. können die Staatsbeamten wider ihren Willen nur unter den gesetzlich vorgeschriebenen Voraussetzungen und Formen entlassen, einstweilig oder endgültig in den Ruhestand oder in ein anderes Amt mit geringerem Gehalt versetzt werden. Für ihre vermögensrechtlichen Ansprüche und für die ihrer Hinterbliebenen steht der Rechtsweg offen. Das Vorbild gab RVerf. Art. 129 Abs. 1 Satz 1 u. 4 und Abs. 2 ab. Danach erfolgt die Einstellung der Beamten auf Lebenszeit, soweit nicht durch Gesetz etwas anderes bestimmt ist. Für die vermögensrechtlichen Ansprüche der Beamten steht der Rechtsweg offen. Die Beamten können nur unter den gesetzlich bestimmten Voraussetzungen und Formen vorläufig ihres Amtes enthoben, einstweilen oder endgültig in den Ruhestand oder in ein anderes Amt mit geringerem Gehalt versetzt werden. Es ist auf die Erläuterungen zu diesen Artikeln der RVerf. zu verweisen[3]). Nach Art. 80

[3]) Für Preußen kommen noch in Betracht: G., betr. Dienstvergehen der Richter und die unfreiwillige Versetzung derselben auf eine andere Stelle oder in den Ruhestand, vom 7. Mai 1851 (GS. S. 318); G., betr. die Dienstvergehen der nichtrichterlichen Beamten, die Versetzung derselben auf eine andere Stelle oder in den Ruhestand, vom 21. Juli 1852 (GS. S. 465) mit den Änderungen des Kriegsgesetzes zur Vereinfachung der Verwaltung vom 13. Mai 1918 (GS. S. 53) Art. 6; VO., betr. die Zuständigkeit des Disziplinarhofes zur Entscheidung über die Berufung in Disziplinarsachen, vom 18. Februar 1919 (GS. S. 29); VO., betr. die einstweilige Versetzung der unmittelbaren Staatsbeamten in den Ruhestand, vom 26. Februar 1919 (GS. S. 33), mit den Änderungen des Beamtendiensteinkommengesetzes vom 17. Dezbr. 1920 (GS. 1921, S. 135); VO., betr. die Genehmigung der Übernahme von Nebenämtern und Nebenbeschäftigungen der Staatsbeamten, vom 31. Juli 1920 (GS. S. 417); G., betr. die Einführung einer Altersgrenze, vom 15. Dezember 1920 (GS. S. 621) — dieses Gesetz ist gegenüber der RVerf. Art. 129 *gültig,* aber *nicht* anwendbar auf die *vor* seinem Erlaß angestellten Beamten, die dadurch wohlerworbene Rechte erlangt haben —; vgl. Damme, Die wohlerworbenen Beamtenrechte und das Altersgrenzengesetz, Pr. VerwBl. **42** 421; Triepel, Archiv f. öff. Recht **40** 349 ff.; Freund, DJZ. 1921, Sp. 526 ff. mit Schrifttum; G., betr. die Beseitigung der Konfliktserhebung bei gerichtlicher Verfolgung von Beamten und Personen des Soldatenstandes wegen Amts- oder Diensthandlungen und bei Klagen gegen den Staat wegen Amtspflichtverletzungen von Beamten bei Ausübung der öffentlichen Gewalt, vom 16. November 1920 (GS. 1921, S. 65); G. über das Übergangsgeld der Staatsminister vom 14. Januar 1921 (GS. S. 224).

wird vorgesehen die Regelung des Beamtenrechts im Rahmen des Reichsrechts durch Gesetz. Auch die preuß. Beamtenschaft hat ihre Grundrechte schon in der RVerf. Art. 128—131 sichergestellt erhalten. Im Rahmen des Reichsrechts ist aber für Sonderregelung Raum; diese soll durch Gesetz erfolgen, also unter Ausschluß des Verordnungsweges. Nicht gesagt ist, daß es ein einheitliches Beamtenrechtsgesetz geben müsse.

In diesen Zusammenhang gehört Art. 77 preußVerf. Danach können zu Staatsbeamten alle Reichsangehörige ohne Rücksicht auf Geschlecht und bisherigen Beruf bestellt werden, wenn sie die Befähigung für das Amt besitzen. Die für die einzelnen Ämter erforderliche Befähigung schreibt das Gesetz vor. Die a.preußVerfUrk. hatte im Art. 4 bestimmt: „Alle Preußen sind vor dem Gesetze gleich. Standesvorrechte finden nicht statt. Die öffentlichen Ämter sind, unter Einhaltung der von den Gesetzen festgestellten Bedingungen, für alle dazu Befähigten gleich zugänglich." Hierdurch sollten die geburtsständischen Vorrechte beseitigt werden. Auch für den dritten Satz ist diese Absicht für die Auslegung maßgebend. Es handelt sich im Art. 4 nicht um Berufsstände, so daß es ohne Widerspruch mit dem dritten Satz zulässig war, bestimmte Berufsstände bei der Besetzung gewisser öffentlicher Ämter heranzuziehen, z. B. Kaufleute für die Stelle der Handelsrichter (GVG. § 113). Jeder hat das Recht, sich um ein Amt zu bewerben, aber einen Anspruch auf Anstellung im Staatsdienst gibt es nach Reichsrecht und preuß. Recht nicht[4]). Die RVerf. Art. 128 bestimmt: „Alle Staatsbürger ohne Unterschied sind nach Maßgabe der Gesetze und entsprechend ihrer Befähigung und ihren Leistungen zu den öffentlichen Ämtern zuzulassen" (Abs. 1). „Alle Ausnahmebestimmungen gegen weibliche Beamte werden beseitigt" (Abs. 2). „Die Grundlagen des Beamtenverhältnisses sind durch Reichsgesetz zu regeln" (Abs. 3). Im Art. 77 preuß. Verf. ist hervorgehoben, daß alle Reichsangehörigen zu preuß. Staatsbeamten bestellt werden können; das war schon bisher rechtens und bedeutet ein Gegenstück zur RVerf. Art. 16, wonach die mit der unmittelbaren Reichsverwaltung in den Ländern betrauten Beamten in der Regel Landesangehörige sein sollen. Die Bestimmung, daß

[4]) So richtig Anschütz, PreußVerfUrk. S. 128, 129, 130; Meyer-Anschütz, DStR., 7. Aufl., S. 506; Rosin, DJZ. **12** 845; Arndt, PreußVerfUrk. S. 78 ff., 311 f.

die Staatsbeamteneigenschaft ohne Rücksicht auf das Geschlecht begründet werden könne, hat mit der Frage des Zölibats der weiblichen Beamten nichts zu tun; diese Frage ist schon nach der soeben wiedergegebenen Bestimmung der RVerf. Art. 128 Abs. 2 entschieden. So hat das Reichsgericht auf Grund des Art. 13 Abs. 2 RVerf. am 10. Mai 1921 beschlossen, daß die das Ausscheiden der sich verheiratenden Lehrerin aus dem Dienste enthaltende Bestimmung des bayr. Volksschullehrergesetzes vom 14. April 1919 § 151 Abs. 1 Satz 1 und § 153 Abs. 1 nicht vereinbar ist mit Art. 128 Abs. 2 RVerf. (RGBl. 1921, S. 735). Daß der bisherige Beruf kein Hindernis bieten kann, ist an sich selbstverständlich, hat aber insofern besondere Bedeutung, als dadurch für diejenigen Beamtenstellungen, für die eine besondere Berufsvorbildung nicht oder nicht mehr gefordert wird, die Herübernahme aus jedem Lebens- und Berufskreise auch verfassungsrechtlich für möglich erklärt wird. Was ist unter Befähigung für das Amt zu verstehen? Man kann zunächst für alle diejenigen Berufe, die eine Berufsvorbildung verlangen, z. B. Richter, Medizinal- oder Polizeibeamte usw., die durch diese Vorbildung und Prüfungen verbürgte Befähigung verstehen. Gemeint ist aber auch die praktische Fähigkeit, die Verwaltungsbegabung oder die politische Eignung, z. B. bei den sog. politischen Beamten, wie Unterstaatssekretären, Ober- und Regierungspräsidenten, Landräten. Diese letztere Befähigung kann natürlich kein Gesetz vorschreiben. Der Sinn des Abs. 2 ist also der, daß, soweit es sich um ein Amt handelt, für das bestimmte Berufsvoraussetzungen gegeben sind, diese gesetzlich festzulegen sind, demnach nicht durch Verordnung erlassen werden können.

Dritter Abschnitt.

Die bisher bevorrechtigten Klassen.

I. Seit dem Ausgang des Mittelalters unterschied man vier Geburtsstände mit besonderen öffentlichen Rechten und Pflichten. Es waren dies folgende: Der hohe Adel. Er umfaßt die reichsständischen Territorialherren und ihre Familien, die geistlichen und weltlichen Fürsten. Der niedere Adel oder die Ritterschaft ist hervorgegangen teils aus freigeborenen Vasallen, teils aus unfreien Ministerialen. Zu ihnen gehörte auch die Reichsritterschaft. Der Bürgerstand in den Städten, für den der Satz galt: „Stadtluft macht frei“, war der dritte Stand. Der Bauernstand, meist durch Abhängigkeit von den ländlichen Gutsbesitzern, durch die Verpflichtung zu Dienstbarkeiten, zu Robot und Kontributionen beschwert, stand unter ihm. Von diesen vier Ständen sind die letzgenannten drei in dem absoluten Staat des 18. Jahrhunderts noch einmal scharf in ihrer ständischen Gliederung hervorgetreten, um dann seit der Französischen Revolution zu einem gleichberechtigten Bürgertum zu verschmelzen. Im Laufe des 19. Jahrhunderts sind alle besonderen Rechte, die dem niederen Adel zustanden, wie eigene Polizei, Gerichtsbarkeit, Befreiung von Steuern, ausschließliches Recht zur Bekleidung von Offiziersstellen und Staatsämtern, verloren gegangen, aber auch andererseits schon im 18. Jahrhundert zugunsten des absoluten Fürstentums die aus dem Heeres-, Hof und Gerichtsdienst herrührenden Rechte. Die Grundrechte der deutschen Nationalversammlung erklären im Jahre 1848, daß vor den Gesetzen keine Unterschiede der Stände gegeben seien. In Preußen galt seit der VerfUrk. Art. 4 der Satz: Alle Preußen sind vor dem Gesetze gleich, Standesvorrechte finden nicht statt. Dies bedeutet aber nicht, daß auf alle Staatsangehörigen dieselben Gesetze Anwendung finden, da für Beamte, Geistliche, Gewerbetreibende, Kaufleute, Fabrikarbeiter, Handwerker Spezialbestimmungen getroffen sind. Die grundsätzliche Gleichheit vor dem Gesetze bedeutet nur, daß dieses gleichmäßig auf alle anzuwenden ist. Der weitere Inhalt des Art. 4, die öffentlichen Ämter seien unter Einhaltung der gesetzlich festgestellten Bedingungen für alle dazu Befähigten gleich zugänglich, ist nicht so zu verstehen, als habe jemand ein Recht auf Ernennung. Keineswegs wird dadurch die Freiheit der Verwaltung ausgeschlossen, innerhalb der Gleichbefähigten diejenigen für die öffentlichen Ämter zu bestellen, die der Verwaltung genehm sind. Verfassungswidrig ist es nur, eine bestimmte Gruppe von Staatsangehörigen, mögen sie durch ihre Zugehörigkeit zu einer Partei, einer Konfession oder Gesellschaftsschicht gekennzeichnet sein, grundsätzlich von gewissen Ämtern trotz dem Vorhandensein der gesetzlich festgestellten Bedingungen auszuschließen.

Von dem Grundsatz, daß die geburtsständischen Rechts- und Gesellschaftsordnungen aufgehört haben und Standesvorrechte in diesem Sinne nicht mehr stattfinden, gab es bis zur Staatsumwälzung 1918 Ausnahmen. Der hohe Adel hatte staatliche Vorrechte behalten. Er zerfiel in zwei Klassen: 1. die regierenden Häuser, 2. die seit 1806 mediatisierten Fürsten. Der niedere Adel bildete juristisch keinen besonderen Stand mehr, sondern nur noch einen sozialen Interessenverband mit besonderen Titeln und Wappen. Auf die Anmaßung des Adels ist Strafe gesetzt (§ 360 Ziff. 8 StGB.). Unzutreffend war es zu sagen, jemand sei in den Adelsstand erhoben. Es konnte der Adel nur verliehen werden als eine mit Vorrechten nicht versehene Auszeichnung.

A. Die Mitglieder der regierenden Fürstenhäuser waren die Glieder derjenigen Familien, aus denen nach der landesverfassungsmäßigen Thronfolgeordnung die Monarchen der deutschen Einzelstaaten hervorgingen. Träger der Staatsgewalt waren diese Persönlichkeiten nicht, wie das mitunter behauptet wurde (Rehm). Träger der Staatsgewalt war in den deutschen Einzelmonarchien nur der regierende Herr; außer diesem gehörten zu dem regierenden Fürstenhause seine ebenbürtige Gemahlin oder Witwe, ferner die Prinzen und Prinzessinnen, wenn sie, vom ersten Erwerber gerechnet, ehelich waren; ebenso die Gemahlinnen der Prinzen und deren Witwen; endlich die Prinzessinnen, die aus vollbürtiger hausgesetzmäßiger Ehe stammten, bis zu ihrer Verheiratung. Die Rechte der Mitglieder des landesherrlichen Hauses ließen sich für das alte Deutsche Reich (bis 1806) in dem Satze zusammenfassen, daß sie die Reichsunmittelbarkeit besaßen. Das war auch der Grund, weshalb bei den Hausgesetzen die Einwilligung der Mitglieder des Fürstenhauses eingeholt wurde; denn diese waren einem Landesgesetze Gehorsam nicht schuldig, sondern lediglich Kaiser und Reich. Schon vor der Staatsumwälzung 1918 waren die Mitglieder der landesherrlichen Familien Staatsuntertanen mit besonderen Vorrechten. Hierzu gehörten folgende:

a) Die Familienverhältnisse und die darauf beruhenden Vermögensverhältnisse richteten sich nach den geltenden Hausgesetzen (§ 57 EG. BGB.).

b) In Zivil- und Kriminalsachen hatten sie einen privilegierten Gerichtsstand (§ 5 EG. GVG. u. § 4 EG. StPO.), in Zivilsachen nahmen sie Recht bei dem Geheimen Justizrat am Kammergericht. In nicht streitigen und Standesamtssachen war das Hausministerium zuständig. Ferner hatten sie Erleichterungen bei Vernehmungen und Eidesleistungen im Prozeß und eine gesetzliche Vertretung durch ihre Behörden.

c) Es stand ihnen Befreiung von der Wehrpflicht und von einzelnen Militärlasten zu.

d) Von gewissen Steuern waren sie befreit nach Maßgabe der Landesgesetze; in Preußen nur von der Einkommen- und Gemeindesteuer. Von der kommunalen Grundsteuer blieben nur die königlichen Schlösser und Gärten frei.

e) Es bestand ferner Porto-, Telegramm- und Stempelfreiheit für die regierenden Fürsten, deren Gemahlinnen und Witwen.

f) Die Mitglieder der regierenden Häuser hatten auch einen erhöhten strafrechtlichen Schutz (§§ 96, 97, 100 StGB.) sowie

g) Sitz und Stimme in der Ersten Kammer des Landtages. Den volljährigen Prinzen stand die Mitgliedschaft im Staatsrat zu. Dagegen standen sie auch unter der Oberaufsicht des Familienhauptes. Darin lag:

Die Notwendigkeit einer Zustimmung zu allen Ehen;

die Vormundschaft über Geisteskranke, Minderjährige und Verschwender lag dem regierenden Herrn ob;

er hatte die Aufsicht über die Erziehung der Prinzen und Prinzessinnen, und eine Disziplinargewalt bei Verletzung der Hausgesetze mit Ausschluß der peinlichen Strafen.

B. Die standesherrlichen Familien (Mediatisierten) waren die ehemals reichsständischen fürstlichen und gräflichen Häuser. Sie wurden durch die Rheinbundsakte von 1806 aller ihrer Herrschaftsrechte beraubt, die die Souveränität ausmachen (Art. 27 u. 28). Als solche galten die Gesetzgebung, die oberste Gerichtsbarkeit, Polizei-, Militär- und Steuerhoheit. Die Bestimmungen der Rheinbundsakte hatte die Deutsche Bundesakte 1815 in Art. 15 aufgenommen und ergänzt. Die deutschen verbündeten Regierungen sollten verpflichtet sein, die standesherrlichen Familien als die privilegierteste Klasse im Lande zu behandeln, namentlich hinsichtlich der Besteuerung. Es sollten ihnen ferner die früher sog. niedern Regalien verbleiben, im wesentlichen die Grundherrn- und Lehnsrechte, in denen die Ausübung der Souveränität nicht gefunden wurde: die Patrimonialjustiz und Polizei, Kirchen- und Schulpatronat, privilegierter Gerichtsstand, Steuer- und Militärfreiheit, Freizügigkeit im ganzen Bundesgebiet, Fortbestand des alten Familienrechtes und die Befugnis, es durch autonomische Satzungen weiterzubilden, und endlich das Recht der Ebenbürtigkeit mit den regierenden Dynastien. In Preußen wurde die Stellung des Standesherrn auf Grund der Deutschen Bundesakte durch eine königliche Verordnung vom 21. Juni 1815 und die Instruktion zu dieser Verordnung vom 30. Mai 1820 geregelt. Alle diese Vorrechte hätte die a. VerfUrk. beseitigen können. Daß dies nicht geschehen ist, deklariert das Gesetz vom 10. Juni 1854. Zwei weitere Verordnungen vom 12. November 1855 stellten dann im wesentlichen den Rechtszustand her, der in Preußen durch die Verordnung vom 21. Juni 1815 infolge der Deutschen Bundesakte bestand. Inzwischen betätigte Rezesse hatten vollends das Recht der Standesherren gesichert. Die Zusicherung der Deutschen Bundesakte hatte aber mit dem Wegfall des Deutschen Bundes ihren rechtlichen Charakter verloren. Deshalb konnte die bevorrechtigte Stellung der Standesherren jederzeit landesgesetzlich beseitigt werden, eventuell gegen Entschädigung.

Die Vorrechte der (in Preußen 14) Standesherren waren persönliche und dingliche. Zu jenen gehörten:

a) Der Titel Durchlaucht für Fürsten und Erlaucht für Grafen. b) Das Recht der Ebenbürtigkeit mit den regierenden Fürstenhäusern. c) Das Recht der Autonomie mit Bezug auf ihre Güter- und Familienverhältnisse nach Maßgabe der Hausverfassungen (Art. 58 EG. BGB.), jedoch mit der Maßnahme, daß die autonomischen Festsetzungen von den Landes- und Reichsgesetzen nicht abweichen durften. d) Privilegierter Gerichtsstand in Strafsachen, das Recht der sog. Austräge, d. h. Aburteilung durch ein aus Standesgenossen zusammengesetztes Sondergericht (Pairgericht) (§ 7 EG. GVG.). Jeder besondere Zivilgerichtsstand war aber beseitigt. e) Befreiung von der Wehrpflicht. f) Befreiung von der Einquartierungslast im Frieden.

Dingliche Rechte standen den Standesherren insofern zu, als sie Grundstücke besaßen, die sie vorher beherrscht hatten: a) Das Recht der Landstandschaft, d. h. Sitz und Stimme des Familienhauptes in der Ersten Kammer des Landtages. b) Steuerbefreiungen. In Preußen war die wichtigste Befreiung, die von der Staatseinkommensteuer, durch Gesetz vom 18. Juli 1892 gegen Entschädigung aufgehoben worden. Kommunale Steuerfreiheit bestand nur in beschränktem Maße. c) Aufsicht über Kirchen, Schulen, milde Stiftungen im Bereich der alten Standesherrschaft, soweit nicht Rezesse etwas anderes bestimmten. Jede Art von aktiver Patrimonialgerichtsbarkeit ist jedoch seit 1879 aufgehoben. Das fürstliche Haus Hohenzollern hatte nach einem Erlaß vom 14. August 1852 dieselben Rechte wie die Mitglieder des preußischen Königshauses.

II. Die Staatsumwälzung des Jahres 1918 und die ihr folgende Gesetzgebung machte dem so geschilderten Rechtszustande ein jähes Ende. Das geltende Recht ist folgendes:

1. Alle Deutschen sind vor dem Gesetze gleich (RVerf. Art. 109 Abs. 1). Die Gesetze sollen vollzogen werden ohne Ansehen der Person[5]), also ohne Anerkennung eines vorberechtigten Standes von Staatsangehörigen.

2. Öffentlich-rechtliche Vorrechte oder Nachteile der Geburt oder des Standes sind aufzuheben (RVerf. Art. 109 Abs. 3 Satz 1). Die Vorrechte aber standen zu den vormals regierenden Fürstenhäusern, den standesherrlichen und depossedierten Familien, in geringem Umfange auch dem niederen Adel. Die Durchführung der Vorschrift ist Sache der Landesgesetzgebung. Durch VO. vom 30. November 1918 (GS. S. 185) ist bereits aufgehoben worden der sog. Geheime Justizrat, eine beim Kammergericht in Berlin gebildete Behörde, gegen deren Entscheidung das Rechtsmittel beim Reichsgericht einzulegen war. In umfassender Weise hat sodann das Gesetz über die Aufhebung der Standesvorrechte des Adels und die Auflösung der Hausvermögen vom 23. Juni 1920 (GS. S. 367), das sog. Adelsgesetz, eingegriffen.

Die auf dem öffentlichen Rechte Preußens beruhenden Vorrechte des bisherigen Adelsstandes einschließlich der Vorrechte der in den Artikeln 57 u. 58 des Einführungsgesetzes zum Bürgerlichen Gesetzbuche genannten Familien sowie des Herzoglich Holsteinischen Fürstenhauses und der Mitglieder dieser Familien wurden aufgehoben.

Aufgehoben wurden insbesondere, soweit sie nicht bereits beseitigt waren:

a) das Recht eigener Gesetzgebung (Autonomie) und Gerichtsbarkeit;

b) das Recht, durch besondere Behörden oder Beamte öffentlich-rechtliche Befugnisse auszuüben oder Staatsbeamte mit der Wahrnehmung hausrechtlicher Aufgaben zu beauftragen;

---

[5]) Anschütz, RVerf. 1921, S. 188.

c) das Recht auf die Prädikate Königliche Hoheit, Hoheit, Durchlaucht u. dgl. und auf besondere Ehrungen (Landestrauer, Ehrenwachen, Kanzleizeremoniell u. dgl.);

d) das Recht, Titel oder Auszeichnungen zu verleihen, die den Anschein staatlicher Titel oder Auszeichnungen zu erwecken geeignet sind;

e) das Recht besonderer Vertretung in Körperschaften des öffentlichen Rechtes;

f) die Befreiung von öffentlich-rechtlichen Pflichten, Lasten und Abgaben;

g) das Recht besonderen Strafschutzes und des besonderen Gerichtsstandes vor staatlichen Behörden;

h) die Befreiung von Arrest, Verhaftung und sonstigen Beschränkungen der persönlichen Freiheit;

i) das Recht der gesetzlichen Vertretung in Rechtsstreitigkeiten und bei der Ableistung von Eiden;

k) das auf Grund Haus- oder Landesrechts in den Häusern der vormaligen Landes- und Standesherren etwa noch bestehende besondere Ehescheidungs-, Entmündigungs- und Vormundschaftsrecht sowie das besondere Recht der Eheschließung, namentlich auch soweit es Nachteile an eine den Ebenbürtigkeitsbegriffen des Hausrechts nicht entsprechende Eheschließung knüpft.

Die bezeichneten Familien und ihre Mitglieder unterstehen dem allgemeinen öffentlichen und bürgerlichen Rechte.

In Ansehung der durch Hausrecht gebundenen Güter (Hausvermögen) behält es bis zu deren Auflösung bei den bisherigen Vorschriften sein Bewenden[6]).

3. Adelsbezeichnungen gelten nur als Teil des Namens und dürfen nicht mehr verliehen werden (RVerf. Art. 109 Abs. 3 Satz 2), d. h. die Adelsbezeichnungen unterliegen dem allgemeinen bürgerlichen und öffentlichen Rechte. Aufgehoben sind solche Landesgesetze, die den Übergang des Adelszeichens auf den Kreis der leiblichen und ehelichen Abkömmlinge des Vaters beschränken[7]).

---

[6]) Vgl. die oben S. 49 Anm. 7 und S. 82 Anm. 24 angegebenen ausführenden Gesetze und Verordnungen.

[7]) Vgl. die Verordnung, betr. die Annahme des vollen Familiennamens durch uneheliche, an Kindes Statt angenommene und für ehelich erklärte Kinder adeliger Personen vom 3. November 1919 (GS. S. 179):

§ 1. Preußische Staatsangehörige, die beim Inkrafttreten der Reichsverfassung infolge unehelicher Geburt den Familiennamen ihrer adeligen Mutter oder auf Grund ihrer Annahme an Kindes Statt den Familiennamen des adeligen Annehmenden ohne Adelsbezeichnung führen, und ihre die

4. Als Namen der bisherigen Adelsfamilien und ihrer Angehörigen gilt die Bezeichnung, die sich auch bisher auf die nicht besonders bevorrechtigten Familienmitglieder als eigentliche Familienbezeichnung vererbte. Stand zur Zeit des Inkrafttretens der Reichsverfassung einem Familienangehörigen vor den anderen Familienangehörigen eine besondere Bezeichnung zu, so darf er diese Bezeichnung für seine Person auf die Dauer der bisherigen Berechtigung beibehalten, sofern sie nicht dem Ausdrucke der durch die Ereignisse des November 1918 beseitigten Landeshoheit diente. Die in den Artikeln 57 und 58 des Einführungsgesetzes zum Bürgerlichen Gesetzbuche genannten Familien und das Herzoglich Holsteinische Fürstenhaus waren befugt, bis zum 31. Dezember 1920 aus den bisher in der Familie geführten Bezeichnungen einen Teil auszuwählen und mit Ermächtigung des Justizministers künftig als Familiennamen zu führen. Die Namenswahl erfolgt durch Familienschluß. Im Zweifel entscheidet über die Zulässigkeit der Bezeichnung der Justizminister (§§ 5, 22 des Gesetzes vom 23. Juni 1920).

5. Titel[8]) dürfen nur verliehen werden, wenn sie ein Amt oder einen Beruf[9]) bezeichnen; akademische Grade sind hierdurch nicht betroffen. Strafbar ist die unberechtigte Führung nach § 360 Ziff. 8 StGB.

---

preußische Staatsangehörigkeit besitzenden Abkömmlinge sind berechtigt, ihrem Namen die Adelsbezeichnung der Mutter oder des Annehmenden durch Erklärung vor dem zuständigen Standesbeamten hinzuzufügen.

Zuständig für die Entgegennahme der Erklärung ist der preußische Standesbeamte, in dessen Geburtsregister die Geburt des Erklärenden beurkundet ist. Ist diese nicht von einem preußischen Standesbeamten beurkundet, so ist das Amtsgericht des Wohnsitzes oder des gewöhnlichen Aufenthalts des Erklärenden zuständig; das Amtsgericht teilt die Erklärung dem Standesamt oder der sonstigen Beurkundungsstelle mit. Die Erklärung ist bei der über den Geburtsfall bewirkten Eintragung zu vermerken.

§ 2. Soweit Anträge auf Ehelichkeitserklärung unehelicher Kinder Adeliger abgelehnt sind, können sie bei dem Justizminister erneut gestellt werden.

Ist der adelige Vater nach der Annahme seines unehelichen Kindes an Kindes Statt gestorben, ohne daß die Voraussetzungen des § 1733 Abs. 2 BGB. für die Ehelichkeitserklärung vorliegen, so hat das Standesamt auf Antrag des Angenommenen oder seiner Abkömmlinge die Anerkennung der Vaterschaft in das Geburtsregister einzutragen, wenn die Voraussetzungen des § 25 des Personenstandsgesetzes gegeben sind.

[8]) Opet, DJZ. 1920, Sp. 136 ff.; Rietzsch, Das neue Namensänderungs- und Titelrecht, PrVerwBl. **42** 56.

[9]) Vgl. Reichsbesoldungsgesetz vom 30. April 1920 (RGBl. S. 805), preuß. Beamtendiensteinkommengesetz vom 17. Dezember 1920 (GS. 1921, S. 135).

Sechster Teil.

Die dem Staatsverband eingegliederten Körperschaften und die Selbstverwaltung.

I. Alle öffentlichen, das Gemeinleben betreffenden Angelegenheiten gehören grundsätzlich in die Zuständigkeit des Staates. Zweckmäßigerweise beschränkt er sich aber auf die eine einheitliche und gleichartige Regelung innerhalb des ganzen Staatsgebiets bedürfenden Angelegenheiten (Justiz, Militär-, Münzwesen usw.). Das sind Geschäfte der Staatsverwaltung; in Preußen lautet der technische Ausdruck: Allgemeine Landesverwaltung. Alle Aufgaben dagegen, die eine örtliche Begrenzung, eine nach lokalen Verhältnissen verschiedene Behandlung zulassen, ja ihrer Natur nach herausfordern, überläßt der Staat ihm eingegliederten Gemeinwesen zur selbständigen Erledigung unter staatlicher Aufsicht. Eine für alle Zeiten gültige Grenze zwischen Staatsverwaltung und Kommunalverwaltung läßt sich nicht ziehen, da sie sich im Lauf der Zeit stets und fast ununterbrochen verschiebt. Im modernen Staate ist von der Kommunalverwaltung die Regelung der auswärtigen, der Justiz- und Militärangelegenheiten ausgeschlossen, während z. B. innere Verwaltung und Finanzwesen teils staatliche, teils kommunale Angelegenheit ist. Die weitere Unterscheidung, daß die Staatsverwaltung obrigkeitliche, die Kommunalverwaltung wirtschaftliche Funktionen hat, ist nur im großen Ganzen richtig. Das eigentlich Unterscheidende liegt darin, daß die Staatsverwaltung mit ursprünglicher (originärer) Gewalt ausgestattet ist, die Kommune nur mit abgeleiteter (derivativer) Gewalt. Die Autonomie der Gemeinden gilt nur innerhalb der ihnen vom Staate zugewiesenen Grenzen. Die Kommune unterliegt stets der Einwirkung und Kontrolle des Staates. Ihre Gewalt kann stets erweitert oder beschränkt werden. Der Staat kann jederzeit durch Zentralisation die lokalen Gewalten als solche beseitigen. Dies ist juristisch zulässig, wie wenig es auch aus politischen Gründen erwünscht und angebracht sein mag. Der selbständige Wirkungskreis und die Lebensbetätigung der Kommunen beruhen auf Belassung des Staates. Von einer auf der angeblichen Eigenschaft als selbständiger Organismus beruhenden originären Natur der Kommunen kann nicht die Rede sein. Derlei Behauptungen führen immer zurück zu der schon in der Französischen Revolution und noch im ersten Drittel des 19. Jahrhunderts gelegentlich vertretenen Auffassung von einem selbständigen pouvoir municipal. In Preußen entspricht dieser Theorie weder die Wirklichkeit noch das Rechtssystem.

II. Die eingegliederten engeren Gemeinwesen sind öffentlich-rechtliche Körperschaften, von denen die wichtigsten die Kommunen und Kommunalverbände sind. Zu jenen gehören die Stadt- und Landgemeinden, zu diesen die westfälischen Ämter, rheinische Landbürgermeistereien, Kreis-, Provinzial- und Zweckverbände. Eine Besonderheit bildet Berlin jetzt nach dem Gesetz vom 27. April und 7. Oktober 1920 (GS. S. 123 u. 435).

III. Die bisherige Entwicklung der Kommunalverwaltung in Preußen hat seit der Reform von 1872 keineswegs eine Einschränkung der kommunalen Tätigkeit bewirkt, dieser vielmehr eine immer größere Ausdehnung gegeben. Früher staatliche Aufgaben wurden den Kreisen und Provinzen übertragen, so das Waisen-, Landarmen-, Irren-, Taubstummen-, Blinden-, Idiotenwesen, die Fürsorge für das Hebammenwesen, das Besserungswesen einschließlich der Unterbringung verwahrloster Kinder, das Feuersozietätswesen, die Einrichtungen für Kunst und Wissenschaft, das landwirtschaftliche Unterrichts- und Meliorationswesen, der Wegebau und das Wohltätigkeitswesen. Dafür werden aus der Staatskasse gewisse Renten bezahlt nach Maßgabe der Dotationsgesetze. Dasjenige vom 30. April 1873 stattete die Provinzialverbände mit jährlich 6 Mill. Mark aus und außerdem behufs Durchführung der Kreisordnung mit 3 Mill. Mark. Das spätere Dotationsgesetz vom 8. Juli 1875 vermehrt die Zuwendungen für die Provinzialverbände. Sie erhielten jährlich über 40 Mill. Mark, davon allein 19 Mill. für die Übernahme und Erhaltung der bisherigen Staatschausseen. Nach dem Gesetz vom 2. Juni 1902 wurden jährlich 10 Mill. Mark mehr als früher bewilligt. Davon sind 7 Mill. auf Armen- und Wegelasten, 3 Mill. zum Ausbau und zur Unterhaltung von Kunststraßen zu verwenden. Alle diese Beträge sind angesichts der Geldentwertung heute ganz unzulänglich.

IV. Die Weiterentwicklung der Selbstverwaltung in Preußen machte trotz vielfacher Klagen über die Überspannung der Staatsaufsicht und die bureaukratische Behandlung der Gemeinden und Gemeindeverbände durch die Staatsverwaltung keine Fortschritte. Erst im Weltkriege erging die Verfügung des Ministers des Innern zum Schutze der Selbstverwaltung vom 12. März 1916, die betont, daß der Geist der Staatsaufsicht dem Geist der Selbstverwaltung anzupassen sei. „Ruht die Selbstverwaltung auf dem ethischen Boden der Selbstverantwortung, so muß die Aufsicht bei allen ihren Maßnahmen von der Achtung vor der Verantwortlichkeit der Gemeindeorgane ausgehen und auf ihre Stärkung abzielen.“ Die Verfügung fordert einen freiheitlichen Geist gegenseitiger Achtung bei all den einzelnen Obliegenheiten der Aufsichtsbehörden, die Bestätigungen, Genehmigungen, Beschwerden, Nachforschungen oder Anregungen zum Gegenstande haben. So sollte bei Bestätigung gemeindlicher Wahlen die Aufsichtsbehörde nicht von der Fragestellung ausgehen, ob der Gewählte nach ihrer Auffassung der rechte Mann sei, sondern nur davon, ob die Wahl mit der Verantwortung der wählenden Körperschaft überhaupt vereinbar und vom Standpunkte des Staatswohls erträglich erscheint. Bei der Genehmigung von Gemeindebeschlüssen soll die Aufsichtstätigkeit auf die Prüfung der Übereinstimmung mit den gesetzlichen Bestimmungen beschränkt bleiben. Beschwerden gegen Gemeindeverwaltungen sollen der Berichterstattung durch die Gemeindebehörde dann nicht unterworfen werden, wenn sich schon aus dem Inhalt ergibt, daß die Gegenstände der Beschwerden dem Gebiete der reinen Selbstverwaltung angehören. Ein Vertrauensverhältnis zwischen Aufsichtsbehörde, Gemeinde und Gemeindeverband sei wichtig, zu dessen Pflege ist dauernde persönliche Fühlung unerläßlich[1]).

Das Kriegsgesetz zur Vereinfachung der Verwaltung vom 13. Mai 1918 (GS. S. 53) brachte einige Erweiterungen der Selbstverwaltung. Die Verordnungen vom 24. und 31. Januar 1919 (GS. S. 13, 15) erklärten u. a. als wahl-

[1]) Vgl. hierzu Anschütz, Jur. Wochenschrift 1916, S. 1147 und den Vortrag von Preuß, „Selbstverwaltung und Staatsaufsicht“; s. Jur. Wochenschrift 1917, S. 279 f.

berechtigt und wählbar alle im Besitz der deutschen Reichsangehörigkeit befindlichen Männer und Frauen, die das 20. Lebensjahr vollendet haben, im Gemeindebezirke seit sechs Monaten ihren Wohnsitz haben und im Besitze der bürgerlichen Ehrenrechte sind; sie bestimmten,

a) daß das Wahlrecht zu den Gemeindevertretungen nur ruht bei dauernd und vorläufig Entmündigten, sowie bei denen, die der bürgerlichen Ehrenrechte entbehren; ferner, daß

b) Forensen und juristische Personen kein Wahlrecht haben;

c) die Ausübung des Wahlrechts nicht von der Zahlung des Bürgerechtsgeldes abhängig gemacht werden darf;

d) nicht mehr ein bestimmter Prozentsatz der Gemeindevertretung aus Grundstückseigentümern, Nießbrauchern usw. bestehen muß (sog. Hausbesitzerprivileg);

e) bestimmte Beamtengruppen von der Wahl der Gemeindevertretung nicht mehr ausgeschlossen sind:

aa) Beamte derjenigen Behörden, durch die die Aufsicht des Staates über die Städte geführt wird;

bb) die Gemeindebeamten, Geistliche, Kirchendiener, Elementarlehrer, Richter, Beamte der Staatsanwaltschaft, Polizeibeamte, Magistrats- bzw. Gemeindevorstandsmitglieder können zu Stadt- oder Gemeindeverordneten gewählt werden.

Aufgehoben wurden Vorschriften, wonach neben den gewählten auch nichtgewählte Personen der Gemeinde-(Bürgermeisterei-)Vertretung als Mitglieder hinzutreten. Die Gemeindevertretungen bestehen aus mindestens 6 und höchstens 144 Mitgliedern.

Änderungen grundsätzlicher Art brachte auch das Gesetz über das Bürger- und Gemeinderecht der Frauen usw. vom 15. Juli 1919 (GS. S. 113), das im § 1 bestimmte: „Das Bürger- und Gemeinderecht steht in den Stadt- und Landgemeinden unter den gleichen Voraussetzungen wie den Männern auch den Frauen zu," und früher schon die VO. vom 23. November 1918 (GS. S. 183), die ihre Bestellung zu Mitgliedern gemischter städtischer Verwaltungsdeputationen ermöglichte. Ein Gesetz vom 18. Juli 1919 (GS. S. 118) regelte vorläufig verschiedene Punkte des Gemeindeverfassungsrechts unter Anwendung der Verhältniswahl [2]).

---

[2]) Die Darstellung des kommunalen Rechts im Einzelnen gehört in das Verwaltungsrecht. Vgl. Stier-Somlo, Handbuch des kommunalen

Die RVerf. Art. 127 legte den Grundsatz fest: „Gemeinden und Gemeindeverbände haben das Recht der Selbstverwaltung innerhalb der Schranken der Gesetze", ohne damit über Maß und Inhalt etwas auszusagen [3]). Die Landesgesetzgebung bleibt grundsätzlich zuständig. Immerhin ist die reichsverfassungsmäßige Sicherung der Selbstverwaltung von erheblicher politischer und organisatorischer Bedeutung. „Selbstverwaltung ist die Anwendung des demokratischen Prinzips auf die Organisation der engeren politischen Gemeinwesen und der örtlichen Verwaltung. Die vielerörterte ‚Demokratisierung der Verwaltung' kann nach Lage unserer Verhältnisse nur in der demokratischen Entfaltung und Stärkung der kommunalen Selbstverwaltung bestehen. Denn solange die leitenden Organe der Lokalverwaltungen als politische Agenten der Zentralregierung gelten, müssen sie konsequenterweise mit dem Wechsel der parlamentarischen Mehrheit und ihrer Parteiregierung wechseln; und ihre Auslese muß namentlich bei Koalitionsregierungen, die bei uns auf absehbare Zeit die Regel sein werden, zu den bekannten argen Unzuträglichkeiten führen. Die parlamentarische Zentralregierung kann sich aber von der politischen Verantwortlichkeit für Besetzung dieser Stellen nicht entlasten, solange sie für diese Besetzung zuständig ist. Nur durch Übergang der Zuständigkeit zur Bestellung ihrer Organe an die Selbstverwaltungskörper werden diese von der wechselnden Parteiregierung der Zentrale unabhängig, und letztere von der Verantwortlichkeit für deren Auslese frei" [4]). Die Selbstverwaltung hängt aber politisch und organisatorisch noch in einer sehr wichtigen anderen Beziehung mit dem preußischen Verfassungsrechte zusammen. Als eines der Mittel, den jetzigen Gesamtbestand Preußens als eines Gesamtstaates zu ermöglichen, gilt die Lockerung der starren Zentralisation und Herstellung eines leicht federnden Gleichgewichts zwischen den in ihrer landsmannschaftlichen Eigenart und wirtschaftlichen Bedeutung sehr verschiedener Provinzen. Deren Autonomie zu stärken wird als eine der Maßnahmen angesehen, die der Auflösung

---

Verfassungs- und Verwaltungsrechts, 3 Bde., 1916—1919, und desselben Wandlungen des Städte-, Landgemeinde-, Kreis- und Provinzialrechts, 1918 bis 1921. Oldenburg 1922.

3) Vgl. Giese, Reichsverfassung, S. 292 f.; Anschütz, Reichsverfassung, S. 206 f.

4) Preuß, a. a. O. S. 278 f.

Preußens in eine Anzahl von Kleinstaaten mit Hilfe des Art. 18 RVerf. vorbeugen könnte. Der am 15. Januar 1921 veröffentlichte Gesetzentwurf über die Erweiterung der Selbständigkeitsrechte der Provinzen hat seinen Weg von den neugewählten Provinzialverwaltungen bzw. Provinziallandtagen an den Landtag des Staates noch nicht gefunden; sein Schicksal ist noch durchaus ungewiß [5]). Es ist jedoch die Darlegung der Rechtslage unerläßlich.

Seit der Provinzialordnung vom 29. Juni 1875 für die sechs östlichen Provinzen (neue Fassung vom 22. März 1881) besitzt die Provinz eigene Kommunalverwaltungsorgane, den Provinziallandtag, den Provinzialausschuß und den Landeshauptmann. Außerdem hat sie das Recht zur Aufnahme von Anleihen und ein selbständiges Besteuerungsrecht, d. h. die Befugnis zur Erhebung von besonderen Steuern. Mit gewissen Abweichungen ist die Provinzialordnung während der Jahre 1883—1888 auf alle preußischen Provinzen, mit Ausnahme der jetzt nicht mehr zu Deutschland gehörigen Provinz Posen ausgedehnt worden. Die neuen Strömungen gehen auf eine ganz radikale Gestaltung aus, bei der auf der einen Seite die Gefahr einer Schwächung des Staates befürchtet wird, auf der andern Seite die Hoffnung eines dauernden Zusammenhalts genährt und der neue Weg als „die einzige Möglichkeit erscheint, den Beginn der Auflösung Preußens zu vermeiden“ (Drews). Jener Strömung kommt die Preuß. Verf. durch die folgenden Bestimmungen entgegen [6]): Die Provinzen verwalten nach Maßgabe des Gesetzes durch ihre eigenen Organe a) selbständig, unter eigener Verantwortung, die diejenige des Ministers gegenüber dem Landtag ausschließt, die ihnen gesetzlich obliegenden oder freiwillig von ihnen übernommenen eigenen Angelegenheiten (Selbstverwaltungsangelegenheiten), d. h. diejenigen, hinsichtlich deren ein Anweisungsrecht der Staatsbehörden nicht besteht, sondern nur eine Aufsichtskontrolle, die sie nur berechtigt, dafür zu sorgen, daß keine Rechtswidrigkeiten geschehen und der Gang der Verwaltung ordnungsmäßig aufrechterhalten bleibt; b) als ausführende Organe des Staates die ihnen übertragenen staatlichen Angelegenheiten (Auftragsangelegenheiten), bezüglich deren der Minister als höchste Instanz zu bestimmen hat, ob, was

---

[5]) Vgl. Delius, Die Provinzial-Autonomie, PrVerwBl. **42** 409 ff.

[6]) Näheres wird die in Aussicht stehende neue Provinzialordnung bringen.

und wie etwas geschehen soll; er trägt dafür dem Landtag gegenüber die Verantwortung. Die Selbstverwaltungsorgane sind hierbei lediglich ausführende Organe des Staats, sie haben den Anweisungen des Ministers unter allen Umständen zu gehorchen [7]).

Die Provinziallandtage können ferner durch Provinzial**gesetz** (nicht bloß Satzung) neben der deutschen Sprache zulassen: a) eine andere Unterrichtssprache für fremdsprachige Volksteile, wobei für den Schutz deutscher Minderheiten zu sorgen ist; b) eine andere Amtssprache in gemischtsprachigen Landesteilen (Art. 73).

Die Grundsätze für die Wahlen zur Volksvertretung sind allgemein ausgedehnt worden auf die Wahlen zu den Provinzial-, Kreis- und Gemeindevertretungen. Sie spiegeln sich in den oben S. 117, 118 erwähnten Gesetzen und Verordnungen, sowie in dem Gesetz betr. die Wahlen zu den Provinziallandtagen und zu den Kreistagen vom 3. Dezember 1920 (GS. 1921, S. 1), und in der Wahlordnung vom 31. Dezember 1920 und 18. Januar 1921 (GS. 1921, S. 8 und 111) wieder [8]). Beamte, Angestellte und Arbeiter des Staates und der Körperschaften des öffentlichen Rechts bedürfen zur Ausübung der Tätigkeit als Mitglieder einer Provinzial-, Kreis- und Gemeindevertretung keines Urlaubs. Gehalt und Lohn sind weiterzuzahlen (Art. 74, 75). Die Provinzen sind endlich noch berücksichtigt durch die Verfassungsbestimmungen über den **Staatsrat** (Art. 31 ff.) und durch die Bestimmung der RVerf. Art. 63, wonach die Hälfte der preußischen Stimmen im Reichsrat von den preußischen Provinzialverwaltungen — nach dem Landesgesetz vom 3. Juni 1921 (GS. S. 379) von den Provinzialausschüssen (in Berlin vom Magistrat) — bestellt wird.

---

[7]) Art. 72 Abs. 1; die Vorschrift des Abs. 3: „Das Gesetz wird den Kreis der den Provinzen überwiesenen Selbstverwaltungsangelegenheiten erweitern und ihnen Auftragsangelegenheiten übertragen," bedeutet nur eine Verheißung. Doch liegt sie in der Richtung der bisherigen und der durch die Demokratie bestimmten Entwicklung.

[8]) Von der Durchführung dieses neuen Wahlrechts war in Art. 88 die Geltung der Verfassungsbestimmungen über den Staatsrat und die Provinzialautonomie abhängig gemacht worden. Da jene erfolgt ist, wurde der Artikel durch Gesetz vom 7. Mai 1921 (GS. S. 353) aufgehoben.

Siebenter Teil.

Die obersten Organe des preußischen Staatsverbandes.

Erster Abschnitt.

Der Landtag.

I. Rechtliche Natur. Der Landtag ist eine Volksvertretung, durch die als wichtigstes durch Wahl bestelltes Organ das souveräne preußische Staatsvolk mittelbar seinen Willen äußert; es ist auch deshalb das wichtigste Organ, weil sich der Staatswille in erster Reihe durch ihn bildet und weil ihm alle Befugnisse zustehen, die die Verfassung nicht anderen Organen übertragen hat [1]).

II. Die Zusammensetzung des Landtags [2]) ist zunächst zwingend durch die RVerf. insofern bestimmt, als nach deren Art. 17 Abs. 1 die Volksvertretung in allgemeiner, gleicher, unmittelbarer und geheimer Wahl von allen reichsdeutschen Männern und Frauen nach den Grundsätzen der Verhältniswahl gewählt werden muß. In Ausführung dieses Grundsatzes ergibt sich aus Art. 9 VerfUrk. und aus dem Landeswahlgesetz folgendes:

1. Wähler zum Landtage ist jede über zwanzig Jahre alte reichsdeutsche männliche oder weibliche Person, die in Preußen wohnt, in eine Wählerliste oder eine Wahlkartei eingetragen ist oder einen Wahlschein hat, also, unter diesen Voraussetzungen, auch der Nichtpreuße. Ausgeschlossen von der Ausübung des Wahlrechts ist: wer entmündigt ist oder unter vorläufiger Vormundschaft oder wegen geistiger Gebrechen unter Pflegschaft steht; wer die bürgerlichen Ehrenrechte nicht

---

[1]) Art. 2, 3, 9—30, 42, 45, 46, 54 Abs. 2 u. 3, 55, 57, 58, 60—63, 65—68.

[2]) Vgl. von Jan, Wahlrecht und Volksabstimmungen, Jahrb. d. öff. Rechts, Bd. 10 (1921), S. 177 ff.

besitzt. Das Wahlrecht ruht für die Soldaten während der Dauer der Zugehörigkeit zur Wehrmacht. Behindert in der Ausübung ihres Wahlrechts sind Personen, die wegen Geisteskrankheit oder Geistesschwäche in einer Heil- oder Pflegeanstalt untergebracht sind, ferner Straf- und Untersuchungsgefangene, sowie Personen, die infolge gerichtlicher oder polizeilicher Anordnung in Verwahrung gehalten werden. Ausgenommen sind Personen, die sich aus politischen Gründen in Schutzhaft befinden.

2. Wählbar sind die Wahlberechtigten, die das fünfundzwanzigste Lebensjahr vollendet haben und auch diejenigen Personen, deren Berechtigung zum Wählen ruht. Nicht wählbar ist der Reichspräsident.

3. Die Zahl der Mitglieder des Landtags ist verfassungsmäßig nicht festgelegt; sie richtet sich nach der Zahl der bei den Wahlen abgegebenen Stimmen. Jedem Kreiswahlvorschlage werden so viel Abgeordnetensitze zugewiesen, daß je einer auf 40 000 für ihn abgegebene Stimmen kommt. Stimmen, deren Zahl für die Zuteilung eines oder eines weiteren Abgeordnetensitzes an einen Kreiswahlvorschlag nicht ausreicht (Reststimmen), werden, soweit sie auf verbundene Wahlvorschläge gefallen sind, dem Wahlverbandsausschuß und, soweit sie auf Wahlvorschläge gefallen sind, die nur einem Landeswahlvorschlag angeschlossen sind, dem Landeswahlausschusse zur Verwertung überwiesen. Innerhalb eines Wahlkreisverbandes können mehrere Kreiswahlvorschläge miteinander verbunden werden; die Verbindung ist nur dann wirksam, wenn diese Kreiswahlvorschläge nicht verschiedenen Landeswahlvorschlägen angeschlossen sind. Diese müssen also derselben Partei angehören. Die Verbindung muß von den auf den Kreiswahlvorschlägen bezeichneten Vertrauenspersonen oder deren Stellvertretern übereinstimmend, spätestens am vierzehnten Tage vor dem Wahltage, dem Leiter des Wahlkreisverbandes schriftlich erklärt werden. Beim Landeswahlleiter können, und zwar spätestens am sechzehnten Tage vor der Wahl, Landeswahlvorschläge eingereicht werden. Sie müssen von mindestens zwanzig Wählern unterzeichnet sein. Die Namen der Bewerber müssen in erkennbarer Reihenfolge aufgeführt sein. In den Wahlvorschlag darf nur aufgenommen werden, wer seine Zustimmung dazu schriftlich erklärt hat. Die Erklärung muß spätestens am sechzehnten Tage vor dem Wahltage beim Landeswahlleiter eingegangen sein; andernfalls wird der Bewerber ge-

strichen. Ein Bewerber darf nur in einem Landeswahlvorschlage benannt werden. Die Benennung in einem Landeswahlvorschlage schließt die Benennung in einem Kreiswahlvorschlage nicht aus, wenn die Erklärung sich auf diesen Landeswahlvorschlag bezieht. In jedem Kreis- und Landeswahlvorschlage muß ein Vertrauensmann und ein Stellvertreter bezeichnet werden, die zur Abgabe von Erklärungen gegenüber dem Kreiswahlleiter und dem Wahlausschusse, bei Landeswahlvorschlägen gegenüber dem Landeswahlleiter und dem Landeswahlausschusse bevollmächtigt sind. Fehlt diese Bezeichnung, so gilt der erste Unterzeichner als Vertrauensmann, der zweite als sein Stellvertreter. Erklärt mehr als die Hälfte der Unterzeichner eines Wahlvorschlags schriftlich, daß der Vertrauensmann oder sein Stellvertreter durch einen anderen ersetzt werden soll, so tritt dieser an die Stelle des früheren Vertrauensmanns, sobald die Erklärung dem Wahlleiter zugeht. Für die Kreiswahlvorschläge kann erklärt werden, daß ihre Reststimmen einem Landeswahlvorschlage zuzurechnen sind. Die Erklärung muß spätestens am zehnten Tage vor dem Wahltage schriftlich beim Kreiswahlleiter eingereicht sein. Sonst scheiden die Reststimmen des Wahlkreises beim Zuteilungsverfahren für das Land aus. (§§ 30, 15—18.)

Der Verbandswahlausschuß zählt die im Wahlkreisverband auf die verbundenen Wahlvorschläge gefallenen Reststimmen zusammen. Auf je 40000 in dieser Weise gewonnener Reststimmen entfällt ein weiterer Abgeordnetensitz. Diese Sitze werden den Kreiswahlvorschlägen nach der Zahl ihrer Reststimmen zugeteilt. Bei gleicher Zahl von Reststimmen auf mehreren Kreiswahlvorschlägen entscheidet über die Reihenfolge das Los. Die bei der Verrechnung der Reststimmen im Wahlkreisverbande nicht verbrauchten oder nicht berücksichtigten Reststimmen werden ihrem Landeswahlvorschlag überwiesen. Der Landeswahlausschuß zählt die in allen Wahlkreisen oder Wahlkreisverbänden auf die Landeswahlvorschläge gefallenen Reststimmen zusammen und teilt jedem Landeswahlvorschlag auf je 40000 Reststimmen einen Abgeordnetensitz zu. Ein Rest von mehr als 20000 Stimmen wird vollen 40000 gleichgeachtet. Einem Landeswahlvorschlage kann höchstens die gleiche Zahl der Abgeordnetensitze zugeteilt werden, die auf die ihm angeschlossenen Kreiswahlvorschläge entfallen sind. (§§ 31, 32.)

Der Wähler ist an die Reihenfolge der Kandidaten in den Wahlvorschlägen gebunden. Es genügt zwar für die wirksame Aufstellung eines Kreis- wie Landesvorschlags die Unterzeichnung von mindestens zwanzig Wählern (§ 14); „tatsächlich aber werden die Listen mit irgendwelcher Aussicht auf Erfolg regelmäßig nur von den festen Parteiorganisationen aufgestellt werden können; und der Versuch, das unzulässige ‚Panaschieren‘ auf dem Umwege über modifizierte Sonderlisten zu ermöglichen, wird durch die Bestimmung abgeschnitten, daß in jedem Wahlkreise ein Bewerber nur einmal vorgeschlagen werden darf und ebenso nur in einem Landeswahlvorschlage“[3]).

4. Jeder Wähler hat eine Stimme. Die Einteilung der Wahlkreise (23) und die Bildung von Wahlkreisverbänden (9) regelt die Anlage zum Landeswahlgesetz. Zur Vorprüfung und Feststellung der Wahlergebnisse im ganzen Lande ernennt der Minister des Innern einen Landeswahlleiter und einen Stellvertreter. Für die Stimmabgabe wird jeder Wahlkreis in Wahlbezirke geteilt, die möglichst mit den Gemeinden zusammenfallen. Große Gemeinden können in mehrere Wahlbezirke zerlegt, kleine Gemeinden oder Teile von Gemeinden mit benachbarten Gemeinden oder Gemeindeteilen zu einem Wahlbezirke vereinigt werden. Für jeden Wahlbezirk wird ein Wahlvorsteher und ein Stellvertreter ernannt. Der Wahlvorsteher beruft aus den Wählern des Wahlbezirkes drei bis sechs Beisitzer und einen Schriftführer, der auch den Wählern eines anderen Wahlbezirkes entnommen werden kann. Wahlvorsteher, Stellvertreter des Wahlvorstehers, Beisitzer und Schriftführer bilden den Wahlvorstand. In jedem Wahlbezirke wird für die dort wohnhaften Wähler eine Wählerliste oder Wahlkartei angelegt. Wahlberechtigte preußische Staatsbeamte, Arbeiter in preußischen Staatsbetrieben, die ihren Wohnsitz nicht in Preußen, aber nahe der Landesgrenze haben, und wahlberechtigte Angehörige ihres Hausstandes werden auf Antrag in die Wählerliste oder Wahlkartei einer benachbarten preußischen Gemeinde eingetragen. Die Wahlordnung bestimmt, unter welchen Voraussetzungen Wähler auf ihren Antrag in der Wählerliste oder Wahlkartei zu streichen und mit einem Wahlscheine zu versehen sind. Die Wählerlisten und Wahlkarteien werden spätestens vier Wochen vor dem Wahltage mindestens acht Tage lang öffentlich aus-

---

3) Preuß, a. a. O. S. 263.

gelegt. Die Gemeindebehörde gibt Ort und Zeit öffentlich bekannt und weist auf die Einspruchsfrist hin. Einsprüche sind bis zum Ablaufe der Auslegungsfrist bei der Gemeindebehörde anzubringen und innerhalb der nächsten vierzehn Tage zu erledigen. Hierauf werden die Listen oder Karteien geschlossen. Der Wähler kann nur in dem Wahlbezirke wählen, in dessen Wählerliste oder Wahlkartei er eingetragen ist. Inhaber von Wahlscheinen können in jedem beliebigen Wahlbezirke wählen. Für jeden Wahlkreis werden ein Kreiswahlleiter und ein Stellvertreter ernannt. (§§ 1 Abs. 2, 8—14 Abs. 1.)

5. Die Wahl ist geheim. Wahlhandlung und Ermittlung des Wahlergebnisses sind öffentlich. Gewählt wird mit Stimmzetteln in amtlich gestempelten Umschlägen. Abwesende können sich weder vertreten lassen, noch sonst an der Wahl teilnehmen. Über die Gültigkeit der Stimmzettel entscheidet der Wahlvorstand mit Stimmenmehrheit. Bei Stimmengleichheit gibt der Wahlvorsteher den Ausschlag. Nachprüfung im Wahlprüfungsverfahren bleibt vorbehalten. Zur Ermittlung des Wahlergebnisses stellt der Wahlausschuß fest, wieviel gültige Stimmen abgegeben sind und wieviel davon auf jeden Kreiswahlvorschlag entfallen. (§§ 26—29.)[4]

III. Wahlprüfung[5] (Art. 12). Beim Landtag wird für die Prüfung der Gültigkeit der Wahlen ein gemischtes Wahlprüfungsgericht gebildet. Es ist daher organischer Bestandteil des Landtags und organisatorisch nicht selbständig, wohl aber in seiner Betätigung als selbständiger Verwaltungsgerichtshof, neben dem Staatsgerichtshof. Seine sämtlichen Mitglieder sind Richter im Sinne des Art. 102 RVerf., deshalb unabhängig und nur dem Gesetz unterworfen. Es entscheidet auch über die Frage, ob ein Abgeordneter die Mitgliedschaft verloren hat. Das Wahlprüfungsgericht ist eine dauernde staatsrechtliche Einrichtung. Während die Mitglieder, soweit sie Abgeordnete sind, für die Wahlperiode, also in der Regel auf vier Jahre (Art. 13, siehe jedoch auch Art. 15, 16), aus dem ganzen Landtag, demnach nicht nach der Stärke der Parteien, gewählt werden, werden sie, soweit sie Mitglieder des OVG. sind, vom Präsidium dieses Gerichts für

---

[4]) Weitere Einzelheiten und der Inhalt der Wahlordnung (Wahlverfahren) können hier nicht wiedergegeben werden.

[5]) Literatur, Entstehungsgeschichte, Reichsverfassungs- und anderes Landesverfassungsrecht bei Stier-Somlo, Kommentar zur Preuß. Verfassung, 1921, S. 96 ff.

dieselbe Zeit mit der Wirkung bestellt, daß keine anderen Mitglieder des OVG. als diese zum Wahlprüfungsgerichte gehören. Hierdurch wird eine Auswahl der Richter nach rein sachlichen Gesichtspunkten verbürgt; es sollte auch nur der Schein vermieden werden, als wären hierbei politische Gesichtspunkte maßgebend. Deshalb ist nicht das Staatsministerium, sondern das Präsidium des OVG. mit dieser Aufgabe betraut worden. Es besteht aus dem Präsidenten, den Senatspräsidenten und dem dem Dienstalter nach, bei gleichem Dienstalter dem der Geburt nach ältesten Mitgliede. Der Zusammentritt des Landtags und der Beginn seiner rechtmäßigen Tätigkeit kann nicht von der Wahlprüfung abhängig gemacht werden. Das Wahlprüfungsgericht, bei dem drei Mitglieder des Landtags und zwei richterliche Mitglieder mitwirken, das Laienelement also überwiegt, entscheidet als richterliche Behörde, ob die Wahl gültig oder ungültig ist, oder ob die Mitgliedschaft verloren gegangen ist oder nicht. Eine materielle Rechtskraft wohnt dem Erkenntnis nicht inne; das Wahlprüfungsgericht kann daher gültig erklärte Wahlen später für ungültig erklären und umgekehrt. Die Mitwirkung von Laien bedeutet eine erwünschte Entlastung der Verantwortlichkeit der Berufsrichter, die sonst, wie sie auch entscheiden würden, schweren Anklagen und Verdächtigungen ihrer Unabhängigkeit seitens des Publikums ausgesetzt sein würden. Durch die drei Laienmitglieder werden freilich möglicherweise nur bestimmte Parteien des Landtags vertreten sein, und die Gefahr liegt nahe, daß, wenn auch unter Umständen nicht bewußt, aber nach der Zusammensetzung des Landtags die Auswahl dieser drei Mitglieder nur nach der Mehrheit, jedenfalls unter stärkerer Berücksichtigung der Mehrheit als der Minderheit erfolgt. Das noch zu erlassende Wahlprüfungsgesetz muß hier vorbeugen. Die Verhandlung ist nicht nur für die Landtagsmitglieder, sondern für jeden Deutschen öffentlich. Das Verfahren außerhalb der Verhandlungen vor dem Wahlprüfungsgericht betrifft Einleitung des Verfahrens, Anstellung von Erhebungen, Sammlung des Stoffes, Vernehmung von Zeugen, durch all dies Vorbereitung der mündlichen Verhandlung, wohl auch Ausführung des Urteilsspruchs. Das hierzu bestellte Mitglied des OVG. hat auch die Eigenschaft eines im Wahlprüfungsgericht unabhängigen Richters, denn es wird auch als dessen Mitglied bestellt. Daß es dem demnächst erkennenden Gerichte nicht angehören darf, entspricht der Strafprozeßordnung § 23 Abs. 2, nach welcher der die Voruntersuchung führende Richter dem erkennenden Gericht ebenfalls nicht angehören darf.

V. Rechte und Zuständigkeiten des Landtages.

1. Beschlußfassung über die Gesetze (Art. 29)[6], auch der verfassungsändernden (Art. 30)[6]. Die Gesetzesform ist mehrfach vorgeschrieben, so für die Feststellung des Haushaltsplans (Art. 63), Aufnahme von Kredit und Übernahme der Sicherheitsleistung zu Lasten des Staats (Art. 65), das Landtagswahlrecht (Art 4 Abs. 3), das Verfahren bei Volksbegehren und Volksentscheid (Art 6 Abs. 7), das Wahlprüfungsgericht (Art. 12 Abs. 5), für Ausnahmen von der einfachen Stimmenmehrheit für Beschlüsse des Landtags (Art. 22 Abs. 2), Festsetzung der Entschädigung für die Abgeordneten (Art. 28 Abs. 3), die Einzelheiten über den Staatsrat (Art. 43), die Regelung des Ruhegehalts und der Hinterbliebenenversorgung der Minister (Art. 48), die Zusammensetzung usw. des Staatsgerichtshofs (Art. 58), das Nähere über den Austritt aus der Kirche (Art. 76), das Beamtenrecht (Art. 80), die Rechte des Staats gegenüber den Religionsgesellschaften (Art. 82 Abs. 3), Ablösung der Patronate (Art. 83).

2. Genehmigung des Haushaltsplans in Einnahme und Ausgabe und der Staatsverträge, die sich auf Gegenstände der Gesetzgebung beziehen[7] (Art. 29).

3. Kenntnisnahme von der Finanzgebarung nach dem Haushaltsplan zwecks Entlastung (Art. 68).

4. Überwachung des Staatsministeriums (Art. 46, 57, 27), Ministeranklage (Art. 58) und das Recht, die Anwesenheit jedes Ministers zu verlangen (Art. 24).

5. Recht auf bestimmte Ausschüsse (Art. 25, 26), Autonomie: Wahl des Vorstandes, Erlaß der Geschäftsordnung, Wahlprüfung (Art. 18, 29 u. 26, 12).

6. Selbstversammlungsrecht, Bestimmung des Tagungsschlusses und des Wiederzusammentritts (Art. 17), Selbstauflösung neben anderen Auflösungsmöglichkeiten (Art. 14, 6, 57 Abs. 6).

VI. Besonderen Eingehens bedarf das Finanzwesen[8].

---

[6]) Vgl. oben S. 69 ff., 71 ff.

[7]) S. oben S. 85.

[8]) Literatur, Entstehungsgeschichte und Grundsätzliches bei Stier-Somlo, Kommentar zur Preuß. Verfassung, 1921, S. 197—211.

1. Im Etatrecht (Art. 68) wird der Satz vorangestellt, daß der Landtag durch Bewilligung der erforderlichen laufenden Mittel für die Deckung des Staatsbedarfs sorgt, d. h. für diejenigen notwendigen Ausgaben, die gegenüber den nicht bewilligungsbedürftigen Einnahmen erforderlich sind. Art. 84 bestimmt, daß die bestehenden Steuern und Abgaben bis zu ihrer Änderung und Aufhebung forterhoben werden. Ein jährliches Steuerbewilligungsrecht des Landtags gibt es nicht, dagegen besteht ein Einnahmebewilligungsrecht nach wie vor in bezug auf Einnahmen aus neuen und aus der Erhöhung der bestehenden Steuern (natürlich im Rahmen des Reichsrechts), ferner aus Anleihen und aus der Veräußerung gewisser Teile des Staatsvermögens. Praxis und Wissenschaft behaupteten bisher ferner ein unbeschränktes Ausgabebewilligungs- und Verweigerungsrecht. Art. 63 Abs. 1 setzt aber jedenfalls der Ausgabebewilligung dadurch eine Schranke, daß sie ohne Deckung nicht erfolgen darf. Ein unbeschränktes Ausgabeverweigerungsrecht bestand schon früher nicht und besteht auch jetzt nicht. Zu beachten ist Art. 66, der auch den Gedanken der Deckungspflicht zum Ausdruck bringt. Alle Einnahmen und Ausgaben des Staates müssen für jedes Rechnungsjahr veranschlagt und auf den Haushaltsplan (Budget, Etat, Hauptetat) gebracht werden. Alle voraussichtlich eingehenden Einnahmen und alle für erforderlich gehaltenen Ausgaben des preußischen Staates werden veranschlagt. Gemeint ist die Aufstellung des Etats durch die Regierung unter Mitwirkung des Landtags; er muß mit ihm veranschlagt werden; der Haushaltsplan muß dann in der Form des Gesetzes festgestellt werden. Aufstellung und Vollzug sind in Preußen geregelt durch Gesetz, betr. den Staatshaushalt, sog. Komptabilitätsgesetz vom 11. Mai 1898 (GS. S. 77) mit AusfAnw. vom 8. Juni 1898 (MinBl. S. 133). Es handelt von der Einrichtung des Voranschlags und dessen Mitteilung an die Oberrechnungskammer, die Handhabung desselben sowie Abschluß- und Rechnungslegung (Erläuterungswerk von Schreiber, 2. Aufl., 1907, und Otto Schwarz, Formelle Finanzverwaltung in Preußen und im Reich 1907). Das Voranschlagsjahr ist zur Erleichterung der rechtzeitigen Fertigstellung auf die Zeit vom 1. April bis 31. März verlegt worden (G. vom 29. Juni 1876 [GS. S. 177]). Die Finanzperiode ist eine einjährige. Der Etat kann daher nicht für mehrere

Jahre durch ein Gesetz geregelt werden. Dagegen können in einer Sitzungsperiode des Landtags die Etats der beiden folgenden Jahre in zwei besonderen, je ein Jahr betreffenden Gesetzen festgestellt werden. Durch Notverordnung kann nach geltendem Recht um so weniger der Etat festgestellt werden, als für den dringenden Fall Art. 64 aushilft.

Verboten ist, in das Haushaltsgesetz aufzunehmen:

a) Vorschriften, die über das Rechnungsjahr hinausreichen, also dürfen zwar nach Art. 63 Abs. 3 Satz 1 in besonderen Fällen Ausgaben auch für eine längere Dauer als ein Jahr bewilligt werden, nicht aber kann die Einnahmebewilligung, soweit zulässig, sich auf eine längere Frist als das Rechnungsjahr beziehen. Natürlich ist es etwas anderes, wenn durch ein neues Gesetz neue Steuern bewilligt werden; dann gilt diese Einnahmebewilligung auch für spätere Jahre so lange, bis das betreffende Gesetz selbst aufgehoben wird.

b) Unzulässig sind im Haushaltsgesetz Vorschriften, die sich nicht auf die Einnahmen und Ausgaben des Staates oder ihre Verwaltung beziehen. Hieraus ist eine wichtige Folgerung für die fortdauernde Geltung der Unterscheidung von formellem und materiellem Gesetz gezogen worden[9]).

2. Das Recht der Regierung für den Fall des nicht rechtzeitigen Zustandekommens des Etatsgesetzes (Art. 64) betrifft Ausgaben, die nötig sind:

a) um gesetzlich bestehende Einrichtungen zu erhalten und gesetzlich beschlossene Maßnahmen durchzuführen. „Gesetzlich" bedeutet hier „nach jeder Rechtsnorm", d. h. es kann sich auch um Verordnung, Sonderermächtigung u. dgl. handeln. „Einrichtungen" sind solche Veranstaltungen, die den Behördenapparat, das Beamtentum, auf die Dauer berechnete Anstalten, auch solche nur wirtschaftlicher Art, betreffen. Dagegen sind „Maßnahmen" mehr auf vorübergehende Bedürfnisse zugeschnittene Anordnungen, produktive oder vorbeugende Eingriffe in das Staatsleben; Einrichtungen müssen erhalten werden durch die Ausgaben, es handelt sich also nicht um neue Einrichtungen;

b) um die rechtlich begründeten Verpflichtungen des Staates zu erfüllen. Hier steht (im Gegensatz zu a) dem Staate immer ein Dritter als Ver-

---

[9]) Vgl. oben S. 68 f.

tragsteil gegenüber, z. B. bei Kauf- und Mietsverträgen, Bankdiskont, Anleihezinsen. Es geht hier um die Erfüllung schon vor dem Rechnungsjahr übernommener Verpflichtungen, nicht um Übernahme neuer;

c) um Bauten, Beschaffungen und sonstige Leistungen fortzusetzen, für die durch den Haushaltsplan eines Vorjahres bereits Beträge bewilligt worden sind. „Beschaffung" ist in der Regel der Ankauf von beweglichen oder unbeweglichen Gegenständen. „Sonstige Leistungen" ermöglichen ein sehr weites Feld des Ermessens; es kann sich hier um vieles handeln, das weder mit „Bauten" noch mit „Beschaffung" etwas zu tun hat;

d) unter der gleichen Voraussetzung wie zu c) um Beihilfen zu Bauten, Beschaffungen oder sonstigen Leistungen weiter zu gewähren. Es muß also schon eine etatsmäßige Bewilligung in einem der früheren Rechnungsjahre stattgefunden haben. Beihilfen sind die in der Regel den öffentlichen Körperschaften gewährten Summen zur Gründung, Fortführung oder Erhaltung gewährten Summen im Interesse von Unternehmen des Verkehrs, der Landwirtschaft usw.

3. Im Wege des Kredits dürfen Geldmittel nur bei außerordentlichem Bedarf, d. h. wenn die ordentlichen Einnahmen nicht ausreichen, und in der Regel nur für Ausgaben zu werbenden Zwecken, z. B. Eisenbahnen, Fabriken, Kanälen (aber nicht zur Deckung eines Fehlbetrags), beschafft werden. Eine solche Beschaffung sowie die Übernahme einer Sicherheitsleistung zu Lasten des Staates dürfen nur durch ein formelles Gesetz erfolgen, das die Grundlage für die Tätigkeit der Finanzverwaltung ist, die sich mit den Anleihegläubigern im Wege des zivilrechtlichen Vertrags verständigt (Art. 65).

4. Landtagsbeschlüsse, die Mehrausgaben außerhalb des Haushaltplans in sich schließen oder für die Zukunft mit sich bringen — sei es auf die im Plane oder in den Spezialetats festgestellten Titel, sei es ohne solche Titel in Betracht kommenden außeretatmäßigen Ausgaben —, müssen zugleich bestimmen, wie diese Mehrausgaben gedeckt werden, wodurch das Ausgabebewilligungsrecht ebenfalls begrenzt wird (Art. 66).

5. Es bedarf der nachträglichen Genehmigung des Landtags zu Haushaltsüberschreitungen und außerplanmäßigen Ausgaben, die im Laufe des nächsten Jahres eingeholt werden muß (Art. 67 Abs. 1). Wenn die Geneh-

migung nicht oder nicht innerhalb des nächsten Rechnungsjahres erfolgt, sei es, daß sie nicht eingeholt, sei es, daß sie verweigert wird, so ist daran eine rechtliche Wirkung nicht geknüpft. Die Verweigerung oder Vorenthaltung der Entlastung durch den Landtag hindert nicht die Entlastung des Rechnungsführers durch die Oberrechnungskammer und die Staatsregierung (§ 17 des G. vom 27. März 1872); der Landtag kann evtl. durch sein Mißtrauensvotum (Art. 57) den Rücktritt des verantwortlichen Ministers erzwingen. Haushaltsüberschreitungen und außerplanmäßige Ausgaben bedürfen der Zustimmung des Finanzministers (Art. 67 Abs. 2), weil die Vornahme von Ausgaben ohne den die Verantwortlichkeit für den Etat tragenden Finanzminister zu unhaltbaren Zuständen führen müßte. Durch die Vorschrift sind kleine Ausgaben im Betriebe, die auf der Vereinbarung mit dem Finanzminister beruhen, ebensowenig betroffen wie Fälle, in denen bei Gefahr im Verzuge eine vorherige Verhandlung nicht herbeigeführt werden kann. Für jene Haushaltsüberschreitungen und außerplanmäßige Ausgaben darf der Finanzminister den Behörden nur im Falle eines vorübergehenden und unabweisbaren Bedürfnisses die Zustimmung erteilen; sie muß auch schon eingeholt werden, wenn der einzelne Kassenetat überschritten werden soll oder schon überschritten ist. Bei ertragswirtschaftlichen Unternehmungen des Staats können Entschlüsse erforderlich sein, die bei Einhaltung der etatrechtlichen Normalvorschriften zu spät kämen. Deshalb kann ihr Finanzwesen abweichend von dem hier dargelegten (der Art. 63—68) geregelt werden (Art. 69).

VII. Das Petitionsrecht. Der Landtag kann an ihn gerichtete Eingaben dem Staatsministerium überweisen und von diesem Auskunft über eingegangene Bitten und Beschwerden verlangen (Art. 27). Die RVerf. Art. 126 gewährt allen Deutschen, aber nicht den Ausländern, ein subjektives Recht, sich mit Bitten oder Beschwerden in eigenem oder fremdem Interesse zu wenden entweder an die zuständige Behörde jeder Rangstufe bis hinauf zum Staatsministerium oder an die Volksvertretung, und zwar an den Reichstag oder die Landtage. Zulässig ist nur eine schriftliche Bitte oder Beschwerde. Andrerseits besteht ein Recht des Landtags, an ihn gerichtete Eingaben dem Staatsministerium zu überweisen und von diesem Auskunft über eingegangene Bitten und Beschwerden zu verlangen. Gesichert wird das Recht durch die Ministerverantwortlichkeit und die parlamentarische Regierungsweise (Art. 45, 47 unten S. 153 ff.).

VIII. Dauer und Tätigkeit des Landtags ist teils durch die Verfassung, teils durch die Geschäftsordnung geregelt.

1. Der Landtag wird auf vier Jahre gewählt; dies ist so wie beim Reichstag. Dagegen weicht ab die Vorschrift des Art. 13 Satz 2 Preuß. Verf.: „Die Neuwahl muß vor dem Ablaufe dieser Zeit erfolgen.“ Somit fängt der neue Landtag schon vor Ablauf der vier Jahre an, obwohl der vorhergehende Landtag mit dem Wahltage beginnt [10]). Beim Reichstag beginnt die Wahlperiode mit dem Wahltage. Für den preußischen Landtag gilt Art. 16, wonach die Wahlperiode des neuen Landtags beginnt, falls der alte Landtag aufgelöst worden ist, mit dem Tage der Neuwahl, im übrigen mit dem Ablaufe der Wahlperiode des alten Landtags, d. h. im letzteren Falle mit dem vierten Jahrestage der Wahlen. Infolge Auflösung endet die Landtagsperiode mit dem Tage, der auf den Tag des Beschlusses der Auflösung bzw. Volksentscheids folgt; sie beginnt nach Art. 16 mit dem Tage der Neuwahl. Der Landtag hat ein Selbstversammlungsrecht; er tritt zur ersten Tagung nach jeder Neuwahl zusammen am dreißigsten Tage nach Beginn der Wahlperiode, falls ihn nicht das Staatsministerium früher beruft, im übrigen versammelt er sich in jedem Jahre am zweiten Dienstag des November. Auf Verlangen des Staatsministeriums oder eines Fünftels der Mitglieder des Landtags muß dessen Präsident ihn vor diesem Termin einberufen. Der Landtag allein beschließt den Schluß der Tagung und den Tag des Wiederzusammentritts (Art. 17). Die Landtagsauflösung kann in drei Formen geschehen (vgl. oben S. 62, 63); hier sei nur von der Auflösung durch eigenen Beschluß die Rede, die der Zustimmung von mehr als der Hälfte der gesetzlichen Mitgliederzahl (s. oben S. 123) bedarf. Dem Staatsministerium steht eine Auflösungsbefugnis nicht zu, damit nicht, bei Kollisionsfällen, einerseits mit Rücksicht auf die Möglichkeit eines Mißtrauensvotums des Landtags, andererseits dessen Erschwerung durch besondere Bestimmungen (Art. 57) „ein Wettlauf zwischen dem Staatsministerium mit

10) Das Widerspruchsvolle hebt auch Preuß, a. a. O. S. 264 hervor, der auf die Schwierigkeiten der Anwendung von Art. 13 u. 16 näher eingeht.

seinem Auflösungsdekret und dem Landtag mit seinem Mißtrauensvotum“ entsteht (Art. 14). Nach Auflösung muß die Neuwahl binnen sechzig Tagen stattfinden (Art. 15), nicht spätestens am sechzigsten Tage nach der Auflösung, wie nach Art. 25 Abs. RVerf.

2. Der Landtag wählt seinen Präsidenten, dessen Stellvertreter und die übrigen Mitglieder seines Vorstandes (Art. 18). Der Landtagspräsident und seine Stellvertreter stimmen mit ab. Bei Stimmengleichheit gibt der Landtagspräsident nicht den Ausschlag. Die Wahl des Vorstandes erfolgt mit einfacher Stimmenmehrheit, wenn nicht die Geschäftsordnung gemäß Art. 22 VerfUrk. eine Ausnahme vorschreibt, und zwar zu Beginn jeder Tagung (Sitzungsperiode). Der Vorstand setzt sein Amt fort, bis in der nächsten Tagung der neue Präsident oder Alterspräsident in Tätigkeit tritt (Geschäftsordnung § 4. VerfUrk. Art. 19). Die Wahl setzt ein beschlußfähiges Haus voraus, doch kann die Geschäftsordnung Ausnahmen zulassen (Art. 21). Der Landtagspräsident hat alle Rechte, die ihm die Geschäftsordnung zuweist, mögen sich deren Vorschriften mit denen der VerfUrk. selbst, insbesondere Art. 20, decken oder sich ableiten aus Art. 29 Abs. 2, wonach der Landtag sich seine Geschäftsordnung im Rahmen dieser Verfassung gibt. Unmittelbar auf Grund der VerfUrk. steht dem Landtagpräsidenten zu:

a) das Recht der Mitwirkung beim Ausschuß, der über die Auflösung des Landtags entscheidet (Art. 14 Abs. 1);

b) die Fortführung der Geschäfte zwischen zwei Tagungen sowie bis zum Zusammentritt eines neugewählten Landtags (Art. 19);

c) die Verwaltung der gesamten wirtschaftlichen Angelegenheiten des Landtages, und zwar

aa) nach Maßgabe des Staatshaushaltsgesetzes,

bb) mit den Befugnissen eines Staatsministers.

Beides hängt eng zusammen. Durch die Worte zu bb) ist der Landtagspräsident auch bei Haushaltsüberschreitungen (Art. 67) von keinem Minister abhängig. Er ist auch hinsichtlich Rechnungslegung und Entlastung (Art. 68) wie ein Minister zu behandeln. Über die Gleichstellung mit einem Ressortchef im Sinne der Gesetze geht aber seine Stellung nicht hinaus; er ist nicht außerhalb der Gesetze gestellt. Bei der Haushaltsbewirtschaftung des Landtags hat er nicht nur die gleichen Rechte, sondern auch die gleichen Pflichten wie ein Staatsminister, z. B. die der Verständigung mit dem Finanzminister und Genehmigung des Landtags wegen notwendiger Haushaltsüberschreitungen und außerplanmäßiger Ausgaben (Art. 67). Im übrigen ist der Landtag in seiner Haushaltsgebarung völlig selbständig, nur bei der Kostendeckung spricht die Staatsverwaltung mit; im übrigen bedarf es deren Genehmigung für die Abänderung von rechtskräftig abgeschlossenen Verträgen zuungunsten des Fiskus, bei Erlaß von Vertragsstrafen, Niederschlagung von Defekten und zu Defektenbeschlüssen überhaupt. Die wirtschaftliche und sonstige Verwaltung umfaßt die Verfügung über die Räumlichkeiten, Abschluß der Feuerversicherung, Vergebung der Reparaturen, Erlaß der Benutzungsordnungen für Bibliothek, Erfrischungsraum usw. Alle Einnahmen und Ausgaben des Landtags sind im Haushaltsplan festzustellen. Bei nicht rechtzeitiger Feststellung des Haushaltsplans kann auch das Staatsministerium gemäß Art. 64 eingreifen.

d) Dem Landtagspräsidenten steht ferner zu

aa) die Ernennung und Entlassung der planmäßigen Beamten des Landtags im Benehmen mit dem Vorstande des Landtags, was keine Zustimmung, sondern Verständigung unter Vorbehalt eigener Entschließung bedeutet;

bb) Annahme und Entlassung der Lohnangestellten ohne das Erfordernis jenes Benehmens mit dem Vorstande des Landtags;

cc) die Dienstaufsicht über die sämtlichen Beamten und Angestellten des Landtags, mögen sie planmäßig sein oder nicht. Eine Disziplinarstrafbefugnis hat aber der Minister des Innern, der auch ein Diszplinarverfahren einleiten lassen (DisziplinarG. vom 21. Juli 1852 §§ 23 Nr. 1, 32 Abs. 2) und die zwangsweise Versetzung in den Ruhestand verfügen kann.

e) Der Landtagspräsident vertritt den Staat in allen Rechtsgeschäften und Rechtsstreitigkeiten seiner Verwaltung. Vertragspartei ist aber der preußische Staat (Fiskus).

f) Der Landtagspräsident übt das Hausrecht und die Polizeigewalt im Landtagsgebäude aus.

aa) Das Hausrecht[10a]) kommt sowohl gegenüber den

[10a]) Hierüber nach bayr. und Reichsstaatsrecht H. von Jan, Bl. f. administrative Praxis, 1921, S. 97 ff.

Abgeordneten wie den Ministern und deren Beauftragten, als auch gegenüber dem Publikum in Betracht, doch kann der Landtagspräsident diesem, nicht aber jenen den Zutritt versagen. Der Landtagspräsident ist der „Bevollmächtigte" im Sinne des § 123 StGB. und kann den Antrag auf Bestrafung des Hausfriedensbruchs stellen. Hierher gehört auch Art. 38 Abs. 2 RVerf., wonach eine Durchsuchung (StPO. §§ 102 ff.) oder Beschlagnahme (StPO. §§ 94 Abs. 2, 95 Abs. 2, 97) in den Räumen des Reichstags oder eines Landtags nur mit Zustimmung des Präsidenten vorgenommen werden kann; er darf also Untersuchung und Beschlagnahme gestatten. Dagegen kommt hierbei nicht in Frage eine Durchsuchung der Wohnung eines Abgeordneten, z. B. wenn sich dort ein Verbrecher verborgen hält oder wenn dritte Personen darin gestohlene Sachen aufbewahren (Abg. Dr. Kahl in StenBer. Reichstagsdrucks. 2109). Vgl. auch Gesetz über die Befriedung der Gebäude des Reichstags und der Landtage vom 8. Mai 1920 (RGBl. S. 909); es verbietet in deren Bannkreise Versammlungen unter freiem Himmel. Auf Grund des § 2 dieses Gesetzes ist die VO. über den befriedeten Bannkreis des Reichstagsgebäudes vom 17. Mai 1920 (RGBl. S. 973) ergangen.

bb) Das Polizeirecht soll die Erhaltung oder Herstellung der öffentlichen Ruhe, Ordnung und Sicherheit ermöglichen; sie kann nur im Hause von dem Landtagspräsidenten gehandhabt werden, insbesondere die Sitzungspolizei gegenüber Abgeordneten und dem Publikum im Sitzungssaal, auf den Tribünen und anderen Räumen des Landtags.

g) Der Landtagspräsident erhält eine Aufwandsentschädigung von monatlich 2500 Mk. (Art. 28 und Gesetz vom 23. April 1921, GS. S. 361).

3. Beschlußfähigkeit des Landtags, d. h. die Möglichkeit zur rechtswirksamen Fassung eines Beschlusses, d. h. einer Entscheidung irgendwelchen verfassungsmäßig zulässigen Inhalts ist dann vorhanden, wenn mehr als die Hälfte der gesetzlichen Mitgliederzahl anwesend ist; erzwungen werden kann die Beschlußfähigkeit nicht. Der Landtag faßt seine Beschlüsse mit einfacher Stimmenmehrheit, d. h. mit einer Stimme mehr als die Hälfte aller abgegebenen Stimmen. Stimmenthaltende werden nicht gezählt, Stimmengleichheit bewirkt Ablehnung. Ausnahmen kann das Gesetz (z. B. Art. 23, 30, 43 Abs. 3, 58) und für Wahlen die Geschäftsordnung vor-

schreiben (Art. 21, 22). Die Vollsitzungen mit den Ausschüssen des Landtags sind öffentlich; auf Antrag von fünfzig Abgeordneten kann der Landtag mit Zweidrittelmehrheit die Öffentlichkeit für einzelne Gegenstände der Tagesordnung ausschließen. Über den Antrag wird in geheimer Sitzung verhandelt (Art. 23). Die Wirkungen eines Beschlusses auf geheime Sitzung sind, daß dem Publikum kein Zutritt gestattet ist und daß auch wahrheitsgetreue Berichte nicht von jeder Verantwortlichkeit frei sind; diese Freiheit bezieht sich nur auf öffentliche Sitzungen (RVerf. Art. 30).

4. Ein besonderes Recht des Landtages betrifft die Ausschüsse. Es sind drei Arten zu unterscheiden:

A. Sonderausschüsse nach Maßgabe der Geschäftsordnung. Nach § 14 Abs. 1 derselben bestellt der Landtag bei Beginn der Tagung zur Vorbereitung der Verhandlungen folgende ständige Ausschüsse:

1. für den Staatshaushaltsplan (Hauptausschuß),
2. für die Bevölkerungspolitik,
3. für das Siedlungs- und Wohnungswesen,
4. für das Landwirtschaftswesen,
5. für Handel und Gewerbe,
6. für das Rechtswesen,
7. für das Gemeindewesen,
8. für das Unterrichtswesen,
9. für die Eingaben,
10. für die Wahlprüfungen,
11. für die Geschäftsordnung,
12. für die Prüfungen der Rechnungen über den Staatshaushalt.

B. Der Landtag hat das Recht, durch Mehrheitsbeschluß, in der Regel mit einfacher Stimmenmehrheit (s. Art. 29) und auf Antrag von einem Fünftel der gesetzlichen Zahl seiner Mitglieder die Pflicht, Untersuchungsausschüsse einzusetzen[11]). Diese Ausschüsse erheben in öffentlicher Verhandlung die Beweise, die sie oder die Antragsteller für erforderlich erachten. Sie können mit Zweidrittelmehrheit die Öffentlichkeit ausschließen. Die Geschäftsordnung, und zwar entweder die allgemeine oder diejenige für die Ausschüsse, regelt ihr Verfahren und bestimmt die Zahl ihrer Mitglieder.

Die Gerichte und Verwaltungsbehörden sind verpflichtet, dem Ersuchen dieser Ausschüsse um Beweis-

[11]) Einzelheiten, geschichtliche Vorgänge und Literatur bei Stier-Somlo, Kommentar zur Preuß. Verfassung, 1921, S. 126 ff.

erhebungen nachzukommen; die Akten der Behörden sind ihnen auf Verlangen vorzulegen.

Für die Beweiserhebungen der Ausschüsse und der von ihnen ersuchten Behörden gelten die Vorschriften der Strafprozeßordnung sinngemäß, doch bleibt das Brief-, Post-, Telegraphen- und Fernsprechgeheimnis unberührt (Art. 25).

C. Der Landtag bestellt einen besonderen ständigen Ausschuß durch einfachen Mehrheitsbeschluß (s. aber auch Art. 22 Abs. 2). Dieser ständige Ausschuß der preuß. VerfUrk. unterscheidet sich von den ständigen Ausschüssen der geschäftsordnungsmäßigen ständigen Ausschüsse (siehe oben S. 137) dadurch, daß er die Tagung und die Wahlperiode überdauert. Der Zweck des Ausschusses ist die Wahrung der Rechte der Volksvertretung gegenüber dem Staatsministerium (Art. 44 ff.) für die Zeit außerhalb der Tagung und zwischen der Beendigung einer Wahlperiode oder der Auflösung des Landtags und dem Zusammentritt des neuen Landtags, also für die Zwischenzeit zwischen den Sitzungs- und Wahlperioden, also auch (im Gegensatz zur RVerf. Art. 35 Abs. 2) nach Auflösung des Landtags. Neben jener allgemeinen Umschreibung der Rechte dieses Ausschusses hat ihm die VerfUrk. selbst in Art. 55 ein Zustimmungsrecht bei Erlaß der Notverordnung verliehen. Dieser Ausschuß hat auch die Rechte eines Überwachungsausschusses, so daß ihm dessen weitgehende Befugnisse eingeräumt sind. Der Überwachungsausschuß ist nicht nur ein „kritisierender Ausschuß“; er kann z. B. bei der Durchführung des G. über die Befriedung der Gebäude des Reichstags und der Landtage vom 8. Mai 1920 (RGBl. S. 909), wenn der Landtag nicht versammelt ist, mit dem Präsidenten der früheren Tagung in Tätigkeit treten; er hat auch das „Recht der Initiative“ (Berichterstatter Abg. Dr. Berndt, AusschProt. a. a. O.). Eine Festlegung seiner besonderen Rechte in der Verfassung hielt man nicht für möglich, weil sie sich gesetzgeberisch nicht fassen ließen und bei einem Versuch einer solchen Festlegung bestimmter Rechte des ständigen Ausschusses dem Beweise aus dem Gegenteil Tür und Tor geöffnet würde, d. h. man würde bezüglich jedes nicht in der Verfassung angeführten Rechts schließen, daß es dem ständigen Ausschusse nicht zustehe. Der Gefahr, daß er zur Ausschaltung der Vollversammlungen führen könnte, ist schon dadurch begegnet, daß der Landtag auf Verlangen von mindestens einem Fünftel der Mitglieder einberufen werden muß (Art. 17 Abs. 2 Satz 2).

IX. Rechtliche Stellung und Befugnisse der Landtagsmitglieder.

1. Über die Entstehung der Abgeordneteneigenschaft geben die Darlegungen über das Wahlrecht Auskunft.

2. Der Verlust der Abgeordneteneigenschaft ist im Landeswahlgesetz § 5 geregelt. Er tritt ein bei Verzicht, der dem Landtagspräsidenten schriftlich zu erklären und nicht widerrufbar ist; durch nachträglichen Verlust des Wahlrechts, strafgerichtliche Aberkennung der Rechte aus öffentlichen Wahlen, Ungültigkeitserklärung der Wahl oder sonstiges Ausscheiden beim Wahlprüfungsverfahren, nachträgliche Änderung des Wahlergebnisses.

3. Die Abgeordneten stimmen nach ihrer freien, nur durch die Rücksicht auf das Volkswohl bestimmten Überzeugung; an Aufträge und Weisungen sind sie nicht gebunden (Art. 10). Sie sind Vertreter des ganzen Volkes.

4. Beamte bedürfen keines Urlaubs, welcher Art sie auch sein mögen, solche des Reichs, des Staates oder der Selbstverwaltungskörper (RVerf. Art. 128 ff., preußVerfUrk. Art. 70), welch letztere auch als öffentliche Körperschaften in Frage kommen. Ob der Charakter als Beamter vorhanden ist, richtet sich nach Reichs- und Landesstaatsrecht (einschließlich des Kommunalrechts) und bedarf hier keiner Erörterung (Lehrer an öffentlichen Schulen sind Beamte, Rechtsanwälte nicht, auch nicht für die vorliegende Frage, dagegen Notare). Reichs-, Landes- und Kommunalbeamte bedürfen daher keiner Erlaubnis ihrer vorgesetzten Behörde zum Eintritt in den Landtag, können zu diesem Zwecke ihre Dienstgeschäfte eigenmächtig aufgeben. Eine Anzeigepflicht an die vorgesetzte Behörde wird aber aus dem Beamtenrecht abzuleiten sein.

Angestellte und Arbeiter des Staates und der Körperschaften des öffentlichen Rechts bedürfen ebenfalls keines Urlaubs zur Ausübung der Tätigkeit als Abgeordnete. Für die RVerf. wurde ein entsprechender Antrag abgelehnt (AusschProt. S. 146 ff.; vgl. jedoch RVerf. Art. 160).

Der erforderliche Urlaub ist zur Vorbereitung der Wahl zu gewähren bei Bewerbung um einen Sitz im Landtag, nach Art. 39 Abs. 2 RVerf. auch um einen Sitz im Reichstag. Wie sich die, natürlich ernsthafte, Bewerbung äußert, ist Tatfrage; Giese, S. 158, verlangt

Aufstellung als Kandidat. Jedenfalls muß ein Urlaub nachgesucht werden, der aber nicht abgelehnt werden kann, wenn und insoweit er für den bezeichneten Zweck erforderlich ist.

Gehalt und Lohn sind weiterzuzahlen (Art. 11).

5. Die Mitglieder des Landtags haben die Rechte der Verantwortungsfreiheit, Immunität und der Zeugnisverweigerung. Sie sind in der RVerf. geregelt. Es genügt hier, unter Verweisung auf deren Bestimmungen und auf die Literatur, eine kurze Übersicht des Inhalts der einschlägigen Art. 36 bis 39 der RVerf. zu geben.

A. Kein Mitglied des (Reichstags oder eines) Landtags darf (bis zum Zeitpunkt der etwaigen Ungültigkeitserklärung seiner Wahl) zu irgendeiner Zeit — also auch nicht während einer Vertagung oder nach der Sitzungs- oder Wahlperiode oder Verlust seines Mandats — wegen seiner Abstimmung oder wegen der in Ausübung seines Berufs (im Landtag, sei es in den Voll-, sei es in den Ausschußsitzungen) getanen Äußerungen — solche in öffentlichen Versammlungen, auf Parteitagen, Kongressen, bei Rechenschaftsberichten vor den Wählern stehen nicht gleich — weder gerichtlich auf Grund strafrechtlicher oder bürgerlich-rechtlicher Vorschriften oder dienstlich (disziplinarisch als Beamter) oder sonst, z. B. ehrengerichtlich, polizeirechtlich, verfolgt oder sonst außerhalb der Versammlung zur Verantwortung gezogen werden (Art. 36). Innerhalb derselben besteht die geschäftsordnungsmäßige Disziplin (vgl. die GeschOrdn. des preuß. Landtags §§ 59—64).

B. Es bedarf der Genehmigung des Landtags — wodurch das Immunitätsrecht wegfällt und die Verfolgbarkeit eintritt —, wenn ein Abgeordneter

a) während der Sitzungsperiode, aber auch nach deren Schluß und nach Ablauf der Wahlperiode wegen einer mit Strafe bedrohten Handlung zur Untersuchung gezogen oder verhaftet werden soll, es sei denn, daß das Mitglied bei Ausübung der Tat oder spätestens im Laufe des folgenden Tages festgenommen ist;

b) sonst in seiner persönlichen Freiheit beschränkt werden soll, wodurch die Ausübung des Abgeordnetenberufs beeinträchtigt wird. Dahin gehören außer der Untersuchungshaft und der vorläufigen Festnahme und Verhaftung die Strafhaft, die Zivilhaft (wegen Zeugnisverweigerung im Zivil- oder Strafprozeß — s. aber unten zu D! —, wegen Nichtleistung des Offenbarungseides zur Erzwingung einer nicht vertretbaren Handlung, wegen Zuwiderhandlung gegen die rechtskräftig festgestellte Verpflichtung zu einer Unterlassung oder Duldung, zur Vollziehung des persönlichen Sicherheitsarrestes, als Sicherheitsmaßnahme gegenüber einem Gemeinschuldner), Schutzhaft, zwangsweise Vorführung im Zivil- und Strafprozeß, Aufenthaltsbeschränkungen (Art. 37 Abs. 1 RVerf.).

C. Jedes Strafverfahren (Erkenntnis- und Vollstreckungsverfahren) gegen ein Mitglied des Landtags und jede Haft (Untersuchungshaft, Strafhaft, Zivilhaft [ZPO. § 905], Schutzhaft) oder sonstige Beschränkung seiner persönlichen Freiheit, die die Ausübung seines Abgeordnetenberufs beeinträchtigt, wird auf Verlangen des Hauses für die Dauer der Sitzungsperiode aufgehoben. Dieser Satz der RVerf. Art. 37 Abs. 3 entspricht, abgesehen von der Aussetzung des Vollstreckungsverfahrens, der a.preußVerfUrk. Art. 87 Abs. 4, a.RVerf. Art. 31 Abs. 3. Die Haft oder sonstige Freiheitsbeschränkung wird vorübergehend unterbrochen und nach Beendigung der Tagung (Sitzungsperiode) fortgesetzt. § 69 StGB. bestimmt über das Ruhen der Verfolgungsverjährung.

D. Nach der RVerf. Art. 38 steht ein Zeugnisverweigerungsrecht zu den Mitgliedern des Reichstags und der Landtage über Personen, die ihnen in ihrer Eigenschaft als Abgeordnete Tatsachen anvertrauen oder denen sie in Ausübung ihres Abgeordnetenberufs solche anvertraut haben, sowie über diese Tatsachen selbst. Bisher galt nur gemäß §§ 382, 402 ZPO., §§ 49, 72 StPO., daß ohne Genehmigung einer gesetzgebenden Versammlung ein Mitglied während der Sitzungsperiode und seines Aufenthalts am Orte die Versammlung nicht als Zeuge oder Sachverständiger an einem anderen Orte vernommen werden darf. Diese Vorschriften bleiben weiter in Geltung. Auch in bezug auf Beschlagnahme von Schriftstücken (StPO. §§ 94 Abs. 2, 95 Abs. 2, 97) stehen sie den Personen gleich, die ein gesetzliches Zeugnisverweigerungsrecht (StPO. §§ 102 ff.) haben. Eine Durchsuchung oder Beschlagnahme darf in den Räumen (des Reichstags und auch) des Landtags nur mit Zustimmung des Präsidenten vorgenommen werden [12]).

---

[12]) Zur Literatur: Altsmann, Zur Auslegung des Art. 3 der aRVerf. 1 589 ff.; Arndt, RVerf., 5. Aufl., S. 177 f., 179, 194; Derselbe, RVerf. 1919, S. 70 ff., 72 ff.; v. Bar, Die Redefreiheit der Mitglieder usw., 1868; Dambitsch, RVerf., S. 458 ff., 465 ff., 463; Fuld

6. Die Mitglieder der Landtags erhalten für sich persönlich das Recht zur freien Fahrt ohne jede Beschränkung in bezug auf die Tagungszeit, den Reisezweck, die Wagenklasse, die Gepäckbeförderung, auf allen im Bereiche der ehemals preußisch-hessischen Eisenbahngemeinschaft belegenen deutschen Eisenbahnen. Unter Eisenbahnen sind zu verstehen „alle auf Gleisen sich fortbewegenden gewerbsmäßigen Beförderungsmittel von Personen oder Gütern auf festen Spurwegen. Mangels besonderer Fassung gehören hierher Pferde-, Drahtseil-, elektrische und Schwebebahnen, nicht aber gleislose Kraftwagenbetriebe“. Im Reichstage wurde zu Art. 40 der RVerf. angenommen, daß Eisenbahnen „alle auf Gleisen sich fortbewegenden Beförderungsmittel mit Ausnahme der Straßenbahn“, „alle dem allgemeinen Verkehr dienenden Eisenbahnen, Nebenbahnen und Kleinbahnen seien“ (Abg. Hausmann in StenBer. 2110 f.), mögen sie Reichs-, Staats-, Kommunal- oder Privatbahnen sein. Ausgeführt ist die Verfassung nach Maßgabe der Gesetze vom 23. April und 6. August 1921 (GS. S. 361 bzw. 481), und zwar erhalten die Landtagsmitglieder:

1. für die Dauer ihrer Zugehörigkeit zum Landtage und die folgenden acht Tage das Recht zur freien Fahrt auf den auf das Reich übergegangenen Strecken der ehemals preußisch-hessischen Staatseisenbahngemeinschaft sowie auf allen in diesem Gebiete belegenen Privatbahnen und Kleinbahnen mit Ausnahme der Straßenbahnen;
2. von dem Tage vor dem ersten Zusammentritte des Landtags an bis zum Ende des Monats, in dem der Landtag aufgelöst wird oder in dem seine Wahldauer abläuft, eine Aufwandsentschädigung von monatlich eintausendfünfhundert Mark, die an jedem Monatsersten im voraus zu zahlen ist und einen Teuerungszuschlag, falls sie in

---

im Gerichtssaal, **35** 529 ff.; Doerkes-Boppard, Die Immunität der Reichstagsabgeordneten, 1907; Hubrich, Die parlamentarische Redefreiheit und Disziplin, 1897, S. 322 ff., 371; Erich Kaufmann, Grundfragen der künftigen RVerf., 1919, S. 28 f.; v. Kißling, Die Unverantwortlichkeit des Abgeordneten, 2. Aufl., 1885; Laband, RStR., 5. Aufl., **1** 355, 357; Meyer-Anschütz, RStR., 7. Aufl., S. 374 f., 517 ff.; v. Seydel, VerfUrk., 2. Aufl., S. 211 ff.; Sonntag, Der besondere Schutz der Mitglieder des Reichstags, 1895; Weismann in der Zeitschr. für die gesamte Strafrechtswiss., **9** 379 ff. Über das Zeugnisverweigerungsrecht Laband, Sonntag, Roth, in DJZ. 1906, S. 953, 1010, 1361; Müller-Meiningen, Annalen des Deutschen Reichs, 1906, S. 641 ff.

der Stadtgemeinde Berlin wohnen, von monatlich fünfhundert, sonst eintausend Mark. Mehr als 1500 Mark monatlich darf an Aufwandsentschädigung für denselben Kalendermonat auch denjenigen Mitgliedern nicht gezahlt werden, die zwei aufeinanderfolgenden Landtagen angehören.

Mitglieder, die nach dem ersten Zusammentritte des Landtags eintreten, erhalten die Aufwandsentschädigung von dem Tage vor ihrem Eintritte an. Mitglieder, die vorzeitig ausscheiden, erhalten sie bis zum Ende des Monats, in dem sie ausgeschieden sind. Mitgliedern, die im Verkehre zwischen Teilen Preußens Eisenbahnen benutzen, für die sie keine Freifahrtberechtigung besitzen, werden die hierdurch entstandenen Kosten ersetzt. Das gleiche gilt, wo eine Seeverbindung benutzt werden muß.

Für Ausschußsitzungen an Tagen, an denen keine Vollsitzung des Hauses stattfindet, erhalten die Ausschußmitglieder außer der Aufwandsentschädigung ein Tagegeld von fünfzig Mark für jeden Tag ihrer Anwesenheit, die durch das Sitzungsprotokoll des Ausschusses nachgewiesen ist; hierzu, falls sie in der Stadtgemeinde Berlin wohnen, einen Teuerungszuschlag von zwanzig Mark, für Sitzungen außerhalb der Stadtgemeinde Berlin fünfunddreißig Mark, die übrigen Mitglieder stets fünfunddreißig Mark.

Für jeden Tag, an dem ein Mitglied des Landtags der Vollsitzung ferngeblieben ist, wird von der Entschädigung ein Betrag von fünfzig Mark abgezogen.

Dieser Abzug findet nicht statt, wenn der Abgeordnete am gleichen Tage der Sitzung eines Ausschusses als Mitglied angewohnt hat oder wenn das Fernbleiben durch Krankheit oder durch Geschäfte im Interesse des Landtags veranlaßt ist.

Ein Mitglied des Landtags, welches gleichzeitig Mitglied des Reichstags ist, bezieht eine Aufwandsentschädigung nur, wenn der Landtag versammelt ist und der Reichstag länger als eine Woche zu einer Vollsitzung nicht zusammentritt, und abgesehen hiervon weiter nur für die Tage, für die ihm auf Grund des Gesetzes über die Entschädigung der Mitglieder des Reichstags vom 10. Juli 1920 (Reichs-Gesetzbl. S. 1437) ein Abzug von der Entschädigung, die es als Reichstagsmitglied erhält, gemacht wird.

Der Landtag gilt im Sinne dieser Bestimmung nicht

als versammelt, wenn er länger als eine Woche zu keiner Vollsitzung zusammentritt.

Ein Mitglied des Landtags darf während der Dauer seiner Berechtigung zur freien Fahrt auf den Eisenbahnen keine Eisenbahnfahrkosten annehmen.

Ein Verzicht auf die Aufwandsentschädigung ist unzulässig. Der Anspruch auf freie Eisenfahrt und auf Aufwandsentschädigung ist nicht übertragbar.

Ist im Falle des Todes eines Mitglieds des Landtags ein Ehegatte hinterblieben, so kann die Zahlung an diesen erfolgen, ohne daß sein Erbrecht nachgewiesen zu werden braucht.

Zweiter Abschnitt.

Der Staatsrat.

I. Rechtliche Natur. Der Staatsrat ist eines der obersten Staatsorgane Preußens zur Vertretung der Provinzen bei der Gesetzgebung und Verwaltung des Staates, die demnach an dessen Zentralleitung teilnehmen, indes gleichzeitig auch ihre Selbstverwaltungsbefugnisse erheblich erweitert werden (vgl. oben S. 120, 121). Der Staatsrat ist keine Erste Kammer, überhaupt keine Volksvertretung, obwohl seinen Mitgliedern zum Teil Befugnisse zugewiesen sind, die sonst nur Abgeordneten einer Volksvertretung zuzukommen pflegen. Sie stimmen nach ihrer freien, nur durch die Rücksicht auf das Volkswohl bestimmten Überzeugung; an Aufträge und Weisungen sind sie nicht gebunden. Es fehlt aber die Feststellung, daß sie das ganze Volk vertreten. Sie haben auch ein Immunitätsrecht; sie dürfen zu keiner Zeit wegen ihrer Abstimmung oder wegen der in Ausübung ihres Amtes getanen Äußerungen gerichtlich oder dienstlich verfolgt oder sonst außerhalb der Versammlung zur Verantwortung gezogen werden. Ihre Immunität ist also beschränkt. Beamte, Angestellte und Arbeiter des Staates und der Körperschaften des öffentlichen Rechts bedürfen zur Ausübung des Amtes als Mitglieder des Staatsrats keines Urlaubs. Gehalt und Lohn sind weiter zu zahlen. Sie erhalten Reisekosten (nicht freie Fahrt) und Aufwandsentschädigung. Ein Verzicht darauf ist ebenso wie bei Landtagsmitgliedern unzulässig (Art. 34 bis 36, 41). Auch die Gestaltung des Staatsrats im einzelnen und seine Geschäftsformen sind nach parlamentarischen Vorbildern geschaffen.

II. Der Staatsrat wählt seinen Vorsitzenden und seine Schriftführer sowie deren Stellvertreter und regelt seinen Geschäftsgang durch eine Geschäftsordnung. Er ist beschlußfähig, wenn mehr als die Hälfte der Mitglieder anwesend ist. Bei Abstimmungen entscheidet die einfache Mehrheit der Abstimmenden. Die Vollsitzungen des Staatsrats sind öffentlich. Er kann mit Zweidrittelmehrheit die Öffentlichkeit für einzelne Gegenstände der Tagesordnung ausschließen. Über einen Antrag, die Öffentlichkeit auszuschließen, wird in geheimer Sitzung verhandelt (Art. 37, 38 Abs. 2, 39, 24). Ein Anklang an die parlamentarische Stellung liegt auch in der Bestimmung, daß niemand gleichzeitig Mitglied des Staatsrats und des Landtags sein darf (Art. 32 Abs. 2 Satz 1). Das ist die sog. Inkompatibilität.

III. Zusammensetzung. Der Staatsrat besteht aus Vertretern der Provinzen. Als Provinzen gelten hierbei Ostpreußen, Brandenburg, Stadt Berlin, Pommern, Grenzmark Posen-Westpreußen, Niederschlesien, Oberschlesien, Sachsen, Schleswig-Holstein, Hannover, Westfalen, Rheinprovinz und Hessen-Nassau. Auf je 500 000 Einwohner einer Provinz fällt ein Vertreter, jedoch entsendet jede Provinz mindestens drei Vertreter in den Staatsrat. Ein Rest von mehr als 250 000 Einwohnern wird vollen 500 000 gleich gerechnet. Außerdem entsenden die Hohenzollernschen Lande einen Vertreter. Die Zahl der Vertreter der Provinzen wird durch das Staatsministerium nach jeder allgemeinen Volkszählung und bei Veränderungen des Gebiets der Provinzen neu festgesetzt (Art. 32). Nach der VO. vom 28. Februar 1921 (GS. S. 317) wurde die Zahl der als Mitglieder des Staatsrats zu entsendenden Mitglieder wie folgt festgesetzt:

1.	für die	Provinz	Ostpreußen	auf	4
2.	„ „	„	Brandenburg	„	5
3.	„ „	Stadt	Berlin	„	8
4.	„ „	Provinz	Pommern	„	4
5.	„ „	Grenzmark	Posen-Westpreußen .	„	3
6.	„ „	Provinz	Niederschlesien	„	6
7.	„ „	„	Oberschlesien	„	5[1]
8.	„ „	„	Sachsen	„	6
9.	„ „	„	Schleswig-Holstein . . .	„	3

[1]) Die Provinz Oberschlesien ist durch Ges. vom 7. April 1921 (GS. S. 353) berechtigt worden, für die Zeit bis zur verfassungsmäßigen Wahl ihrer Vertreter zum Staatsrat vorläufige Mitglieder in ihn zu entsenden.

10. für die Provinz Hannover . . . . auf 6
11. „ „ „ Westfalen . . . . „ 9
12. „ „ Rheinprovinz . . . . „ 14
13. „ „ Provinz Hessen-Nassau . . . . „ 5

Außerdem entsenden die Hohenzollernschen Lande gemäß Art. 32 Abs. 3 einen Vertreter in den Staatsrat.

Die Mitglieder des Staatsrats und ihre Stellvertreter werden nach den Grundsätzen der Verhältniswahl, in den Hohenzollernschen Landen nach den Grundsätzen der Mehrheitswahl gewählt. Wählbar sind die Mitglieder der Wahlkörper (Provinziallandtage, Stadtverordnetenversammlung in Berlin, Kommunallandtage der Grenzmark Posen-Westpreußen und der Hohenzollernschen Lande). Wählbar sind alle reichsdeutschen Männer und Frauen, die das fünfundzwanzigste Lebensjahr vollendet und ihren Wohnsitz ein Jahr im Bezirke des Wahlkörpers haben (Art. 31 Abs. 1, Gesetz über die Wahlen zum Staatsrate vom 16. Dezember 1920 [GS. 1921, S. 90] § 1).

Ausgeschlossen von der Wählbarkeit ist: 1. wer entmündigt ist oder unter vorläufiger Vormundschaft oder wegen geistiger Gebrechen unter Pflegschaft steht; 2. wer die bürgerlichen Ehrenrechte nicht besitzt.

Für jedes Mitglied des Staatsrats wird im gleichen Wahlgang ein Stellvertreter gewählt. Stellvertreter des an erster (zweiter, dritter usw.) Stelle gewählten Mitglieds ist der den gewählten Mitgliedern an erster (zweiter, dritter usw.) Stelle auf demselben Wahlvorschlage folgende Bewerber. Bei vorübergehender Behinderung des Mitglieds ist der Stellvertreter zur Teilnahme an den Verhandlungen des Staatsrats auch ohne besondere Einladung berufen. Scheidet ein Mitglied dauernd aus, so tritt an seine Stelle sein Stellvertreter und an dessen Stelle derjenige Ersatzmann, der hinter dem an letzter Stelle zum Stellvertreter Gewählten als nächster auf dem Wahlvorschlage steht. Das Ausscheiden eines Mitglieds wird durch Beschluß des Staatsrats festgestellt. In dem Beschlusse wird gleichzeitig festgestellt, wer als Mitglied und als Stellvertreter nachrückt. Gegen den Beschluß steht jedem Mitgliede des Staatsrats sowie demjenigen, dessen Ausscheiden durch den Beschluß festgestellt ist, binnen zweier Wochen die Klage beim Oberverwaltungsgerichte zu. Der Beschluß wird erst mit der Rechtskraft wirksam.

Bis zum Beginne der Sitzung des Staatsrats, in der über das Ausscheiden eines Mitglieds Beschluß gefaßt werden soll, kann der Vertrauensmann an Stelle des nach dem Wahlvorschlag an erster Stelle zum Nachrücken bestimmten Ersatzmanns einen der anderen auf demselben Wahlvorschlage benannten Bewerber für die freigewordene Stelle als Stellvertreter bezeichnen.

Dem endgültigen Ausscheiden eines Mitglieds steht der Fall der Ablehnung der Wahl gleich.

Die Wahlvorschläge müssen von mindestens drei Mitgliedern des Wahlkörpers unterzeichnet sein. Der erste Unterzeichner gilt als Vertrauensmann, wenn nicht ein anderer als solcher bezeichnet ist. Der Vertrauensmann ist zur Änderung und Rücknahme des Wahlvorschlags befugt. Mit den Wahlvorschlägen ist die Erklärung der Bewerber einzureichen, daß sie der Aufnahme ihrer Namen in den Wahlvorschlag zustimmen. Der Name des ersten Bewerbers auf jedem Wahlvorschlage dient als Bezeichnung des ganzen Wahlvorschlags. Eine Verbindung von Wahlvorschlägen findet nicht statt. Die Wahlvorschläge mit den genannten Erklärungen müssen spätestens vierundzwanzig Stunden vor der festgesetzten Wahlzeit bei dem Staatskommissar (Oberpräsidenten) oder der von ihm bezeichneten Stelle eingegangen sein. Später eingehende Wahlvorschläge dürfen nicht berücksichtigt werden.

Gewählt wird mit verdeckten Stimmzetteln.

Zwecks Verteilung der Mitglieder des Staatsrats und ihrer Stellvertreter auf die Wahlvorschläge wird die Summe der auf die einzelnen Wahlvorschläge entfallenen Stimmen nacheinander durch 1, 2, 3, 4 usw. geteilt, bis von den sich hierbei ergebenden Teilzahlen so viele Höchstzahlen der Größe nach ausgesondert werden können, wie Mitglieder zu wählen sind. Von jedem Wahlvorschlag sind so viele Mitglieder und Stellvertreter gewählt, wie auf ihn Höchstzahlen entfallen. Wenn die an letzter Stelle stehende Höchstzahl auf mehrere Wahlvorschläge zugleich entfällt, so entscheidet das vom Vorsitzenden zu ziehende Los. Auf einstimmigen Beschluß des Wahlkörpers kann an Stelle der Einrichtung von Wahlvorschlägen und der Wahl mit verdeckten Stimmzetteln nach einem vereinfachten Verfahren gewählt werden. Das Ergebnis der Wahlen ist öffentlich bekanntzumachen.

Gegen die Gültigkeit der Wahl kann jedes Mitglied des Wahlkörpers binnen zweier Wochen nach der Bekanntmachung Einspruch beim Vorsitzenden erheben. Über den

Einspruch beschließt der Staatsrat. Auch im übrigen prüft der Staatsrat die Gültigkeit der Wahlen von Amts wegen. Gegen den Beschluß des Staatsrats steht dem, der den Einspruch erhoben hat, und dem, dessen Wahl für ungültig erklärt ist, binnen zweier Wochen die Klage beim Oberverwaltungsgericht zu. Die Klage hat im Falle der Ungültigkeitserklärung einer Wahl aufschiebende Wirkung. (§§ 2 Abs. 4, 3, 5—8, 13, Abs. 1, 18, 23 Abs. 1, 24 des Wahlgesetzes zum Staatsrate.)

IV. Aufgaben und Zuständigkeiten.

1. Auf dem Gebiete der Gesetzgebung hat der Staatsrat ein aufschiebendes Veto gegen die vom Landtag beschlossenen Gesetze (oben S. 70), ein absolutes Veto, wenn der Landtag Ausgaben beschließen will, die über den vom Staatsministerium vorgeschlagenen oder bewilligten Betrag hinausgehen. Stimmt der Staatsrat nicht zu, so ist der Beschluß des Landtags nur wirksam, soweit er mit dem Vorschlag und der Bewilligung des Staatsministeriums übereinstimmt. Ein Volksentscheid ist in diesem Falle unzulässig. Der Staatsrat hat ferner ein Recht der Gesetzesinitiative, d. h. er kann Gesetzesvorlagen durch das Staatsministerium an den Landtag bringen (Art. 40 Abs. 3); das Recht der Anhörung (zur gutachtlichen Äußerung) vor Einbringung von Gesetzesvorlagen durch das Staatsministerium (Art. 40 Abs. 2), nicht wenn die Gesetzesvorlagen aus dem Landtag kommen.

2. Auf dem Gebiete der Verwaltung hat das Staatsministerium den Staatsrat über die Führung der Staatsgeschäfte auf dem laufenden zu halten (Art. 40 Abs. 1). Vor Erlaß von Ausführungsbestimmungen zu Reichs- und Staatsgesetzen sowie vor Erlaß allgemeiner organisatorischer Anordnungen des Staatsministeriums ist der Staatsrat oder sein ständiger Ausschuß zu hören (Abs. 4 daselbst). Endlich wirkt der Staatsrat mit bei Auflösung des Landtags (Art. 14 Abs. 1 und oben S. 63).

IV. Zum erstenmal hat den Staatsrat das Staatsministerium einzuberufen. Im übrigen versammelt er sich auf Einladung seines Vorsitzenden, so oft die Geschäfte es erfordern. Der Vorsitzende hat den Staatsrat einzuberufen, wenn ein Fünftel seiner Mitglieder, die sämtlichen Vertreter einer Provinz oder das Staatsministerium es verlangen (Art. 38 Abs. 1).

Dritter Abschnitt.

Das Staatsministerium.

I. Rechtliche Natur. Das Staatsministerium ist die oberste vollziehende und leitende Behörde des Staates (Art. 7). Es ist aber noch mehr: eine weder das Kollegial- noch das Premierministersystem in Reinheit darstellende Körperschaft, die als Ausschuß und Vertrauensgruppe der Mehrheit der Volksvertretung die Politik bestimmt und in einer dem Parlament verantwortlichen Weise handhabt. Es ersetzt, wenn auch nur teilweise, den fehlenden Staatspräsidenten.

Indem als Gegengewicht zu einem allmächtigen Landtag außer Volksbegehren und Volksentscheid, unter Ablehnung einer Ersten Kammer, der Staatsrat geschaffen wurde (Art. 14, 31—43, 57 Abs. 6), sind die sonst dem Staatspräsidenten zugedachten Funktionen teils dem Staatsministerium überwiesen, wie die Vertretung nach außen, Ernennung der Staatsbeamten, Recht der Begnadigung (Art. 49, 52, 54 Abs. 1), teils einem aus dem Ministerpräsidenten, den Präsidenten des Landtags und des Staatsrats bestehenden Ausschusse bei der Landtagsauflösung (Art. 14 Abs. 1; vgl. auch Art. 57 Abs. 6, 62), während die Wahl des Ministerpräsidenten dem Landtage, nicht, wie nach der Notverfassung vom 20. März 1919, dem Landtagspräsidenten, zugewiesen wurde (Art. 44). Auf das Staatsministerium sind übergegangen alle Befugnisse, die nach den früheren Gesetzen, Verordnungen und Verträgen dem Könige zustanden (Art. 82 Abs. 1).

II. Entstehung. Der Landtag wählt ohne Aussprache den Ministerpräsidenten, der die übrigen Staatsminister ernennt. Sie bilden zusammen das Staatsministerium (Art. 45, 44). Für das Kollegialsystem spricht, daß jeder Minister den ihm anvertrauten Geschäftskreis selbständig und unter eigener Verantwortung gegenüber dem Landtag leitet, es spricht dagegen, daß er dies innerhalb der vom Ministerpräsidenten bestimmten Richtlinien der Regierungspolitik zu tun hat (Art. 46) und insoweit gebunden, aber auch m. E. dem Ministerpräsidenten politisch verantwortlich ist, weil dieser nach dem letzterwähnten Artikel und weil er den Staatsminister ernennt (Art. 45), Anspruch auf Einhaltung dieser Richtlinien (freilich auch nur dieser) hat. Für das Kollegialsystem spricht ferner, daß in Ermangelung gesetzlicher Bestimmungen das Staatsministerium als solches über die Zuständigkeit der einzelnen Staatsminister sowie über Meinungsverschiedenheiten, die den Geschäftsbereich mehrerer Staatsminister betreffen, beschließt (Art. 47). Das Staatsministerium als solches, nicht der Ministerpräsident, ist auch die oberste vollziehende und leitende Staatsbehörde (Art. 7). Aus der Vorschrift, daß der Ministerpräsident den Vorsitz im Staatsministerium hat und dessen Geschäfte leitet (Art. 47 Abs. 1), ist m. E. auch kein Schluß auf das Premierministersystem zu ziehen, weil hier nur Vorsitz und Geschäftsleitung zum Ausdrucke kommen, nicht aber eine materielle über den Einzelminister erhöhte Stellung. Daß dies politisch der Fall ist, wird nicht in Abrede zu stellen sein, denn er ernennt die Staatsminister und hat darin freie Hand, er gibt ihnen sein Programm (Art. 45 Satz 2, 46); jedoch sind diese Rechtsbefugnisse eben nur Wirkungen politischer Notwendigkeiten oder Zusammenhänge und gegenüber den hier angeführten Bestimmungen nicht ausreichend, um die Stellung des Staatsministeriums als einer kollegialen Behörde (trotz Vorhandenseins gewisser Zweifel) ernstlich in Frage zu stellen.

III. Die Zahl der Minister ist gesetzlich nicht festgelegt. Es gab bis zur Staatsumwälzung im November 1918 folgende Minister: 1. den des Innern, 2. der Finanzen, 3. der geistlichen und Unterrichtsangelegenheiten, 4. für Handel und Gewerbe, 5. für Landwirtschaft, Domänen und Forsten, 6. für öffentliche Arbeiten, 7. für auswärtige Angelegenheiten, 8. für das Heerwesen (Kriegsminister). Seither erhielt der Minister zu 3 die Bezeichnung „für Wissenschaft, Kunst und Volksbildung“; der zu 6 wird infolge Übernahme der Eisenbahnen auf das Reich durch den Reichsverkehrsminister ersetzt (RVerf. Art. 7 Nr. 19, Art. 90, 92, 93, 171; G., betr. den Staatsvertrag zwischen Preußen und dem Deutschen Reiche über die Übertragung der preuß. Staatsbahnen auf das Reich, vom 29. April 1920 [GS. S. 97 ff.], Ges. v. 15. August 1921 [GS. S. 487]). Die Pflege der Beziehungen zu den auswärtigen Staaten ist zwar ausschließlich Sache des Reichs geworden (RVerf. Art. 78). Es bleiben aber für die Länder gewisse Aufgaben, besonders im Verkehr miteinander. Der Kriegsminister (oben zu 8) ist infolge der Neuregelung der Wehrverfassung und Reichsverteidigung (RVerf. Art. 6, 79) weggefallen. Neu hinzugekommen ist der Minister für Volkswohlfahrt. Vgl. Beschl. der Staatsregierung vom 7. Nov. 1919 (GS. S. 173).

IV. Rechte des Staatsministeriums.

1. Die Vertretung des Staates nach außen. Dies gilt sowohl in dem bescheidenen Rahmen der völkerrechtlichen Vertretung, die den Ländern noch verblieben ist (Art. 78 RVerf.), als auch nach innen, insbesondere als Fiskus (Art. 49) und als oberste Verwaltungsbehörde.

2. Beschlußfassung über Gesetzesvorlagen, die an den Landtag zu bringen sind, sog. Gesetzesinitiative (Art. 50).

3. Erlaß von Ausführungsverordnungen, soweit das Gesetz diese Aufgabe nicht einzelnen Staatsministern zuweist (Art. 51). Es handelt sich nur um Verwaltungsverordnungen.

4. Ernennung der unmittelbaren Staatsbeamten und der Mitglieder des Reichsrats, soweit sie nicht von den Provinzialverwaltungen nach Maßgabe des Gesetzes vom 3. Juni 1921 (GS. S. 379) bestellt werden (Art. 52, 53).

5. Ausübung des Begnadigungsrechts (Art. 54). Doch kann dieses Recht zugunsten eines Ministers, der wegen seiner Amtshandlungen verurteilt worden ist, nur auf Antrag des Landtags ausgeübt werden (Art. 54 Abs. 1 u. 2).

6. Erlaß von Notverordnungen mit Gesetzeskraft (Art. 55). Vgl. oben S. 73 ff.

7. Beschlußfassung über die Zuständigkeit der einzelnen Staatsminister nach näherer Regelung des Art. 47 Abs. 2 u. 3.

8. Verkündung der verfassungsmäßig zustande gekommenen Gesetze und der vom Landtag genehmigten Staatsverträge (Art. 60).

9. Ermächtigung, bei nicht rechtzeitiger Feststellung des Haushaltsplans bestimmte Ausgaben zu leisten und Schatzanweisungen auszugeben (Art. 64).

10. Der Übergang aller Befugnisse, die nach den früheren Gesetzen, Verordnungen und Verträgen dem Könige zustanden, ist in Art. 82 Abs. 1 festgelegt. Nur die Rechte, die dem König als Vertreter des landesherrlichen Kirchenregiments zustanden, werden von drei durch das Staatsministerium zu bestimmenden Ministern evangelischen Glaubens ausgeübt, solange nicht

die evangelischen Kirchen diese Rechte durch staatsgesetzlich bestätigte Kirchengesetze auf kirchliche Organe übertragen haben (Abs. 2 daselbst).

11. Beschluß über die Zuständigkeit der einzelnen Staatsminister, soweit hierüber nicht gesetzliche Vorschriften getroffen sind, und über Meinungsverschiedenheiten hinsichtlich solcher Fragen, die den Geschäftsbereich mehrerer Staatsminister berühren (Art. 47 Abs. 2 u. 3).

12. Verkündung der verfassungsmäßig zustande gekommenen Gesetze und der vom Landtag genehmigten Staatsverträge in der Gesetzsammlung (Art. 60).

Im Art. 7 ist über diese Rechte hinaus die Verwaltungsbefugnis schlechthin in bezug auf alle die Ausübung der vollziehenden Gewalt betreffenden Angelegenheiten durch Generalklausel gewährleistet.

V. Die persönliche Stellung des Ministerpräsidenten und der einzelnen Minister. Jener ist Vorsitzender im Staatsministerium und leitet dessen Geschäfte. Er wie die anderen Minister haben Anspruch auf Besoldung. Maßgebend ist das Gesetz über das Übergangsgeld der Staatsminister vom 14. Januar 1921 (GS. S. 224). Danach erhalten Staatsminister, die ihr Amt mindestens während dreier Monate bekleidet haben und denen kein Anspruch auf Ruhegehalt gegen den Staat zusteht, wenn sie aus ihrem Amte scheiden, ein Übergangsgeld in Höhe der Dienstbezüge, die die im Amte befindlichen Staatsminister nach den jeweils geltenden Bestimmungen beziehen, jedoch unter Ausschluß der Aufwandsentschädigung. Das Übergangsgeld wird gewährt vom ersten Tage des auf den Tag des Ausscheidens folgenden Monats für einen Zeitraum, der höchstens zwölf Monate beträgt und nach der Amtszeit der Staatsminister in der Weise bemessen wird, daß für jeden vollen Monat der ersten sechs Monate, für je zwei volle Monate der nächsten sechs Monate, für je vier volle Monate der nächsten zwölf Monate der Amtszeit je ein Monatsbetrag des Übergangsgeldes gewährt wird. Alle haben einen Amtseid zu leisten. Jeder Minister kann jederzeit von seinem Amte zurücktreten. Wenn das ganze Staatsministerium zurücktritt, so führen die zurückgetretenen Minister die laufenden Geschäfte bis zu deren Übernahme durch die neuen Minister weiter (Art. 47 Abs. 1, 48, 56, 59). Auch die Ministeranklage (s. unten zu VII) gehört hierher (Art. 58 Abs. 1).

VI. Die parlamentarische Regierungsweise[1]) ist durch Art. 17 RVerf. obligatorisch auch für die Länder geworden. In Preußen gilt nach Art. 46, 57 folgendes:

1. Der Ministerpräsident allein, nicht das Gesamtministerium, bestimmt die Richtlinien der Politik und ist dafür verantwortlich; innerhalb dieser Richtlinien leitet jeder Staatsminister den ihm anvertrauten Geschäftskreis selbständig und unter eigener Verantwortung gegenüber dem Landtage. Wie sich demnach ihre Verantwortlichkeit beschränkt auf die Angelegenheiten des ihnen anvertrauten Geschäftszweiges, so ist ihre Selbständigkeit eben begrenzt durch jene für sie maßgebenden Richtlinien. Aber es kann der einzelne Minister seine Mitverantwortung für die Beschlußfassung, Handlung oder Unterlassung auch in den Angelegenheiten, in denen das Staatsministerium als Ganzes auftritt, nicht ablehnen. Beziehen sich umgekehrt Beschlüsse des Staatsministeriums auch auf den Geschäftsbereich eines Einzelministers, so ist jener, und zwar in erster Reihe der Ministerpräsident, mitverantwortlich. Es bleibt hiervon unberührt, daß der Ministerpräsident nur dann für die Einzelheiten der Ressortverwaltung verantwortlich ist, wenn er selbst einen besonderen Geschäftskreis leitet. Eine Beschränkung der einzelnen Staatsminister liegt auch darin, daß das gesamte Staatsministerium über ihre Zuständigkeit

---

[1]) Großen Einfluß auf die Entstehung des hier vorbildlichen Art. 56 der RVerf. hat ausgeübt die Schrift von Redslob, Die parlamentarische Regierung in ihrer wahren und in ihrer unechten Form, 1918. Vgl. hierüber Lukas, Die organisatorischen Grundgedanken der RVerf., 1920, S. 27 ff.; vgl. ferner Stier-Somlo, Grund und Zukunftsfragen deutscher Politik, 1917, und Politik, 5. Aufl., 1920; Max Weber, Parlament und Regierung im neugeordneten Deutschland, 1917, und Deutschlands künftige Staatsform, 1919; Piloty, Das parlamentarische System. Eine Untersuchung seines Wesens und Wertes, 2. Aufl., 1917, sowie dessen Vorschläge über ein Reichsoberhaus im ArchöffR., **38** 103 f., ferner dessen Aufsatz, Verantwortliche Regierung und persönliches Regiment, DJZ. 1918, S. 716 bis 721; Anschütz, Die Parlamentarisierung der Reichsleitung, daselbst 1917, Sp. 697 ff.; Derselbe, Parlament und Regierung im Deutschen Reich, 1918; Arndt, Neuorientierung der RVerf., DJZ. 1917, S. 772; Wittmayer, Deutscher Reichstag u. Reichsregierung, 1918; Gmelin, Zur Frage der Einführung der parlamentarischen Regierung im Reich, Zeitschr. f. Politik, 1918, S. 294—307; Hasbach, Die parlamentarische Kabinettsregierung, 1919, S. 19—35, 259 ff., Thoma, im Arch. f. soz. Wissenschaft **46** (1920) 830; Theod. Vogelstein, Das parlamentarische System, 1919, bes. S. 7 ff.; Hübner, Die Staatsform der Republik, 1920, S. 208 ff.; Koellreutter, Das parlamentarische System in den deutschen Landesverfassungen, 1921.

entscheidet, wenn keine gesetzlichen Vorschriften hierüber vorhanden sind. Wenn diese Beschlüsse nicht auf Verlangen des Landtags abgeändert oder außer Kraft gesetzt werden, sind sie endgültig bindend (Art. 47 Abs. 2). Entstehen Konflikte zwischen dem Ministerpräsidenten und einem einzelnen Ressortminister, so muß in Ermangelung einer Einigung entweder jener oder dieser zurücktreten. Handelt es sich um Meinungsverschiedenheiten über Fragen, die den Geschäftsbereich mehrerer Staatsminister gleichzeitig berühren, dann entscheidet das Staatsministerium endgültig ohne die Möglichkeit eines nachträglichen Eingreifens des Landtags (Art. 47 Abs. 3). Es können aber auch Konflikte entstehen, die sich nicht auf die Zuständigkeit und nicht auf den Geschäftsbereich beziehen, z. B. solche über Änderung der Richtlinien des Ministerpräsidenten oder über bestimmte Maßnahmen hochpolitischer Art außerhalb der eigentlichen Ressorterledigung; auch in diesen Fällen bleibt nur der Rücktritt des einen oder anderen Ministers zur Lösung übrig.

2. Die Vertrauensfrage ist das entscheidende Mittel der Durchsetzung der Ministerialverantwortlichkeit und der parlamentarischen Regierungsweise. Das Staatsministerium als solches und jeder einzelne Staatsminister bedürfen zu ihrer Amtsführung des Vertrauens des Volkes, das dieses durch den Landtag bekundet. Als Form der Entziehung des Vertrauens ist lediglich ein ausdrücklicher Beschluß vorgesehen, der aber nicht zulässig ist, wenn ein rechtswirksames Volksbegehren verlangt, den Landtag aufzulösen. Sonst könnte unter Umständen ein Landtag, der aller Voraussicht nach durch Auflösung infolge Volksentscheids beseitigt würde, die kurze Zeit seines Bestehens dazu benutzen, einen Minister durch Erteilung eines Mißtrauensvotums abzuberufen.

Besonders kennzeichnend sind für die Preußische Verfassung die folgenden Erschwerungen des Mißtrauensvotums:

A. Ein Antrag auf einen Mißtrauensbeschluß muß von mindestens dreißig Abgeordneten unterzeichnet sein. Bei Annahme einer geringeren Zahl hätte „sich eine ganz kleine oppositionelle Fraktion bei jeder Gelegenheit das Vergnügen machen“ können, den Antrag auf Beseitigung eines Ministers zu stellen. Das hätte aber zur Schädigung der Geschäfte des Parlaments führen müssen.

B. Dadurch, daß über den Antrag frühestens am zweiten Tage nach seiner Besprechung abgestimmt werden darf und daß er binnen vierzehn Tagen nach seiner Einbringung zur Erledigung kommen muß, wird zweierlei erreicht: einmal, daß der Landtag so vollzählig als möglich, den meisten Abgeordneten Gelegenheit zum Erscheinen gegeben wird, sodann, daß der Mißtrauensbeschluß nicht nur infolge einer Zufallsentscheidung der anwesenden Abgeordneten erfolgt.

C. Eine weitere Erschwerung bedeutet es, daß über die Vertrauensfrage namentlich abgestimmt werden muß und daß der Beschluß auf Entziehung des Vertrauens nur wirksam ist, wenn mindestens die Hälfte der vorhandenen Gesamtzahl der Abgeordneten zustimmt. Da aber nun stets eine Reihe von Abgeordneten an der Abstimmung verhindert sein wird, ergibt sich, daß sehr häufig das Ministerium im Amte bleibt, auch wenn die Mehrheit der Abgeordneten ihm das Vertrauen versagen will. Es hätte genügt, die Forderung der Entscheidung der Mehrheit der anwesenden Abgeordneten vorzuschreiben.

Die Wirkung des Mißtrauensvotums besteht darin, daß grundsätzlich die davon betroffenen Minister zurücktreten müssen. Für den Ministerpräsidenten trifft dies nur dann zu, wenn er von der Befugnis, die Auflösung des Landtags zu beantragen, keinen Gebrauch macht, oder wenn sein Antrag vom Ausschuß abgelehnt worden ist. Natürlich kann auch er zurücktreten (Art. 59). Gemeint ist der ständige Ausschuß und seine ihm in bezug auf die Landtagsauflösung in Art. 14 Abs. 1 zugewiesene Aufgabe.

VII. Ministeranklage. Der Landtag ist berechtigt, jeden Minister vor dem Staatsgerichtshof anzuklagen, daß er schuldhaft die Verfassung oder die Gesetze verletzt habe. Der Antrag auf Erhebung der Anklage muß von mindestens hundert Mitgliedern des Landtags unterzeichnet sein und bedarf der Zustimmung der für Verfassungsänderungen vorgesehenen Mehrheit.

Die Zusammensetzung des Staatsgerichtshofs, das Verfahren vor ihm und die ihm zustehenden Entscheidungen werden durch Gesetz geregelt [2]).

[2]) Literatur: Benjamin Constant, De la responsabilité des ministres, 1815; Buddeus, Die Ministerverantwortlichkeit in konstitutio-

Die Ministeranklage findet statt vor dem Gerichtshof bei Verfassungs- und Gesetzesverletzung. In ihr prägt sich die rechtliche Verantwortlichkeit des Ministers aus. Eine politische Verantwortlichkeit zieht ein Mißtrauensvotum nach sich, z. B. bei zweckwidrigem Verhalten in bezug auf die Ausführung eines Gesetzes. Dagegen ist die rechtliche Verantwortlichkeit in der Ministeranklage im Falle eines Rechtsbruches gegeben, z. B. ob die verfaffungsrechtlichen Voraussetzungen des Notverordnungsrechts vorhanden waren. Eine Verquickung beider Arten von Verantwortlichkeiten, etwa eine Mißbilligung durch den Staatsgerichtshof, war mit Recht bedenklich und als ein Seitenstück des schon in Art. 57 geregelten Mißtrauensvotums erschienen (Abg. Dr. Preuß, AusschProt. S. 172 f.). Der Staatsgerichtshof hat nur auszusprechen, daß eine Verfassungs- oder Gesetzesverletzung vorliegt. Eine solche kann im Strafrecht, aber auch in anderen öffentlich-rechtlichen Gesetzen begründet sein. In letzterem Falle muß aber eine Beziehung auf das Amt des Ministers vorliegen. Verletzung

---

nellen Monarchien, 1833; Mohl, Die Verantwortlichkeit der Minister in Einherrschaften, 1837; Kerchove de Deuterghem, De la responsabilité des ministres dans le droit public belge, 2. éd., 1847; H. Bischof, Ministerverantwortlichkeit und Staatsgerichtshöfe in Deutschland, 1859, besonders S. 83 f.; J. Held, Staatsgerichtshof, im Staatslexikon von Rottek und Welcker, 3. Aufl., **13** (1865) 590 f.; Derselbe, Art. „Minister", „Ministerium", daselbst Bd. 10; A. Samuély, Das Prinzip der Ministerverantwortlichkeit in der konstitutionellen Monarchie, 1869; Konstantin Rößler, Studien zur Fortbildung der Preuß. Verfassung, Abt. II, S. 36 ff.; Beschorner, Die Ministerverantwortlichkeit und der Staatsgerichtshof im Königreich Sachsen, nebst einer vergleichenden Darstellung der bezüglichen Gesetzgebung einiger anderer Länder, 1877, S. 24—33; (Geffcken), Die Reform der Preuß. Verfassung, S. 230 ff.; Fr. Oetker, Rechtsstaat und Ministerverantwortlichkeit, Augsburger Allgemeine Zeitung, 1872, Beil. Nr. 33; F. Hauke, Die Lehre von der Ministerverantwortlichkeit, 1880; John, Artikel „Ministerverantwortlichkeit" in von Holzendorffs Rechtslexikon, **2** 776 ff.; v. Seydel-Piloty, Bayr. Staatsrecht **1** §§ 71—74; Thudichum, Die Ministeranklage nach geltendem deutschen Recht und ihre Unrätlichkeit in Reichssachen, Annalen des Deutschen Reichs, 1885, S. 637 ff., 677 ff., 681 f.; Welcker, Verantwortlichkeit der Fürsten und der Minister, im Staatslexikon, 3. Aufl., **14** 1886; Th. Pistorius, Der Staatsgerichtshof und die Ministerverantwortlichkeit nach heutigem deutschen Staatsrecht, 1891, S. 162, 164 ff., 167, 171; A. Lucz, Ministerverantwortlichkeit und Staatsgerichtshöfe, 1893, insbesondere S. 14, 15, 40 f. 42; Rehm, Allgemeine Staatslehre, 1899, S. 325 f., 344 ff.; v. Frisch, Die Verantwortlichkeit der Monarchen und höchsten Magistrate, 1904; Passow, Das Wesen der Ministerverantwortlichkeit in Deutschland, 1904, besonders S. 18 ff.; Brie, in Stengel-Fleischmanns Wörterbuch des Staats- und Verwaltungsrechts, **2** 884 ff.

zivilrechtlicher Gesetze kann die Ministeranklage nicht begründen.

Die Verfassungsurkunde Preußens ist somit in ihren wichtigsten Grundzügen dargestellt. Die zu ihrer Ergänzung erlassenen Rechtsnormen sind berücksichtigt. Es fallen aber aus dem systematischen Rahmen einige Bestandteile heraus, die unorganisch in die Verfassung eingestreut worden sind und der Erwähnung bedürfen.

1. Hierher gehört der Artikel 76.

Im Ausschuß der verfassunggebenden Landesversammlung ist der Versuch gemacht worden, einen Abschnitt über Religion und Schule einzuschieben in der Erwägung, daß die beiden großen Kulturgebiete, Kirche und Schule, auch in der preußVerfUrk. berücksichtigt werden müßten. Es wäre bedenklich gewesen, einen solchen Abschnitt in die Verfassung aufzunehmen, nachdem das Reich von der Befugnis der RVerf. Art. 10, Grundsätze über die Religionsgesellschaften aufzustellen, in den Art. 135 ff. Gebrauch gemacht hat. Das Landesrecht kann nicht neue oder gar abweichende Grundsätze aufstellen. Soweit die Schulfragen in der RVerf. noch nicht geregelt sind, kann das Reich nach Art. 10 jederzeit auch für diese Angelegenheiten Grundsätze aufstellen. Die Durchführung der Bestimmungen der RVerf. über Staat und Kirche ist nach Art. 137 Abs. 8 der Landesgesetzgebung übertragen; die Behandlung der Kirchengüter ist in Art. 138 Abs. 2 RVerf. grundsätzlich geregelt. Es können nur noch Ausführungsbestimmungen in Frage kommen, die nicht in die Verfassung gehören. So beschränkte man sich in der preußVerf. auf die Bestimmung des Art. 76: „Wer aus einer Religionsgemeinschaft öffentlichen Rechts mit bürgerlicher Wirkung austreten will, hat den Austritt bei Gericht zu erklären oder als Einzelerklärung in öffentlich beglaubigter Form einzureichen. Die Steuerpflicht des Ausgetretenen erlischt frühestens am Ende des Steuerjahres, in dem die Austrittserklärung abgegeben worden ist.“ Das hierbei vorbehaltene Gesetz ist unter dem 30. November 1920 (GS. 1921, S. 119) als Gesetz betr. den Austritt aus den Religionsgesellschaften öffentlichen Rechts ergangen und bestimmt im einzelnen folgendes:

Wer aus einer Religionsgesellschaft öffentlichen Rechts mit bürgerlicher Wirkung austreten will, hat den

Austritt bei dem Amtsgerichte seines Wohnsitzes zu erklären. Die Erklärung muß zu Protokoll des Gerichtsschreibers erfolgen oder als Einzelerklärung in öffentlich beglaubigter Form eingereicht werden; Ehegatten sowie Eltern und Kinder können den Austritt in derselben Urkunde erklären; bei der Erklärung findet eine Vertretung kraft Vollmacht nicht statt.

Die rechtlichen Wirkungen der Austrittserklärung treten einen Monat nach dem Eingange der Erklärung bei dem Amtsgerichte ein; bis dahin kann die Erklärung in der im Abs. 1 vorgeschriebenen Form zurückgenommen werden.

Das Amtsgericht hat von der Abgabe und der etwaigen Zurücknahme der Austrittserklärung unverzüglich den Vorstand der Religionsgesellschaft, der der Erklärende angehört, zu benachrichtigen und demnächst dem Ausgetretenen eine Bescheinigung über den vollzogenen Austritt zu erteilen.

Die Austrittserklärung bewirkt die dauernde Befreiung des Ausgetretenen von allen Leistungen, die auf der persönlichen Zugehörigkeit zu der Religionsgesellschaft beruhen. Die Befreiung tritt ein mit dem Ende des laufenden Steuerjahres, jedoch nicht vor Ablauf von drei Monaten nach Abgabe der Erklärung.

Leistungen, die nicht auf der persönlichen Zugehörigkeit zu einer Religionsgesellschaft beruhen, insbesondere Leistungen, die entweder kraft besonderen Rechtstitels auf bestimmten Grundstücken haften oder von allen Grundstücken des Bezirkes oder von allen Grundstücken einer gewissen Klasse in dem Bezirk ohne Unterschied des Besitzers zu entrichten sind, werden durch die Austrittserklärung nicht berührt.

Für das Verfahren werden Gerichtskosten nicht erhoben; zu der Beglaubigung der Erklärungen und zu der Bescheinigung über den Austritt wird kein Stempel berechnet.

Die Bestimmungen dieses Gesetzes finden auch auf den Austritt aus der einzelnen Synagogengemeinde Anwendung.

Ein Jude, der aus einer Synagogengemeinde ausgetreten ist, wird nur dann Mitglied einer anderen Synagogengemeinde, wenn er ihrem Vorstande seinen Beitritt schriftlich erklärt.

Dieses Gesetz tritt mit seiner Verkündung in Kraft.

Die Gesetze, betreffend den Austritt aus der Kirche, vom 14. Mai 1873 (Gesetzsamml. S. 207), betreffend den Austritt aus den jüdischen Synagogengemeinden, vom 28. Juli 1876 (Gesetzsamml. S. 353) und betreffend die Erleichterung des Austritts aus der Kirche und aus den jüdischen Synagogengemeinden, vom 13. Dezember 1918 (Gesetzsamml. S. 199) werden aufgehoben.

2. Des weiteren bestimmt Art. 83, daß auf Antrag eines Beteiligten ein bestehendes Patronat aufzuheben ist, sobald die vermögensrechtlichen Verpflichtungen abgelöst sind; ein (noch nicht ergangenes) Gesetz soll das Verfahren regeln und Grundsätze für die Ablösung aufstellen.

3. Verfassungsstreitigkeiten werden vom Staatsgerichtshof entschieden (Art. 87). Er ist noch nicht ins Leben gerufen worden.

Nur im Rahmen des Reichsrechts ist das Preußische Recht verständlich. Nur wenn Preußen — im wesentlichen unverändert — weiterbesteht, ist das Dasein des Reichs gesichert. Die Verfassung Preußens aber ist das Rückgrat seines staatlichen Bestandes. Ihre Bedeutung kann nicht überschätzt werden.

Verfassung des Freistaats Preußen.

Vom 30. November 1920 (Gesetzsamml. S. 543).

Das preußische Volk hat sich durch die verfassunggebende Landesversammlung folgende Verfassung gegeben, die hiermit verkündet wird:

Abschnitt I.

Der Staat.

Art. 1.

(1) Preußen ist eine Republik und Glied des Deutschen Reichs.

(2) Die nach der Reichsverfassung erforderliche Zustimmung Preußens zu Gebietsänderungen erfolgt durch Gesetz.

(3) Die Landesfarben sind schwarz-weiß.

(4) Die Geschäfts- und Verhandlungssprache im öffentlichen Dienste ist die deutsche Sprache.

Abschnitt II.

Die Staatsgewalt.

Art. 2.

Träger der Staatsgewalt ist die Gesamtheit des Volkes.

Art. 3.

Das Volk äußert seinen Willen nach den Bestimmungen dieser Verfassung und der Reichsverfassung unmittelbar durch die Volksabstimmung (Volksbegehren, Volksentscheid und Volkswahl), mittelbar durch die verfassungsmäßig bestellten Organe.

Art. 4.

(1) Stimmberechtigt sind alle über zwanzig Jahre alten reichsdeutschen Männer und Frauen, die in Preußen ihren Wohnsitz haben.

(2) Das Stimmrecht ist allgemein und gleich und wird geheim und unmittelbar ausgeübt. Der Tag der Stimmabgabe muß ein Sonntag oder ein allgemeiner Feiertag sein.

(3) Das Nähere wird durch Gesetz bestimmt.

Art. 5.

Von der Ausübung des Stimmrechts ist ausgeschlossen:

1. wer entmündigt ist oder unter vorläufiger Vormundschaft oder wegen geistiger Gebrechen unter Pflegschaft steht,
2. wer die bürgerlichen Ehrenrechte nicht besitzt.

Art. 6.

(1) Volksbegehren können darauf gerichtet werden:
1. die Verfassung zu ändern;
2. Gesetze zu erlassen, zu ändern oder aufzuheben;
3. den Landtag aufzulösen.

(2) Volksbegehren sind an das Staatsministerium zu richten und von diesem unter Darlegung seiner Stellungnahme unverzüglich dem Landtage zu unterbreiten. Dem Volksbegehren muß in den Fällen zu 1 und 2 ein ausgearbeiteter Gesetzentwurf zugrunde liegen. Volksbegehren sind nur rechtswirksam im Falle 2, wenn sie von einem Zwanzigstel, in den Fällen 1 und 3, wenn sie von einem Fünftel der Stimmberechtigten gestellt werden.

(3) Über Finanzfragen, Abgabengesetze und Besoldungsordnungen ist ein Volksbegehren nicht zulässig.

(4) Volksentscheide finden auf Volksbegehren und in den sonst in der Verfassung vorgesehenen Fällen statt; sie sind nur rechtswirksam, wenn die Mehrheit der Stimmberechtigten daran teilgenommen hat.

(5) Ein Volksentscheid findet nicht statt, wenn der Landtag dem Volksbegehren entsprochen hat.

(6) Anträge, die Verfassung zu ändern oder den Landtag aufzulösen, bedürfen zu ihrer Annahme der Zustimmung der Mehrheit der Stimmberechtigten. Sonst entscheidet die einfache Mehrheit der abgegebenen gültigen Stimmen. Die Abstimmung kann nur bejahend oder verneinend sein.

(7) Das Verfahren bei Volksbegehren und Volksentscheiden wird durch Gesetz geregelt.

Art. 7.

Das Staatsministerium ist die oberste vollziehende und leitende Behörde des Staates.

Art. 8.

(1) Die Rechtspflege wird durch unabhängige, nur den Gesetzen unterworfene Gerichte ausgeübt.

(2) Die Urteile werden im Namen des Volkes verkündet und vollstreckt.

Abschnitt III.

Der Landtag.

Art. 9.

(1) Der Landtag besteht aus den Abgeordneten des preußischen Volkes. Die Abgeordneten sind Vertreter des gesamten Volkes und werden von ihm nach den Grundsätzen der Verhältniswahl gewählt.

(2) Wählbar sind die Stimmberechtigten, die das fünfundzwanzigste Lebensjahr vollendet haben.

Art. 10.

Die Abgeordneten stimmen nach ihrer freien, nur durch die Rücksicht auf das Volkswohl bestimmten Überzeugung; an Aufträge und Weisungen sind sie nicht gebunden.

Art. 11.

(1) Beamte, Angestellte und Arbeiter des Staates und der Körperschaften des öffentlichen Rechtes bedürfen zur Ausübung der Tätigkeit als Abgeordnete keines Urlaubs.

(2) Bewerben sie sich um einen Sitz im Landtag, so ist ihnen der zur Vorbereitung ihrer Wahl erforderliche Urlaub zu gewähren.
(3) Gehalt und Lohn sind weiter zu zahlen.
(4) Die den Religionsgesellschaften auf Grund des Artikel 137 der Reichsverfassung zustehenden Rechte werden durch die vorstehenden Bestimmungen nicht berührt.

Art. 12.

(1) Die Gültigkeit der Wahlen prüft ein beim Landtage gebildetes Wahlprüfungsgericht. Dieses entscheidet auch über die Frage, ob ein Abgeordneter die Mitgliedschaft verloren hat.
(2) Das Wahlprüfungsgericht besteht aus Mitgliedern des Landtags, die dieser für die Wahlperiode wählt, und aus Mitgliedern des Oberverwaltungsgerichts, die das Präsidium dieses Gerichts für dieselbe Zeit bestellt.
(3) Das Wahlprüfungsgericht erkennt auf Grund öffentlicher mündlicher Verhandlungen durch drei Mitglieder des Landtags und zwei richterliche Mitglieder.
(4) Außerhalb der Verhandlungen vor dem Wahlprüfungsgericht wird das Verfahren von einem der bestellten Mitglieder des Oberverwaltungsgerichts geführt, das dem demnächst erkennenden Gerichte nicht angehören darf.
(5) Das Nähere wird durch Gesetz geregelt.

Art. 13.

Der Landtag wird auf vier Jahre gewählt. Die Neuwahl muß vor dem Ablaufe dieser Zeit erfolgen.

Art. 14.

(1) Die Auflösung des Landtags erfolgt durch eigenen Beschluß oder durch den Beschluß eines aus dem Ministerpräsidenten und den Präsidenten des Landtags und des Staatsrats bestehenden Ausschusses oder durch Volksentscheid. Der Volksentscheid kann auch durch Beschluß des Staatsrats herbeigeführt werden.
(2) Die Auflösung des Landtags durch eigenen Beschluß bedarf der Zustimmung von mehr als der Hälfte der gesetzlichen Mitgliederzahl.

Art. 15.

Nach Auflösung des Landtags muß die Neuwahl binnen sechzig Tagen stattfinden.

Art. 16.

Die Wahlperiode des neuen Landtags beginnt, falls der alte Landtag aufgelöst worden ist, mit dem Tage der Neuwahl, im übrigen mit dem Ablaufe der Wahlperiode des alten Landtags.

Art. 17.

(1) Der Landtag versammelt sich am Sitze des Staatsministeriums.
(2) Zur ersten Tagung nach jeder Neuwahl tritt er zusammen am dreißigsten Tage nach Beginn der Wahlperiode, falls ihn nicht das Staatsministerium früher beruft.
(3) Im übrigen versammelt sich der Landtag in jedem Jahre am zweiten Dienstag des November. Der Präsident des Landtags muß ihn früher berufen, wenn es das Staatsministerium oder mindestens ein Fünftel der Mitglieder des Landtags verlangt.
(4) Der Landtag bestimmt den Schluß der Tagung und den Tag des Wiederzusammentritts.

Art. 18.

Der Landtag wählt seinen Präsidenten, dessen Stellvertreter und die übrigen Mitglieder seines Vorstandes.

Art. 19.

Zwischen zwei Tagungen sowie bis zum Zusammentritt eines neu gewählten Landtags führen der Präsident und die stellvertretenden Präsidenten der letzten Tagung ihre Geschäfte fort.

Art. 20.

Der Präsident verwaltet die gesamten wirtschaftlichen Angelegenheiten des Landtags nach Maßgabe des Staatshaushaltsgesetzes mit den Befugnissen eines Staatsministers. Ihm steht die Dienstaufsicht über sämtliche Beamten und Angestellten des Landtags, die Annahme und Entlassung der Lohnangestellten sowie im Benehmen mit dem Vorstande des Landtags die Ernennung und Entlassung der planmäßigen Beamten des Landtags zu. Er vertritt den Staat in allen Rechtsgeschäften und Rechtsstreitigkeiten seiner Verwaltung. Er übt das Hausrecht und die Polizeigewalt im Landtagsgebäude aus.

Art. 21.

(1) Der Landtag ist beschlußfähig, wenn mehr als die Hälfte der gesetzlichen Mitglieder anwesend ist.

(2) Für die vom Landtage vorzunehmenden Wahlen kann seine Geschäftsordnung Ausnahmen zulassen.

Art. 22.

(1) Der Landtag faßt seine Beschlüsse mit einfacher Stimmenmehrheit.

(2) Ausnahmen kann das Gesetz und für die Wahlen die Geschäftsordnung vorschreiben.

Art. 23.

Die Vollsitzungen des Landtags sind öffentlich. Auf Antrag von fünfzig Abgeordneten kann der Landtag mit Zweidrittelmehrheit die Öffentlichkeit für einzelne Gegenstände der Tagesordnung ausschließen. Über den Antrag wird in geheimer Sitzung verhandelt.

Art. 24.

Der Landtag und jeder seiner Ausschüsse können die Anwesenheit jedes Ministers verlangen. Die Minister und die von ihnen bestellten Beauftragten haben zu den Sitzungen des Landtags und seiner Ausschüsse Zutritt. Sie können jederzeit, auch außerhalb der Tagesordnung, das Wort ergreifen. Sie unterstehen der Ordnungsgewalt des Vorsitzenden.

Art. 25.

(1) Der Landtag hat das Recht und auf Antrag von einem Fünftel der gesetzlichen Zahl seiner Mitglieder die Pflicht, Untersuchungsausschüsse einzusetzen. Diese Ausschüsse erheben in öffentlicher Verhandlung die Beweise, die sie oder die Antragsteller für erforderlich erachten. Sie können mit Zweidrittelmehrheit die Öffentlichkeit ausschließen. Die Geschäftsordnung regelt ihr Verfahren und bestimmt die Zahl ihrer Mitglieder.

(2) Die Gerichte und Verwaltungsbehörden sind verpflichtet, dem Ersuchen dieser Ausschüsse um Beweiserhebungen nachzukommen; die Akten der Behörden sind ihnen auf Verlangen vorzulegen.

(3) Für die Beweiserhebungen der Ausschüsse und der von ihnen ersuchten Behörden gelten die Vorschriften der Strafprozeßordnung sinngemäß, doch bleibt das Brief-, Post-, Telegraphen- und Fernsprechgeheimnis unberührt.

Art. 26.

Der Landtag bestellt einen ständigen Ausschuß zur Wahrung der Rechte der Volksvertretung gegenüber dem Staatsministerium für die Zeit außerhalb der Tagung und zwischen der Beendigung einer Wahlperiode oder der Auflösung des Landtags und dem Zusammentritte des neuen Landtags. Dieser Ausschuß hat auch die Rechte eines Untersuchungsausschusses. Seine Zusammensetzung wird durch die Geschäftsordnung geregelt.

Art. 27.

Der Landtag kann an ihn gerichtete Eingaben dem Staatsministerium überweisen und von diesem Auskunft über eingegangene Bitten und Beschwerden verlangen.

Art. 28.

(1) Die Mitglieder des Landtags erhalten das Recht zur freien Fahrt auf allen im Bereiche der ehemals preußisch-hessischen Eisenbahngemeinschaft belegenen deutschen Eisenbahnen und eine Entschädigung. Außerdem erhält der Präsident für die Dauer seines Amtes eine Aufwandsentschädigung.

(2) Ein Verzicht auf diese Entschädigungen ist unstatthaft.

(3) Das Nähere regelt das Gesetz.

Art. 29.

(1) Der Landtag beschließt über die Gesetze nach Maßgabe dieser Verfassung; er genehmigt den Haushaltsplan in Einnahme und Ausgabe; er stellt die Grundsätze für die Verwaltung der Staatsangelegenheiten auf und überwacht ihre Ausführung. Staatsverträge bedürfen seiner Genehmigung, wenn sie sich auf Gegenstände der Gesetzgebung beziehen.

(2) Der Landtag gibt sich seine Geschäftsordnung im Rahmen dieser Verfassung.

Art. 30.

Ein Beschluß des Landtags, die Verfassung zu ändern, ist nur gültig, wenn mindestens zwei Drittel der gesetzlichen Mitgliederzahl anwesend sind und mindestens zwei Drittel der Anwesenden zustimmen.

Abschnitt IV.

Der Staatsrat.

Art. 31.

Zur Vertretung der Provinzen bei der Gesetzgebung und Verwaltung des Staates wird ein Staatsrat gebildet.

Art. 32.

(1) Der Staatsrat besteht aus Vertretern der Provinzen. Als Provinzen gelten hierbei Ostpreußen, Brandenburg, Stadt Berlin, Pommern, Grenzmark Posen-Westpreußen, Niederschlesien, Oberschlesien, Sachsen, Schleswig-Holstein, Hannover, Westfalen, Rheinprovinz und Hessen-Nassau.

(2) Auf je 500 000 Einwohner einer Provinz entfällt ein Vertreter, jedoch entsendet jede Provinz mindestens drei Vertreter in den Staatsrat. Ein

Rest von mehr als 250 000 Einwohnern wird vollen 500 000 gleichgerechnet.

(3) Außerdem entsenden die Hohenzollernschen Lande einen Vertreter.

(4) Die Zahl der Vertreter der Provinzen wird durch das Staatsministerium nach jeder allgemeinen Volkszählung und bei Veränderungen des Gebietes der Provinzen neu festgesetzt.

Art. 33.

(1) Die Mitglieder des Staatsrats und ihre Stellvertreter werden von den Provinziallandtagen (in Berlin von der Stadtverordnetenversammlung, in den Hohenzollernschen Landen und in der Grenzmark Posen-Westpreußen von den Kommunallandtagen) gewählt. In den Hohenzollernschen Landen wird nach den Grundsätzen der Mehrheitswahl, im übrigen nach den Grundsätzen der Verhältniswahl gewählt. Wählbar ist jeder Stimmberechtigte, der das fünfundzwanzigste Lebensjahr vollendet und seinen Wohnsitz ein Jahr in der Provinz hat.

(2) Niemand darf gleichzeitig Mitglied des Landtags und des Staatsrats sein. Landtagsabgeordnete scheiden mit Annahme der Wahl in den Staatsrat aus dem Landtag aus. Mitglieder des Staatsrats scheiden mit Annahme der Wahl in den Landtag aus dem Staatsrat aus.

(3) Die Mitglieder des Staatsrats üben ihr Amt bis zum Eintritt ihrer Nachfolger aus.

(4) Die Mitglieder des Staatsrats werden unmittelbar nach der Neuwahl der einzelnen Provinziallandtage (Stadtverordnetenversammlung, Kommunallandtage) neugewählt.

Art. 34.

Die Mitglieder des Staatsrats stimmen nach ihrer freien, nur durch die Rücksicht auf das Volkswohl bestimmten Überzeugung; an Aufträge und Weisungen sind sie nicht gebunden.

Art. 35.

Kein Mitglied des Staatsrats darf zu irgendeiner Zeit wegen seiner Abstimmung oder wegen der in Ausübung seines Amtes getanen Äußerungen gerichtlich oder dienstlich verfolgt oder sonst außerhalb der Versammlung zur Verantwortung gezogen werden.

Art. 36.

(1) Beamte, Angestellte und Arbeiter des Staates und der Körperschaften des öffentlichen Rechtes bedürfen zur Ausübung des Amtes als Mitglieder des Staatsrats keines Urlaubs.

(2) Gehalt und Lohn sind weiter zu zahlen.

Art. 37.

Der Staatsrat wählt seinen Vorsitzenden und seine Schriftführer sowie deren Stellvertreter und regelt seinen Geschäftsgang durch eine Geschäftsordnung.

Art. 38.

(1) Zum ersten Male wird der Staatsrat vom Staatsministerium einberufen. Im übrigen versammelt er sich auf Einladung seines Vorsitzenden, so oft die Geschäfte es erfordern. Der Vorsitzende hat den Staatsrat einzuberufen, wenn ein Fünftel seiner Mitglieder, die sämtlichen Vertreter einer Provinz oder das Staatsministerium es verlangen.

(2) Der Staatsrat ist beschlußfähig, wenn mehr als die Hälfte der Mitglieder anwesend ist. Bei Abstimmungen entscheidet die einfache Mehrheit der Abstimmenden.

(3) Bei Beschlüssen des Staatsrats nach Artikel 14 und Artikel 42 Absatz 1 muß die Abstimmung namentlich sein.

Art. 39.

(1) Die Vollsitzungen des Staatsrats sind öffentlich. Der Staatsrat kann mit Zweidrittelmehrheit die Öffentlichkeit für einzelne Gegenstände der Tagesordnung ausschließen. Über einen Antrag, die Öffentlichkeit auszuschließen, wird in geheimer Sitzung verhandelt.

(2) Artikel 24 gilt entsprechend.

Art. 40.

(1) Der Staatsrat ist vom Staatsministerium über die Führung der Staatsgeschäfte auf dem laufenden zu halten.

(2) Vor Einbringung von Gesetzesvorlagen hat das Staatsministerium dem Staatsrate Gelegenheit zur gutachtlichen Äußerung zu geben. Der Staatsrat kann seine abweichende Ansicht dem Landtage schriftlich darlegen.

(3) Der Staatsrat ist berechtigt, Gesetzesvorlagen durch das Staatsministerium an den Landtag zu bringen.

(4) Vor Erlaß von Ausführungsvorschriften zu Reichs- und Staatsgesetzen sowie vor Erlaß allgemeiner organisatorischer Anordnungen des Staatsministeriums ist der Staatsrat oder dessen zuständiger Ausschuß zu hören.

Art. 41.

Die Mitglieder des Staatsrats erhalten Reisekosten- und Aufwandsentschädigung nach Maßgabe des Gesetzes. Ein Verzicht hierauf ist unstatthaft.

Art. 42.

(1) Gegen die vom Landtage beschlossenen Gesetze steht dem Staatsrat der Einspruch zu.

(2) Der Einspruch muß innerhalb zweier Wochen nach der Schlußabstimmung im Landtage beim Staatsministerium eingebracht und spätestens binnen zwei weiteren Wochen mit Gründen versehen sein.

(3) Im Falle des Einspruchs wird das Gesetz dem Landtage zur nochmaligen Beschlußfassung vorgelegt. Wenn der Landtag seinen früheren Beschluß mit Zweidrittelmehrheit erneuert, so bleibt es bei seinem Beschlusse. Wird bei der erneuten Beschlußfassung des Landtags für den früheren Beschluß nur eine einfache Mehrheit erreicht, so ist der Beschluß hinfällig, falls er nicht durch einen vom Landtage herbeigeführten Volksentscheid bestätigt wird.

(4) Die Zustimmung des Staatsrats ist erforderlich, wenn der Landtag Ausgaben beschließen will, die über den vom Staatsministerium vorgeschlagenen oder bewilligten Betrag hinausgehen. Stimmt der Staatsrat nicht zu, so ist der Beschluß des Landtags nur wirksam, soweit er mit dem Vorschlag oder der Bewilligung des Staatsministeriums übereinstimmt. Ein Volksentscheid ist in diesem Falle nicht zulässig.

Art. 43.

Das Nähere wird durch Gesetze geregelt.

Abschnitt V.

Das Staatsministerium.

Art. 44.

Das Staatsministerium besteht aus dem Ministerpräsidenten und den Staatsministern.

Art. 45.

Der Landtag wählt ohne Aussprache den Ministerpräsidenten. Der Ministerpräsident ernennt die übrigen Staatsminister.

Art. 46.

Der Ministerpräsident bestimmt die Richtlinien der Regierungspolitik und ist dafür dem Landtage verantwortlich; innerhalb dieser Richtlinien leitet jeder Staatsminister den ihm anvertrauten Geschäftszweig selbständig und unter eigener Verantwortung gegenüber dem Landtage.

Art. 47.

(1) Der Ministerpräsident führt den Vorsitz im Staatsministerium und leitet dessen Geschäfte.

(2) Das Staatsministerium beschließt über die Zuständigkeit der einzelnen Staatsminister, soweit hierüber nicht gesetzliche Bestimmungen getroffen sind. Die Beschlüsse sind unverzüglich dem Landtage vorzulegen und auf sein Verlangen zu ändern oder außer Kraft zu setzen.

(3) Meinungsverschiedenheiten über Fragen, die den Geschäftsbereich mehrerer Staatsminister berühren, sind dem Staatsministerium zur Beratung und Beschlußfassung zu unterbreiten.

Art. 48.

Die Minister haben Anspruch auf Besoldung. Über Ruhegehalt und Hinterbliebenenversorgung bestimmt ein besonderes Gesetz.

Art. 49.

Das Staatsministerium vertritt den Staat nach außen.

Art. 50.

Das Staatsministerium beschließt über Gesetzesvorlagen, die an den Landtag zu bringen sind.

Art. 51.

Das Staatsministerium erläßt die Verordnungen zur Ausführung der Gesetze, soweit das Gesetz diese Aufgabe nicht einzelnen Staatsministern zuweist.

Art. 52.

Das Staatsministerium ernennt die unmittelbaren Staatsbeamten.

Art. 53.

Das Staatsministerium ernennt die Mitglieder des Reichsrats, soweit sie nicht nach Artikel 63 der Reichsverfassung von den Provinzialverwaltungen bestellt werden.

Art. 54.

(1) Das Staatsministerium übt namens des Volkes das Recht der Begnadigung aus.

(2) Zugunsten eines Ministers, der wegen seiner Amtshandlungen verurteilt worden ist, kann dieses Recht nur auf Antrag des Landtags ausgeübt werden.

(3) Allgemeine Straferlasse und die Niederschlagung einer bestimmten Art gerichtlich anhängiger Strafsachen oder einer einzelnen gerichtlich anhängigen Strafsache dürfen nur auf Grund eines Gesetzes ausgesprochen werden.

Art. 55.

Wenn die Aufrechterhaltung der öffentlichen Sicherheit oder die Beseitigung eines ungewöhnlichen Notstandes es dringend erfordert, kann, sofern der Landtag nicht versammelt ist, das Staatsministerium in Übereinstimmung mit dem im Artikel 26 vorgesehenen ständigen Ausschusse Verordnungen, die der Verfassung nicht zuwiderlaufen, mit Gesetzeskraft erlassen. Diese Verordnungen sind dem Landtage bei seinem nächsten Zusammentritte zur Genehmigung vorzulegen. Wird die Genehmigung versagt, so ist die Verordnung durch Bekanntmachung in der Gesetzsammlung alsbald außer Kraft zu setzen.

Art. 56.

Die Staatsminister leisten beim Amtsantritte den Eid, daß sie ihre Geschäfte unparteiisch, zum Wohle des Volkes und getreu der Verfassung und den Gesetzen führen wollen.

Art. 57.

(1) Das Staatsministerium als solches und jeder einzelne Staatsminister bedürfen zu ihrer Amtsführung des Vertrauens des Volkes, das dieses durch den Landtag bekundet. Der Landtag kann dem Staatsministerium oder einem einzelnen Staatsminister durch ausdrücklichen Beschluß sein Vertrauen entziehen. Der Beschluß ist nicht zulässig, wenn ein rechtswirksames Volksbegehren vorliegt, den Landtag aufzulösen.

(2) Der Antrag auf Herbeiführung eines solchen Beschlusses muß von mindestens dreißig Abgeordneten unterzeichnet sein.

(3) Über den Antrag darf frühestens am zweiten Tage nach seiner Besprechung abgestimmt werden. Er muß binnen vierzehn Tagen nach seiner Einbringung zur Erledigung kommen.

(4) Über die Vertrauensfrage muß namentlich abgestimmt werden.

(5) Der Beschluß auf Entziehung des Vertrauens ist nur wirksam, wenn ihm mindestens die Hälfte der Abgeordneten zustimmt, aus denen zur Zeit der Abstimmung der Landtag besteht.

(6) Wird der Beschluß gefaßt, so müssen die davon betroffenen Minister zurücktreten, der Ministerpräsident jedoch nur dann, wenn er von seiner Befugnis, die Auflösung des Landtags zu beantragen, keinen Gebrauch macht, oder wenn sein Antrag vom Ausschuß abgelehnt worden ist.

(7) Diese Bestimmungen gelten entsprechend für den Fall, daß das Staatsministerium in seiner Gesamtheit oder ein Staatsminister die Vertrauensfrage stellt.

Art. 58.

(1) Der Landtag ist berechtigt, jeden Minister vor dem Staatsgerichtshof anzuklagen, daß er schuldhaft die Verfassung oder die Gesetze verletzt habe. Der Antrag auf Erhebung der Anklage muß von mindestens hundert Mitgliedern des Landtags unterzeichnet sein und bedarf der Zustimmung der für Verfassungsänderungen vorgesehenen Mehrheit.

(2) Die Zusammensetzung des Staatsgerichtshofs, das Verfahren vor ihm und die ihm zustehenden Entscheidungen werden durch Gesetz geregelt.

Art. 59.

(1) Jeder Staatsminister kann jederzeit von seinem Amte zurücktreten.
(2) Tritt das Staatsministerium in seiner Gesamtheit zurück, so führen die zurückgetretenen Minister die laufenden Geschäfte bis zu deren Übernahme durch die neuen Minister weiter.

Abschnitt VI.

Die Gesetzgebung.

Art. 60.

Das Staatsministerium verkündet in der Preußischen Gesetzsammlung die verfassungsmäßig zustande gekommenenen Gesetze und die vom Landtage genehmigten Staatsverträge.

Art. 61.

(1) Ein Gesetz ist verbindlich, wenn es verfassungsmäßig zustande gekommen und vom Staatsministerium in der vorgeschriebenen Form verkündet worden ist. Bei der Verkündung muß ausgesprochen sein, daß das Gesetz vom Landtag oder durch Volksentscheid beschlossen worden ist. Artikel 13 der Reichsverfassung wird hierdurch nicht berührt.
(2) Wenn das Gesetz nichts anderes bestimmt, tritt es mit dem vierzehnten Tage nach Ausgabe des die Verkündung enthaltenden Stückes der Gesetzsammlung in Kraft.
(3) Die Gesetze sind binnen Monatsfrist zu verkünden.

Art. 62.

Gesetzesvorlagen, die der Landtag abgelehnt hat, können in demselben Sitzungsabschnitte nicht wieder vorgebracht werden, es sei denn, daß ein rechtswirksames Volksbegehren vorliegt.

Abschnitt VII.

Das Finanzwesen.

Art. 63.

(1) Der Landtag sorgt durch Bewilligung der erforderlichen laufenden Mittel für die Deckung des Staatsbedarfs.
(2) Alle Einnahmen und Ausgaben des Staates müssen für jedes Rechnungsjahr veranschlagt und auf den Haushaltplan gebracht werden. Dieser wird vor Beginn des Rechnungsjahrs durch ein Gesetz festgestellt.
(3) Die Ausgaben werden in der Regel für ein Jahr bewilligt; sie können in besonderen Fällen auch für eine längere Dauer bewilligt werden. Im übrigen sind im Haushaltungsgesetze Vorschriften unzulässig, die über das Rechnungsjahr hinausreichen oder sich nicht auf die Einnahmen und Ausgaben des Staates oder ihre Verwaltung beziehen.

Art. 64.

Ist bis zum Schlusse eines Rechnungsjahrs der Haushaltsplan für das folgende Jahr nicht durch Gesetz festgestellt, so ist bis zu seinem Inkrafttreten das Staatsministerium ermächtigt:

1. alle Ausgaben zu leisten, die nötig sind,
   a) um gesetzlich bestehende Einrichtungen zu erhalten und gesetzlich beschlossene Maßnahmen durchzuführen,

b) um die rechtlich begründeten Verpflichtungen des Staates zu erfüllen,

c) um Bauten, Beschaffungen und sonstige Leistungen fortzusetzen, für die durch den Haushaltsplan eines Vorjahrs bereits Beträge bewilligt worden sind, sowie um unter der gleichen Voraussetzung Beihilfen zu Bauten und Beschaffungen oder sonstigen Leistungen weiter zu gewähren;

2. Schatzanweisungen bis zur Höhe eines Viertels der Endsumme des abgelaufenen Haushaltsplans für je drei Monate auszugeben, soweit nicht auf besonderem Gesetze beruhende Einnahmen aus Steuern, Abgaben und sonstigen Quellen die Ausgaben unter 1 decken.

Art. 65.

Im Wege des Kredits dürfen Geldmittel nur bei außerordentlichem Bedarf und in der Regel nur für Ausgaben zu werbenden Zwecken beschafft werden. Eine solche Beschaffung sowie die Übernahme einer Sicherheitsleistung zu Lasten des Staates dürfen nur durch Gesetz erfolgen.

Art. 66.

Beschlüsse des Landtags, welche Mehrausgaben außerhalb des Haushaltsplans in sich schließen oder für die Zukunft mit sich bringen, müssen zugleich bestimmen, wie diese Mehrausgaben gedeckt werden.

Art. 67.

(1) Zu Haushaltsüberschreitungen und außerplanmäßigen Ausgaben ist die nachträgliche Genehmigung des Landtags erforderlich, die im Laufe des nächsten Rechnungsjahrs eingeholt werden muß.

(2) Haushaltsüberschreitungen und außerplanmäßige Ausgaben bedürfen der Zustimmung des Finanzministers. Sie darf nur im Falle eines unvorhergesehenen und unabweisbaren Bedürfnisses erteilt werden.

Art. 68.

Die Rechnungen über den Haushaltsplan werden von der Oberrechnungskammer geprüft und festgestellt. Die allgemeine Rechnung über den Haushalt jedes Jahres und eine Übersicht der Staatsschulden werden mit den Bemerkungen der Oberrechnungskammer zur Entlastung des Finanzministers dem Landtage vorgelegt.

Art. 69.

Das Finanzwesen der ertragswirtschaftlichen Unternehmungen des Staates kann durch Gesetz abweichend von den Vorschriften der Artikel 63 bis 68 geregelt werden.

Abschnitt VIII.

Die Selbstverwaltung.

Art. 70.

Den politischen Gemeinden und Gemeindeverbänden wird das Recht der Selbstverwaltung ihrer Angelegenheiten unter der gesetzlich geregelten Aufsicht des Staates gewährleistet.

Art. 71.

(1) Der Staat gliedert sich in Provinzen.

(2) Die Gliederung der Provinzen in Kreise, Städte, Landgemeinden und andere Gemeindeverbände sowie die Verfassung, die Rechte und Pflichten der Gemeindeverbände werden durch Gesetz geregelt.

Art. 72.

(1) Die Provinzen verwalten nach Maßgabe des Gesetzes durch ihre eigenen Organe:

a) selbständig die ihnen gesetzlich obliegenden oder freiwillig von ihnen übernommenen eigenen Angelegenheiten (Selbstverwaltungsangelegenheiten);

b) als ausführende Organe des Staates die ihnen übertragenen staatlichen Angelegenheiten (Auftragsangelegenheiten).

(2) Das Gesetz wird den Kreis der den Provinzen überwiesenen Selbstverwaltungsangelegenheiten erweitern und ihnen Auftragsangelegenheiten übertragen.

Art. 73.

Die Provinziallandtage können durch Provinzialgesetz neben der deutschen Sprache zulassen:

a) eine andere Unterrichtssprache für fremdsprachige Volksteile, wobei für den Schutz deutscher Minderheiten zu sorgen ist,

b) eine andere Amtssprache in gemischtsprachigen Landesteilen.

Art. 74.

Die Grundsätze für die Wahlen zur Volksvertretung gelten auch für die Wahlen zu den Provinzial-, Kreis- und Gemeindevertretungen. Bei den Wahlen zu den Gemeindevertretungen kann jedoch durch Gesetz die Wahlberechtigung von einer bestimmten Dauer des Aufenthalts in der Gemeinde abhängig gemacht werden.

Art. 75.

(1) Beamte, Angestellte und Arbeiter des Staates und der Körperschaften des öffentlichen Rechtes bedürfen zur Ausübung der Tätigkeit als Mitglieder einer Provinzial-, Kreis- und Gemeindevertretung keines Urlaubs.

(2) Gehalt und Lohn sind weiter zu zahlen.

Abschnitt IX.

Die Religionsgesellschaften.

Art. 76.

(1) Wer aus einer Religionsgemeinschaft öffentlichen Rechtes mit bürgerlicher Wirkung austreten will, hat den Austritt bei Gericht zu erklären oder als Einzelerklärung in öffentlich beglaubigter Form einzureichen. Die Steuerpflicht des Ausgetretenen erlischt frühestens mit Ende des Steuerjahrs, in dem die Austrittserklärung abgegeben worden ist.

(2) Das Nähere wird durch Gesetz bestimmt.

Abschnitt X.

Die Staatsbeamten.

Art. 77.

(1) Zu Staatsbeamten können alle Reichsangehörigen ohne Rücksicht auf Geschlecht und bisherigen Beruf bestellt werden, wenn sie die Befähigung für das Amt besitzen.

(2) Die für die einzelnen Ämter erforderliche Befähigung schreibt das Gesetz vor.

Art. 78.

Jeder Staatsbeamte hat einen Eid dahin zu leisten, daß er das ihm übertragene Amt unparteiisch nach bestem Wissen und Können verwalten und die Verfassung gewissenhaft beobachten wolle.

Art. 79.

(1) Die Staatsbeamten können wider ihren Willen nur unter den gesetzlich vorgeschriebenen Voraussetzungen und Formen entlassen, einstweilig oder endgültig in den Ruhestand oder in ein anderes Amt mit geringerem Gehalte versetzt werden.

(2) Für ihre vermögensrechtlichen Ansprüche und für die ihrer Hinterbliebenen steht der Rechtsweg offen.

Art. 80.

Im übrigen wird das Beamtenrecht im Rahmen des Reichsrechts durch Gesetz geregelt.

Abschnitt XI.

Übergangs- und Schlußbestimmungen.

Art. 81.

(1) Die Verfassung vom 31. Januar 1850 und das Gesetz zur vorläufigen Ordnung der Staatsgewalt in Preußen vom 20. März 1919 sind aufgehoben.

(2) Im übrigen bleiben die bestehenden Gesetze und Verordnungen in Kraft, soweit ihnen diese Verfassung nicht entgegensteht.

Art. 82.

(1) Die Befugnisse, die nach den früheren Gesetzen, Verordnungen und Verträgen dem Könige zustanden, gehen auf das Staatsministerium über.

(2) Die Rechte, die dem König als Träger des landesherrlichen Kirchenregiments zustanden, werden von drei durch das Staatsministerium zu bestimmenden Ministern evangelischen Glaubens ausgeübt, solange nicht die evangelischen Kirchen diese Rechte durch staatsgesetzlich bestätigte Kirchengesetze auf kirchliche Organe übertragen haben.

(3) Die sonstigen bisher vom Könige gegenüber den Religionsgesellschaften ausgeübten Rechte werden im Sinne des Artikels 137 der Reichsverfassung neu geregelt.

Art. 83.

Auf Antrag eines Beteiligten ist ein bestehendes Patronat aufzuheben, sobald die vermögensrechtlichen Verpflichtungen abgelöst sind. Das Gesetz regelt das Verfahren und stellt die Grundsätze für die Ablösung auf.

Art. 84.

Die bestehenden Steuern und Abgaben werden bis zu ihrer Änderung oder Aufhebung forterhoben.

Art. 85.

Bis zum Zusammentritte des ersten Landtags gilt die Landesversammlung als Landtag.

Art. 86.

Bis nach Durchführung der im Artikel 72 vorgesehenen Gesetzgebung sind die Oberpräsidenten, die Regierungspräsidenten und die Vorsitzenden des Provinzial-Schulkollegiums und des Landeskulturamts im Einvernehmen mit dem Provinzialausschusse zu ernennen.

Art. 87.

Verfassungsstreitigkeiten werden vom Staatsgerichtshof entschieden.

Art. 88 [1]).

Die Verfassung tritt mit dem Tage ihrer Verkündung in Kraft mit Ausnahme der Artikel 31 bis 43, 72 und 86. Diese Bestimmungen treten erst in Kraft, wenn die Provinziallandtage gemäß Artikel 74 neu gewählt sind.

Berlin, den 30. November 1920.

Die Preußische Staatsregierung.

Braun. Fischbeck. Haenisch. am Zehnhoff. Oeser. Stegerwald. Severing. Lüdemann.

---

[1]) Dieser Artikel ist durch Gesetz vom 7. Mai 1921 (GS. S. 353) aufgehoben. Siehe oben S. 124 Anm. 2.

FSC
www.fsc.org
MIX
Papier | Fördert
gute Waldnutzung
FSC® C083411

Kolibri 360 GmbH
Ferdinand-Jühlke-Straße 7
99095 Erfurt, Deutschland
produktsicherheit@kolibri360.de